安全圈教養

Raising A Secure Child

How **Circle of Security Parenting** Can Help You Nurture Your Child's Attachment, Emotional Resilience, and Freedom to Explore

培養孩子的情緒復原力，安全感是一切的答案

Kent Hoffman 肯特・霍夫曼｜Glen Cooper 葛倫・庫珀｜Bert Powell 伯特・鮑威爾——著

Christine M. Benton 克莉絲汀・班頓——撰稿

目錄

第二部分 創造及維護安全圈

如何更大、更強、更聰明和更寬容，還要夠好

推薦序

丹尼爾・席格 Daniel J. Siegel 醫師
《教孩子跟情緒做朋友》、
《不是孩子不乖，是父母不懂》、
《人際關係與大腦的奧秘》等暢銷書作者

如果你正在尋找一種實用、明智的指南，以科學為基礎，同時又容易理解，能夠創造孩子所需要的依附關係，使孩子獲得最良好的發展，你來對地方了！肯特・霍夫曼（Kent Hoffman）、葛倫・庫珀（Glen Cooper）和伯特・鮑威爾（Bert Powell）三位都是資賦優異、經驗豐富的臨床心理學家，他們所提出的「安全圈」（Circle of Security）法則已得到證實，是幫助父母養育孩子實用而有效的方法。

數年前我初遇這三位大師，他們的敏感、寬容和謙遜，立刻在我心中留下深刻的印象。我在致力發展安全圈法則之際，也不斷參照他們對於兒童與照顧者之間依附關係的科學研究，以確保建立堅實的基礎。接著他們進一步測試理論模型的效果，目的不僅是為了自己的計畫，也為了全世界所有使用這套方法的人。此方法建立在神經科學方面的最新發現，自然是最新、最好的養育孩子方法。

依附是指人類等哺乳動物依賴照顧者，進而發育成熟。一些選擇性的依附特性，從出生的那一刻起，便會依照傳達給我們的方式，自然塑造我們的成長。依附研究顯示，有幸發展為「安全依附型」的孩子，最可能成長茁壯為關懷、周到，有反省力，情緒和社交情商高、復原力強的人。

如果你希望孩子未來也如此，安全圈教養法將告訴你，如何藉由這些正面提昇生命的特性，讓孩子有最好的成長。但你可能想要知道，如此自然的事，為什麼還需要讀書？為何不是每個人都有安全的依附關係？

研究顯示，對待、安慰孩子的方式，會影響到孩子的安全感。但影響、阻礙育兒的因素也很多，其中一個就是父母的童年經驗。然而，研究很清楚明確：孩子能否依附父母的關鍵因素，並非父母童年時期發生的事，而是父母對童年經驗影響所產生的感覺和認識。經過一萬個案以上、鉅細靡遺的研究，顯示對於童年時期不快經驗的反應，最容易在我們成長過程中發生作用，進而影響到日後育兒教養方式（這個發現整理在我的另一本書《發育的心智》*The Developing Mind*［2012］）。即使我們與自己父母和照顧者的依附關係已具備安全感，能夠覺察並深入思考如何教養自己的孩子仍是有益的。學習和成長的空間總是不嫌多！好消息是，讓自己活得有意義，學習加強你和所愛之人的關係也永遠不嫌晚。

當你學習加強自己與孩子目前的關係，你將更清楚看見與孩子的溝通方式，能產生一種「同在（Being-With）」的深度回報感受。在本書中，你將瞭解為何「鯊魚音樂（shark music，這是作者為自己童年時期依附關係所取的名字，寓意甚深）」會在某些內隱記憶形式中出現。每個人都有過去以來所累積的情緒、圖像、身體感受、信念等，我們不見得會有自覺，但這些經驗卻會介入限制我們與孩子連結的能力。我們通常甚至都不知道鯊魚音樂干擾了親子的連結。本書將告訴你如何處理這些經驗，能夠解脫束縛，不再妨礙養育孩子。

關係絕不會是完美的。如果你對育兒抱有完美主義、嚴格的要求，實際上反而可能造成關係緊張。這本書充滿實用性的建議，你要先知道如何善待自己，才能以身作則，善待孩子。根據依附的研究，當我們這樣做，同時還可以修復並療癒在磨合調整、偶發的連結中，無可避免的關係破裂時刻。本書將透過強力的案例，以及重要修復過程的明確指示，教你如何進行辨識和修復破裂的關係。

在我閱讀書中充滿智慧的話語時，深感於謙遜的語調與嘔心瀝血的研究，令我一次又一次發出讚嘆，那纖細的敏感度、清明度，確實可謂智慧的結晶。本書不僅是獻給我們和孩子，也是獻給世人的一份禮物。謝謝你們，肯特、葛倫、伯特與同事克莉絲汀，組成了悠揚的大師之作。也謝謝讀者，由於你具有洞察力、勇氣和愛心，接納了這本書，為孩子的生命帶來安全感。享受你的未來歷程吧！

作者的話

很高興你能找到這份關於父母養育孩子的研究結晶，我們希望書中的資訊能與家長和專業人士分享。我們瞭解書面文字不能替代培訓和監督，也不認為閱讀這些資訊足以提供任何形式的安全圈®（Circle of Security®）介入措施。

保持安全圈的忠誠度，對我們來說至關重要。為此，「安全圈」的英文名稱經過註冊，書中所有圖像也受到版權保護。有關此研究的進一步專業訊息，請參閱我們的書《安全圈介入措施》（*The Circle of Security Intervention: Enhancing Attachment in Early Parent - Child Relationships*）。如需取得「安全圈」或「安全教養」的名詞使用許可，用於任何研究或宣傳品中，請到我們的網站詢問 www.circleofsecurity.com。謝謝你協助維護安全圈的忠誠度。

國際間有許多人接受過我們的訓練，由於這些人的慷慨奉獻，本書愈加豐富。你會發現書中處處出現的引用文字，都是來自這些人的付出，使得本書更臻完善。

書中依附互動的一些軼事和插圖，來自我們個人和專業領域所遇見的各種家庭。有的經過徹底改寫，以保護個人隱私，有的經過重新編寫，有的具有共同主題的代表性。

序論

父母都希望能把最好的給孩子，為此窮追最新育兒理論和實踐方式、尋找最好的小兒科醫師和老師、認識能夠促進健康成長的食物、立志避免犯別人的錯處，或甚至避免自己父母的錯處。

然而事實證明，本意良善的父母、追求完美的父母，或至少特別注意不犯錯的父母，也會犯下一種重大錯誤。

本書要傳達的基本訊息是，我們天生已具備做個好父母所需的一切。身而為人，我們天生具備對兒女的正向想法，配有形成長久親密關係的驅動硬碟，足以運用這些天賦，教導孩子生而為人的意義。雖然旅途中可能充滿困惑的需求和不舒服的情緒，而且還可能有缺陷，但正由於不完美，才更必須不斷學習，即使過程顛簸。

即使我們都曾有過內心的艱難經驗，但透過安全的依附，孩子仍可以感到安全，知道受到父母照顧。藉由這份信任，孩子進而能仰賴他人幫助，紓解人生中不可避免的挫折，獲得信心，在遼闊的世界裡自我探索，追尋成就。

在過去的三十餘年中，我們三位作者日益確信，安全依附是孩子最重要的基礎，就像營養、醫療和教育一樣重要，甚至更有用。因為孩子最早期的經驗是以安全依附為主，這顯示需求不僅是為了生存，更要成長茁壯，孩子必須確定自己可以向大人索求安全感，也要相信凡要求必定能得到幫助。

研究證據顯示，若孩子與至少一位成人產生安全依附，孩子的學校表現、交友狀況、身體健康都較好，日後將持續擁有更多親密持久的關係。對於具有各種困難問題的人們，在我們所協助的臨床工作中，漸漸發覺其痛苦的根源來自童年時期缺乏安全依附。由於小時候沒有得到適當的照顧，長大成人就逃避令人滿足的親密關係；在職場上不斷自我懷疑，不是成就低落就是過高；患有壓力相關的健康問題，或長期對生活和親密關係不滿。童年時期如果沒有人照顧你、幫助你、滿足你的需求，日後將難以控制對成功的渴望、明白自己想要什麼，並放心探索自己的選擇。如果後來有了自己的孩子，又會怎樣？你猜對了，他們會很想要成為最好的父母，渴望與孩子建立連結關係，卻不知該怎麼做。即使自認懂得方法（畢竟他們讀過所有書），但從前的童年問題會投射出來，反映在所愛的兒女關係中。

我們寫這本書是為了讓人們能夠按圖索驥，形成安全依附。依附理論是由心理醫師約翰・鮑比（John Bowlby）和心理學家瑪麗・安斯沃斯（Mary Ainsworth）於一九五〇年代所制定的劃時代理論，並經過了數十年的改進。自三十多年前開始，我們著手指導將依附的益處帶入家庭，並提供簡單、人人都做得到的方法。長久以來，認為父母和孩子之間的信任關係是健康發展關鍵，此依附理論一直受到贊同，但尚未轉化為父母容易實際利用的方式。科學家認為，安全依附對發育成長中的兒童（以及日後長成的大人）來說，可謂是「心理的免疫力」，有上千份重要研究報告清楚揭示安全感的必要性和益處，卻藏於論文期刊中，使父母不得其門而入。我們很想將這些潛力強大的真知灼見，帶給能夠充分利用的人，也就是父母等照顧者。

這就是我們稱為「安全圈」的故事開始。我們的團體課程為期二十週，原本是為擔心學齡前幼兒親子關係的父母所設，後來漸漸發展為個人治療及學校、社服機構、寄養家庭等其他用途，遍及全世界。其間歷經辛勤的修訂，並隨著我們深入探索依附這種原始深刻關係，不斷在進步。

研究已證實，安全圈教養法可幫助一些父母處理貧窮、入獄服刑、教育不足、虐待等最困難的阻礙，讓這些人能夠與孩子形成安全的依附。很多成人根本不具有健康的教養模範。身為臨床心理學家與科學家，我們非常滿意這結果。書中的安全圈地圖無關種族文化。在深刻的本能層面，身而為人，我們彼此連結在一起。對於我們三位作者來說，透過安全圈視野，也看清並深化了我們對婚姻、孩子和同事的認識。對於我們和許多其他人來說，信念和希望得到重建，因此推動世界變得更加正向。

我們一次又一次看見父母願意克服最艱鉅的挑戰，與孩子保持連結，證實了我們的信念，相信人天生具備當父母的資質。有時我們只需要按圖索驥，便可自行找到方法。也許我們自己所得的教養，在情緒流動性中留下空白。或者照顧我們基本需求的人並非適任的照顧者，但他們通常會否定自己的過錯，使我們變得缺乏信任感。或者由於我們自己變幻莫測的成年生活，造成早年與孩子脫離連結，而如今變得極度渴望重新建立連結。這本書將帶你回到安全圈，或讓你保持停留在安全圈中。若能如此，我們相信其他一切都能船到橋頭自然直。

大多時候你的確會做好。研究顯示，約有60％父母會與子女形成安全依附關係。安全感無法嚴格測量，因此可考慮視為「大部分是安全的」，或「某種程度上安全」。研究得知，安全感也可藉由學習獲得。重要的是要知道，即使擁有安全依附，也不代表事情永遠看起來很好。即使一切順利，與孩子形成安全依附的父母也會犯錯，而且他們雖然大多時候能敏感地回應孩子的需求，但並非每次皆如此。

「夠好的養育」是我們的使命。

讓孩子知道，身邊有一個會愛護自己的人能夠依賴，願意隨時陪伴，可發展孩子的信任感，這對孩子一生擁有良好的人際關係至關重要。「關係」就是我們實際的生活，連結我們的家庭、團體和職業。如果你遇過要求很高的完美主義者老闆，或者你希望伴侶或配偶能夠堅持不懈地滿足你所有需求，你會明白「完美」在關係中不起作用，有用的是復原力、敏感的反應和陪伴時間，是承認錯誤和缺失，還有彌補錯誤和缺失，當然也從錯誤和缺失中學習。

最親密的關係經過嚴苛考驗後，我們不僅學習到自己內心深處的需求，能夠信任另一個人，而且即使是最具同理心的人，實際上也經常會出現缺失和關係不睦。不過日常的關係破裂都能得到修復。如果我們的目標是沒有缺失的「完美」教養，等於是在告訴孩子——我們的表現本身比符合孩子的需求更重要，這也是在為孩子設定不切實際的期望。沒有人是完美的，所以期望完美的關係，注定要失敗。人與人之間的關係在於嘗試瞭解彼此的相同和不同之處，並從中學習、成長。這就是我們希望孩子能夠擁有的友誼、工作關係、伴侶和婚姻關係。

一切都從父母自己開始。想像你六歲的孩子從學校放學回家，心情低落。你會只給他一些點心，單純地希望食物會讓他感覺變好嗎？（如果你晉升沒過或好友斷交，然後伴侶用一塊餅乾想要安慰你，你會有什麼感受？）這種情形無需心理學家或經驗特別豐富的父母提醒，就能知道孩子需要比吃東西更強的鼓勵。但有時我們需要幫助年幼的孩子確認他的感受：同學昨天還是「最好的朋友」，今天卻去和別人玩，感覺是多麼悲傷和困惑。孩子需要擁抱撫摸，或一些安靜的共處時間，才能重新振作。孩子需要你的幫助和確認，來釐清自己的難過感受，這種感受在孩子和你的關係中是屬於他的。

這些不同面相和反應，身為父母的你可能表現得很自然，但你並不瞭解自己的反應對孩子有多重要。你不只是要讓他當下感覺變好，讓他可以出去玩或專心寫作業（雖然你的確這麼希望）。雖然他只感覺很痛苦，不過你教導他的是感覺，告訴他悲傷的感覺是好的，情緒是在傳達重要訊息。你教導他可以在別人的幫助下度過痛苦。你在幫助他瞭解自己是一個重視友誼的人，重視忠誠度。換句話說，你正在幫助他成長，促進健康自我的發展，幫助他瞭解如何航行在波濤洶湧的關係中。

但是，如果你沒對兒子表達理解和關懷怎麼辦？假設你的孩子悶悶不樂地進入家門，而你正忙於計算開銷。孩子過來拉拉你的袖子，想要你將注意力從電腦上移開。但你的目光仍停留在螢幕上，不耐煩地說，「現在不行，寶貝，我要完成這個。」兒子只好走去客廳，直到半小時後你才發現他窩在沙發上悄悄哭泣。

這時對你是一個好機會，你可以教導孩子更重要的一課：你拋開疲倦和不耐煩（畢竟帳單和稅不好玩）過去坐在孩子身邊，輕揉孩子的背，問他出了什麼問題。讓孩子開口需要花費一番功夫，孩子不會立即回應你拖延的歉意和安慰，但終於恢復。結局簡單快樂，後果卻很嚴肅：你是在告訴孩子，即使成人也會犯錯，但會努力。你教會他，他依然可以相信你的陪伴支持，不過有時要對父母多點耐心。你所建立的是孩子一生的健康關係基礎，有困難，有解決方式，也有關係的破裂和修復。

如何使用本書

這本書旨在表彰你身為父母的天職和深度的正向意念，也是一本旨在提供清楚、容易記憶、基於研究的學習書，可以天天陪伴你，當你覺得困惑，需要指導的時候，提供支持和平衡。我們會說得簡單明瞭，因為教養需要簡單的「我知道下一步該做什麼」，而非複雜的「第幾頁上面是說什麼？」希望在你閱讀、探索書頁過程之際，我們說的話會成為容易理解的力量，能夠給你支持。

本書分為兩部分。第一部分解釋依附為何如此重要，可提供你嶄新的見解。數十年來的研究顯示，安全感既難以捉摸，卻又容易獲得。有時我們都疏忽了與孩子（及其他親近者）間的密切連結。生活磋磨，危機四伏，出於需求，我們必須轉移注意力。這些時刻，我們容易忽視孩子的需求，減弱了彼此的連結。然而，隨著根深蒂固的安全圈關係圖，我們將很容易回到這最重要的關係中。

安全圈告訴我們，發育中的幼兒有兩大類需求：一方面需要舒適安全，另一方面需要進行探索。兒童每天都在這兩大需求之間來回穿梭，但有時我們不明白他們想要什麼。我們看見的是孩子的行為，如果行為難以處理，就會不知所措。我們經常會對孩子的需求視而不見，安全圈就是為了打開我們的眼界，看看孩子平常行為背後的意義、需求。第三章的安全圈地圖就是在描述孩子的需求，已引發全世界父母的共鳴。

這個時代重視功成名就，很難慢慢處理情緒，只要出現問題，都想要快速找到答案，解除不適。身為父母，確實如此（請谷歌搜尋「直升機父母」的英文helicopter parent，目前有四千七百萬個搜尋結果）。但對於建立孩子安全依附的關鍵部分，我們將它稱為與孩子「同在（Being-With）」。同在並非只是與孩子分享親子「優質時間」，比如看孩子打電玩、摧毀怪物，或在足球比賽中展現傑出運球的練習成果等實際的相處陪伴，而是創造共享的情緒體驗，讓孩子學到，主要的感受是所有人共同擁有的（同時也學到每個人都有獨特的感受）。強調與孩子「同在」，可幫助你優先看見平常看不見的需求，幫助孩子發展同理心，同時他也學習和你一起建立信心，相信能夠控管自己的情緒，排解困難。同在是第四章的主題。

我們說你天生已具備成為好父母的能力，這當然不是說你本能對負面干擾有免疫力。你父母或其他照顧者養育你的過程，會影響你的依附型態，就像你養育孩子也會影響他們的依附型態一樣，所有人都是如此。對於情緒性需求和依附類型需求，每個人都會有不安全感，影響所及不見得會使你有感覺，因為這些可能在你學會說話之前就儲存在記憶中。但是，等你生了孩子，嬰兒也會感受到這些影響，他們可能會假裝沒有某些需求，以保護你免於不舒服的感覺，也就是你有困難的地方，而且你的傾向會以某種方式傳承給下一代。第五章和第六章可幫助你察覺這些情緒，使你的孩子日後養育子女之際，能夠掙脫這些束縛，不再面臨同樣的困惑。讓你在發現情緒受到牽動的時候，可主動選擇，維護孩子的安全感。

認識安全圈以後，很多人會發現他們重新認識了親子間的重要連結，需要選擇安全感核心的是自己。當感到壓力或混亂，他們只需回想安全圈地圖（可貼在冰箱上）。但有些人覺得這個過程有點困難（所有人在某些特定時刻和情況下，都會覺得困難）。我們知道自己的出生背景，兒時無法獲得充分的安全感，因此小心注意「阻礙是什麼」變得更加重要。而且說實在，明白有所阻礙，對你來說反而更能得到領悟。建立這種求知慾和意願，以探索自己看不見的教養問題，在你進入第二部分以後會得到更多支援——包括自我檢查問卷，以及關於各種依附變形的描述。我們會向你介紹，許多父母和孩子從嬰兒期到青春期，如何處在重要依附關係中，你將會看見各種煎熬奮鬥。我們統統都會犯錯，但要懂得改過彌補，幫助孩子成長茁壯。

歡迎一起加入這個大家庭。

第一部分

All Around the Circle

安全圈完全解說

認識依附理論和安全感的重要性

你想，因為你懂一，一和一在一起等於二，所以你也懂二。
但想要真正瞭解二的本質，你必須要先瞭解那個「在一起」。

——魯米，十三世紀詩人與學者

第一章

依附為什麼重要

在親子之間最平常的時刻，發生的都是最不平常的事：

丹尼在等待媽媽微笑點頭認可，準備和其他孩子一起爬進沙箱。

當爸爸把一歲的女兒艾瑪抱到腿上，她立刻平靜下來，不過爸爸還站起來邊走邊講手機，幾乎沒看女兒。

媽媽要求傑克別再打玩具鼓發出噪音，但是用嘲諷的語氣說：「哇，節奏感真不錯，小伙伴。」他聽了立刻停止打鼓。

像這樣平凡的時刻並不引人注意，容易遺忘。但日積月累，卻會給孩子留下深刻的印象。每當父母回應孩子安慰或信心的需求，都是在建立信任關係。每當父母顯示自己瞭解孩子的感受和需求，都在展現人天生會追尋的根本連結性。每當父母幫助嬰幼兒面對從沒看過的種種狀況，處理不舒服和挫折感，都在教孩子接受自己和他人的情緒（甚至包括「醜陋的情緒」）。

這些都是依附的禮物。孩子能夠自然形成安全依附，是父母（主要照顧者）能夠：

- 幫助孩子在受到驚嚇或不舒服時，覺得安全。
- 幫助孩子覺得足夠安全，願意探索世界，這是成長發育的基本條件。
- 幫助孩子接受和處理自己的情緒。

父母和孩子雙方都有強烈的依附。你甚至在孩子出生前就已與孩子建立連結，新生兒也有親近父母的強烈本能。除了父母，還有很多成人都能提供嬰兒生理需求所必須的食物、溫暖和保護。數十年的研究顯示，嬰兒會立即愛上父母的臉，即使嬰兒的眼睛無法聚焦，仍能感受父母的愛和奉獻，這是嬰兒的直覺，知道誰會陪伴在身邊，會幫助我釐清這個紛擾的新世界，發現其中的良善。

身為父母，我們的共同連結是，都想要孩子獲得良善、愛與同情、理解與接納、意義與實現。我們最重要的導師之一，發展心理學家朱迪．卡西迪（Jude Cassidy）以及社會心理學家菲利普・薛佛（Phillip Shaver）是我們最重要的導師，他們近來將安全依附定義為「對良善的信心」。我們認為這正是問題核心。我們希望孩子能自我實現，孩子也依此帶著嶄新的索求方式來到我們身邊，經常要求我們：「請幫助我相信你的良善、我的良善，還有我們的良善。」當然，這就是我們提供給孩子的。

「同在」的關鍵性

生命的開始多是與另一個人連結，而非分離。母親與嬰兒在出生前就有連結，不只是因為共享一副身體，而且這份關係在出生後通常會持續下去。嬰兒也會依附父親、祖父母或其他人，這些人的眼神訴說「我在這裡陪你」，然後花費許多時間盡力完成承諾。嬰兒本能即可辨認這種奉獻精神，從出生第一天起便開始回應。嬰兒的眼神總是盯著我們，我們下班回家，他會興奮地揮舞手臂，第一個笑容也是反應我們對他的微笑，沒有父母會忘記這份禮物。在安全圈課程中，當我們向父母傳達他們對孩子極度的重要性，會播放喬・科克爾（Joe Cocker）的歌曲〈你如此美麗〉（*You Are So Beautiful*），搭配親子之間的影音片段。

正如小兒科醫師兼心理分析師唐諾・溫尼考特（Donald Winnicott）曾說過：「如果

你打算描述一個嬰兒，你會發現你描述的是嬰兒和另一個人。」他指的是父母對嬰兒的重要性。嬰兒的名字無論叫做吉諾還是莎莎，都有四肢和臉孔，但不能算是一個真正獨立的個體。我們通常認為嬰兒是完全成形的小小造物，深知自己的感覺和需求，也知道自己是誰，只是缺乏表達的語言。事實上，新生兒並不清楚自己的感覺，只知道有很多莫名其妙的困難一次又一次發生（吃喝拉撒睡等需求）。當嬰兒哭鬧，父母凝視著他的眼睛，低聲細語「好了、好了」，就會神奇地發覺嬰兒的需求，以及解決辦法！父母其實是在告訴嬰兒「我和你在一起。我們分享同樣的感覺，還會一起解決問題」。這種交流一次又一次發生，嬰兒漸漸學會人類的情緒是自然的，可接受也可分享。他們知道有一個特別的成人可以照顧自己，並幫助他們漸漸學會照顧自己。這個過程稱為「情緒的共同調節」。嬰兒學會，雖然自己和父母有許多相同的重要特質，但自己是獨特的。嬰兒也學會，關係（也就是「同在」）對於形成自我至關重要。

直到二十世紀中期，發展心理學的焦點都在脫離他人的、獨立的自我。在西方社會，這個焦點在一生中主導形成了我們許多態度和期望。等到我們具有能力，就必須儘快負起責任，例如美國等社會政策經常傾向個人權力而非團體需求。然而在我們的安全圈工作中，出現的卻是相反觀點：重要的是「同在」。我們甚至會進一步說：自給自足，只是神話。從出生到老，我們的自主行動能力與他人的連結能力直接相關。這對養育小孩的父母有什麼意義？如果我們希望孩子獨立、走出去，走向世界，我們必須給予孩子充分的信心——只要有需要便可回到我們身邊。自主和連結，這就是安全依附。

看起來會像這樣：

蕾蕾三歲大，愛玩、充滿活力和好奇心。她和爸爸走到距離家門兩條街的公園，正要靠近攀爬設施時，蕾蕾很快回頭看了爸爸一眼，便衝過去攀爬她眼中的聖母峰。路人可能不會注意，但小女孩在回頭一瞥的瞬間，已得到她所需要的許可和支持。是爸爸回望的眼神，讓她知道這場新冒險徹底安全嗎？

十四秒後，她已經在峰頂，回頭看爸爸，全身每個毛孔都洋溢驕傲，成就感滿滿地喊著：「我已經長大了。」

「對，蕾蕾，妳已經長大了，」爸爸回答。（蕾蕾不知道爸爸必須努力忍住想要干預、保護的念頭，他還是有些害怕她可能會摔倒。但是，基於從前有過在這個攀爬設施的經驗，他雖感到自己有就近保護的必要，但發現女兒有力量、有熱情，能夠保持平衡，在公園這個特殊區塊，她找到自己的方式。）

又經過二十秒，蕾蕾爬下來。她依然覺得很有趣、有成就感，但她選擇跑回爸爸身邊。爸爸面帶微笑，顯露為女兒的成就感到自豪，父女都很高興。她看著他的眼睛，兩人短暫肢體接觸，然後她又跑走，往溜滑梯跑過去，準備進行下一輪探索。

再說一次，這就是安全依附。在那單純的時刻，爸爸和蕾蕾在一起，在女兒探索有些害怕的任務中，及時回應女兒的需求變化。值得注意的是，蕾蕾也知道爸爸會回應，因為他過去已做過很多次。這整個程序看起來天衣無縫，未經籌謀。蕾蕾基本心理需求的表現，以及父親的回應，已成為編織父女關係的經緯。

依附：綿延不絕的傳承

蕾蕾和父親可能未曾有意識地思考過他們的互動方式，但兩人間安全依附的益處確實堅強，對我們所有人來說也一樣。親子關係是孩子與他人建立的「最初」關係，若這種關係是親密的，會像一隻蝴蝶破繭而出，展翅高飛，從此過著幸福快樂的生活。我們會帶著這種最初的關係，進入未來所有關係、工作、人際溝通，如果它屬於安全依附，可能就可以「從此過著幸福快樂的生活」。

數十年的研究顯示，與主要照顧者保持安全依附，可使兒童在各方面的評估都更健康、快樂，包括競爭力和自信、同情和同理心、抗壓性和耐性……以及調節情緒，保持身體健康等能力……還有追求個人的人生成就和滿足。

孩子最初關係中的安全依附，是奠定一生人際關係的良好基礎。毫無疑問地，關係是取得人生各領域成功和滿足的引擎和架構。研究顯示，社會關係促進身心健康，甚至可降低死亡風險。人們愈參與社會關係，早逝的可能性愈低。事實上，相較於社會關係好的人，孤獨者的死亡率是兩倍。西方社會對於「同在」的重要性似乎正在發生轉變，書籍和TED演講等關於「脆弱」價值的主題，愈來愈受歡迎。我們開始意識到，關係不僅是「額外的」。與同事相處最良好的人，通常先獲得晉升，因為這種人不僅能夠合作，往往也最富有生產力。我們受到形成的關係所支持，這些關係甚至定義了我們，因為在每個與他人的「同在」中，我們得到的遠比孤單一人要更多。

五十年來研究顯示，具有安全依附的兒童是：

- 與父母更享有幸福快樂
- 對父母的怒氣較少
- 與朋友相處較融洽
- 友誼較堅固
- 能夠與朋友共同解決問題
- 與兄弟姊妹的關係較好
- 自尊較高
- 明白問題幾乎都有答案
- 相信會發生好事
- 信任所愛的人
- 懂得善待身邊的人

「我讓自己安心，他一直都足智多謀，韌性強又有自信。出發兩天後，……他在電話中充滿活力，對好的開始興高采烈。我對他說：『冒險順利，祝你好運』。我知道這正是他需要聽到的。我隔著遙遠的距離與他相繫，知道他多年來的安全依附經驗，使他握有足夠的工具——關愛、依附和資源。正是因為安全依附，使他能夠遠行探索。」

海蒂・羅保（Heidi S. Roibal），美國新墨西哥州家庭健康衛生專家，在二十三歲的兒子獨自啟程橫跨美國之際所說

依附：確實重要

直覺上，你深知「同在」的重要性。信任與安全感可改變關係：當你傾訴童年一個羞恥的祕密，可加深友誼；冒著被拒的風險求婚，結果使親密關係更強固；要求應得的晉升，同時建立同儕情誼與相互尊重。畫出有生以來最美的一幅畫、在工作上推出偉大的創新改革，或是寫出一篇精彩的講稿等，即使這些重大成就似乎與旁人無干，也多因安全感而能夠實現。當我們開放並接納他人，我們就容易變得寬大、有創造力、有能力、冒險卻不涉險、頭腦清楚，因為我們知道自己的付出，在安全的環境中，能夠得到理解和接納。當這些事情發生，而且我們成功達成，與他人分享快樂所得的滿足感，又會強化依附的重要性。

安全依附就像一隻隱形的虛擬泰迪熊。讓你有信心，相信自己、相信你有安全基地，

帶著這份信心，度過每天重要的轉變和歷程。事實上，成人通常透過人際關係衡量自己的生活，關係進展順利，生活自然好過。

安全的依附是知道有人支持你*，知道有人支持你，便開啟了充滿各種可能的新世界。

如果你對安全依附已有正面經驗，便不會驚訝於完全缺乏依附的毀滅性。早在十三世紀，神聖羅馬帝國皇帝腓特烈二世決定進行一項實驗，他想知道如果大人都不和新生兒說話，嬰兒是否還會說亞當和夏娃的語言。因此皇帝下令照顧者都不得對嬰兒說話或做手勢，結果嬰兒變得雙眼無神。七百年後，相似的警示情況出現，一九三〇和四〇年代，孤兒院兒童的死亡率為30％。證明即使提供食物、居所、衣物等生活必需品，如果不能對某位主要照顧者產生依附，兒童依然無法生存。

證據歷歷，為何還要花費這麼久的時間才開始重視依附？除了需要時間，實際是因為，接納一個新理論，通常代表要取代根深柢固的舊觀念。在二十世紀初期，關於兒童發

* 感謝朱迪・卡西迪 Jude Cassidy 的真知灼見。

展的教育理論，有兩個主流思想派別，一個是佛洛伊德的精神分析理論，另一個是華生和斯金納等人的行為主義理論：

- 佛洛伊德認為，他在成人病患身上所看見的心理問題，可能是源於各種無意識的思想，這些思想在嬰兒時期就開始嗡嗡作響，並隨著嬰兒長大而繼續發揮作用。這個過程驅使嬰兒與父母互動，以及對食物和其他照顧等的需求。即使無意識心靈並不會與生活在現實世界的人產生共鳴，這種理論仍取得一些兒童發展心理學家的關注（還包括治療成人的精神分析學家）。

- 另一個陣營則是行為主義派，他們相信嬰兒將特別的笑容獻給媽媽，還有即使身邊有其他照顧者，當媽媽離開視線，嬰兒會哭泣，等媽媽一抱就奇蹟般地不哭了，這些都是因為嬰兒心中有著「酬償心理」：如果他們笑，媽媽會開心，也會更靠近。如果他們哭，媽媽會回來。美國行為主義之父華生認為，嬰兒受到依附所驅動，使媽媽留在身邊，以便提供需要的食物、溫暖、尿布等。今天很少人會否認人類對酬償具有正面反應。然而，由於早期所形成行為的強度高，難以拔除，華生因此建議母親不要過度顯示對孩子的關愛，否則孩子長大成人會覺得這個世界理應如此對待自己，造成適應不良。

第二次世界大戰後，**英國心理學家約翰．鮑比帶來理性的觀念**。鮑比參與世界衛生組織的研究，關心戰後孤兒院和醫院中的兒童，想知道這些收容所對他們有何不良影響。孩子們都吃得飽，穿得暖，接受最好的照顧，有細心的醫療保健，只是缺少父母。相對來說，戰前的孤兒都遭受極大的痛苦，沒有照顧和關愛，缺乏親近的主要照顧者。一九五〇年代，鮑比和同事約翰．羅伯遜曾拍攝記錄了一位住院十天的兩歲孩子，父母每天只能探望半小時，結果小女孩從活潑變得非常沮喪。

鮑比的觀察結果，改變了醫院的探視規則，後來影響並形成專業的兒童保護法則。鮑比的努力，回答了一個自人類出現有史以來的大哉問：*為什麼即使孩子成長茁壯所需都能得到滿足，缺乏父母或照顧者的影響還是如此巨大？*

各種研究所匯集成的證明，回答了這個答案。這些研究整理在32頁專欄。

如同鮑比所推測，嬰兒可能受到驅使，必須依附主要照顧者，這是因為深植於本能的演化驅動力，旨在幫助物種生存。**嬰兒告訴我們**：在非語言層級，嬰兒可能比成人更瞭解依附的重要性，因此會堅定地追求依附性。鮑比和學生瑪麗．安斯沃斯已得到充分證據，證明生命早期缺乏依附對孩子是有害的，因此在二十世紀下半葉致力研究，終於確立了依附理論下面的三個次系統：

- 尋求照顧：本能地緊緊依賴可以安慰、保護和照顧自己的人。
- 探索：本能地依照自己的好奇心行動，追求征服與成就。
- 給予關愛：本能地提供嬰兒所尋求的照顧，產生連結。

你會在第三章中讀到，這三種驅動力形成了安全圈的架構，也解釋了為什麼嬰兒的生長茁壯、長大成人，還有良好的人際關係，都需要安全依附。諷刺的是，今天許多父母關心的仍是育兒行為，或許因為行為我們可看見，只要能夠改變，我們便相信問題已經解決。然而，行為僅是兒童需求的一種表現，它傳達的訊息是眼睛看不見的依附需求。

眼睛看不見：行為管理為何不夠

說實話：身為父母或準父母，我們所關心的大多都是身邊的事，而非如何使人類物種演化到未來等遙不可及的想像。想要確保孩子健康發展，我們擁有的已經足夠。當然，這就是為何這麼多照顧者和保母等人，依賴行為去管理、約束孩子，讓孩子無論做的、想的都要是最好的，如前所述，酬償在育兒各方面占有一席之地。但如果所有人都只注意眼前

專欄

依附理論的發展

約翰・鮑比推測，如果提供嬰兒所有生存所需，嬰兒卻依然沒有成長，也許依附需求中有一種更深的本能驅動在運作：背後是一種演化驅動力嗎？是否父母所提供超出身體生存所需要的東西，對於保存物種是必要的？

根據動物研究，答案是肯定的。動物行為先驅康拉德・勞倫茲（Konrad Lorenz）發現，初生的小雁鴨會跟隨最初看見的任何動物或物體，這種現象稱為「銘印」（imprinting）。心理學家哈里・哈洛（Harry Harlow）後來研究猴子寶寶的行為來探討母嬰關係。首先他發現，在實驗室中與其他猴子隔離長大的小猴子，後來會變得孤僻，無法與同伴正常交往，還會表現不自然的恐懼感和侵略感。接著，哈洛做了一隻裝有食物的鐵絲猴，和一隻沒有裝食物的布猴，讓猴子寶寶選擇，結果發現大多數猴子寶寶寧願選擇摸起來感覺像母親皮毛的布猴，也不選擇有食物的鐵絲猴。且一旦給了猴子寶寶代理媽媽，牠們總會回去找同一隻代理媽媽，清楚顯示「依附」的跡象。

在接下來的數十年裡，鮑比制定了依附理論，這是一種解釋如何尋求與主要照顧者關連的觀點，不僅有助個體生存，還有助物種保存。銘印是一種原始的依附行為，被視為動物新生兒認識自己物種的方式。不僅如此，新生兒不僅可以向有相同需求和經驗的物種學習生存需求，也學會與同類動物尋求交配和繁殖。

但這些在多大程度上與人類相似？依附如何加強對人類物種的保存？最簡單的答案是，當人類嬰兒僅僅跟隨一個可以保護他們又有愛心的成人，即可改善嬰兒長期的生存機會，而且愈多嬰兒長大成人，物種的延續時間愈長。然而我們現在知道，依附明顯加強發展，而且不只產生更多的成人，而是更好的成人。顯然安全依附不僅可使物種生存，還能使物種演化。如果力量如此大，我們要怎樣理解它的形成，以確保盡可能產生安全依附？

回到人類實驗室。發展心理學家瑪麗・安斯沃斯，受聘請到倫敦的鮑比研究團隊工作，她協助發現依附產生的模式。安斯沃斯根據在烏干達一項開創性領域研究中的觀察，後來回到美國巴爾的摩，確立母親（主要照顧者）與嬰兒之間存在不同的依附模式。之後，安斯沃斯特別在親子關係間又發現一種極具價值的研究方式，可判斷不同的依附型態，一般稱為「陌生情境程序（SSP）」。如第四章中所描述，如今成為評估依附的黃金標準，以及家庭研究工作的骨幹，有助人們瞭解依附，以及幫助父母和孩子互相連結。

的行為，很可能會變成要一輩子用星星獎勵表和隔離懲罰（不妨想像每週匯三百美金給你三十歲的女兒，好讓她打電話給你）。把目標放在行為上，只是治標不治本。

當我們遇見一個叛逆或傷心的孩子，這樣想有助我們思考看不見的東西：孩子是否因為無法讓大人瞭解他「需要被安撫」而產生挫折感？孩子的「情緒化」是否因為還沒學會成人的理解和自信，沒有學會如何設定界限、調整情緒？孩子一直學不會字母，是否因為心智總是想努力傳達需求，想成為冒險的設計師？孩子有交友困難，是否因為還沒學會信任他人的善意？

在過去的五十年中，研究人員一直試圖尋找隱藏在表面下的事物。我們現在知道，依附可平衡孩子的壓力值、管理情緒，以及提升學習能力、身體活力、社交安適度等。父母愈是瞭解孩子行為背後隱藏的意義，愈能影響安全依附的形成。

安全依附保護孩子免受壓力毒害

如果依附是一種原始迫切的本能驅使，想像若阻礙它，會造成多大的壓力。若依附需求得不到滿足，壓力當然會表現在孩子的行為上（當你受到很大壓力會怎麼

> 居領導地位的神經心理學研究員艾倫．修爾（Allan Schore）發現人類右腦的許多調節和生存功能（在生命前三年占主導地位）。成熟取決於嬰兒的經驗，特別是與主要照顧者的依附經驗。

做）。根據許多研究，我們知道壓力會破壞兒童的心理、情緒、社交，以及身體發育。

源自嬰兒時期的壓力，若沒有得到父母的安慰緩解，稱為「有毒壓力」，會在軟弱無助的新生兒大腦形成迴路，使他們對危險產生高度警戒，造成無法集中注意力學習，變得容易「杯弓蛇影」。當嬰兒感到飢餓、尿布溼或受驚，壓力荷爾蒙腎上腺素會在大腦產生作用，引發一種「黑洞」渴望，雖然新生兒無法表達，但有強烈的感覺。（關於過度壓力對健康的影響，請參見37頁）。

有充滿愛心、可靠照顧者同在的情況下，我們感覺安全，就像提供第二層皮膚，在壓力下受到保護。

安全感使孩子在成長過程中保持健康發展導向

依附需求得不到滿足的壓力，不僅會成為嬰兒期的負擔，還會延續一生。不過想要確定安全依附如何直接影響某些發展里程碑卻不容易。美國明尼蘇達大學從七〇年代中期便開始一項長達三十年的研究，發現在安全依附和某些特殊發展之間具有長期相關模式。想像一個九歲的孩子，媽媽罹患乳癌，或單親爸爸失業。像這樣悲慘卻常見的事件，會造成很大的壓力。此時由依附所產生的安全感即可發揮功能。研究人員發現，例如，具有安全依附經驗的小學四年級孩子，當家人遭受重大壓力，比起沒有安全依附經驗的孩子，較不容易出現問題行為。

他們還發現，不安全感與日後心理問題之間的關係。安全感的形式是依照孩子的需求提供安全的庇護和慰藉，同時也為探索提供安全的基礎。就像前面例子中蕾蕾爸爸為女兒所提供的一樣。在明尼蘇達研究中，若父母無法安撫孩子的情緒，孩子到青春期會有更多異常行為。另外，若父母阻擋孩子探索，孩子到青少年期較可能患有焦慮症。這個研究還發現，孩子感到「無望、疏離」或「無助、焦慮」的兩種不安全感，與憂鬱症之間存在關聯（但並不強烈）。

> 在明尼蘇達研究中，艾倫・斯洛夫、拜倫・尹格蘭、伊莉莎白・卡爾森、安德魯・科林斯（L. Alan Sroufe, Byron Egeland, Elizabeth A. Carlson, and W. Andrew Collins）等人檢視一八〇名兒童，從母親孕期最後三個月到成年期的發展，發現一開始便得到安全依附的兒童，對壓力有更好的抗性，一直延續到成年。

在成長的道路上，到處都有孩子要做的事、學習的技巧、發展的能力。以下說明依附在其中所發揮的重要作用。

學習調節情緒

在新生兒出生的頭幾個月，發展心理學專家普遍認為，父母或其他主要照顧者（心理學領域稱為「依附對

專欄　壓力與健康

人體配備出色的威脅處理系統，但我們無法始終控制所面臨的威脅（如財務狀況、家庭衝突、生活環境等）。**然而對嬰兒來說，是否有一位敏感又積極回應的照顧者時時在身邊**，攸關壓力的產生。對威脅的感知會引發一連串複雜的神經化學作用，其中一種與腎上腺素這個壓力荷爾蒙有關。腎上腺素的主要工作，在於使受壓的身體恢復平衡和穩定狀態（恆定性）。但問題是，受壓力影響的各種系統，主要是代謝作用發揮調節功能，而腎上腺素還會造成其他影響，最明顯的是免疫系統。腎上腺素會告訴身體停止戰鬥，恢復穩定狀態，因此降低免疫力，使身體容易生病。這是受到慢性壓力的人比其他人更容易生病的原因之一。不幸的是，由於急性壓力和慢性壓力的反覆作用，腎上腺素會過量釋放，可能損傷記憶、認知功能，甚至囤積腹部脂肪，提高心血管風險。**依附需求得不到滿足的嬰兒，等於在生命一開始便得到不利的身心健康條件**。

我們成人無法體會嬰兒的壓力，但對嬰兒來說，任何得不到滿足的需求，都可使腎上腺素上升，擴大黑洞。幸運的是還有解藥——父母的庇佑。在實驗室研究中，在嬰兒受到壓力時，若有人抱抱，腎上腺素就會直線下降。

象」）的主要目標是幫助嬰兒免於所有焦慮。很明顯的，嬰兒不能自行處理、難以排解所有體驗到的強烈情緒。首先，父母需幫助調節嬰兒的情緒，安撫哭泣、唱搖籃曲、溫和微笑、搖搖嬰兒床等。嬰兒學會有人可以幫忙處理難以接受和管理的情緒，在需要的時候便會愈加尋求照顧者，這樣有助學會自我安撫。最後，一切都依照計畫發展，孩子學會調節情緒，自我安撫能力開始萌芽，進入幼兒園的時候，就不會哭一整個早上；害怕床底下有怪物時可自我排解，而不是沒有自我安撫能力，無止盡地尋求安慰；遇到陌生人感到害羞時，也可暫時離開一陣子，等到心情平復再回來（且孩子學到寶貴的一課，在生命中有需要時，可向他人尋求「共律」coregulation，一起調整情緒）。能夠控制情緒，不僅可讓孩子自由學習和成長，也可防止腎上腺素累積的危險，從而促進身體健康。近來研究顯示，能夠調節情緒，可帶來深遠的益處，因為免於情緒擴張或蔓延所激起的壓力，代表可以自由自在、充分享受生活。

情緒調節的技巧在一生中會無數次對我們產生作用。除了提高工作效率、幫助保持寬容態度、有效處理煩人的鄰居、引導自己追求成就，也非常有益於人際關係。這不僅是因為調節情緒可幫助你不會真的想「掐死」鬧脾氣的孩子，而是因為「共律」情緒是親密關係很重要的一部

> 明尼蘇達研究發現，安全感使孩子在面對社交問題時，較不會感到沮喪或產生攻擊性，也較不太會放棄、躲避。一般來說，孩子會表現得較為堅持不懈，處事具有彈性，也較不會生悶氣、愛抱怨。

分。例如預約了醫師看診，但心懷恐懼，與伴侶或好友在一起，或可幫助你將恐懼（還有腎上腺素）保持在可控制的程度。你曾經向某個信任的人抱怨，結果發現痛苦減弱得比想像中要快嗎？有過這種情形的人，不妨回想當時的情形，以及現在你對那個人感覺如何。

提醒事項：不要將「情緒調節」誤認為抵抗或抑制情緒。在安全依附的搖籃中，嬰幼兒學到情緒是正常的、可接受的、有用的。接受情緒而不失控有長遠的益處，能讓我們不過度沈溺於情緒。我們透過與孩子完整體驗「同在」，幫助嬰幼兒學習這種寶貴技能，這是第四章的主題。

還要注意不要過度看待孩子的情緒。在第四章中也會討論這個部分。有時我們在細心注意孩子情緒需求的過程中會不經意誤教孩子，他們所具有的每一種感覺都無比重要，必須「當下」參與，但事實上這樣做卻會妨礙他們的恢復力。

成為獨立個體卻不孤獨

六歲的小女孩笨拙地拿著細長的蠟燭蕊線。在她面前有一個家裡常用的消毒鍋，裡面裝著溫水，還有一個盛著融化蠟油的半滿容器。小女孩小心翼翼地將蠟燭芯輕輕浸入冒著小泡的蠟油中。當她第一次上蠟油並提起來給父母檢查，上面的蠟幾乎看不出來。父親感覺到她的不確定，便安慰她只要重複上蠟，蠟燭保證會逐漸成形。第二次和第三次的結果明顯好多了。然後，在一個驚喜時刻，她開始看見蠟在蕊線上面愈積愈多。於是她一次又一次地重複動作，隨著蠟燭的成形，也一次又一次地看見母親微笑的眼神。不到幾分鐘前的安慰和保證，如今已使她完全放心，知道只要持續這個過程，就能完成蠟燭的製作。幾個月甚至幾年後，當她點燃自己製作的蠟燭，那些安慰和保證、信心、製作過程所體驗的愉快，都將隨著蠟燭的燃燒而重現。

兒時學到的信任會延續到整個成長過程。這個六歲的孩子多次沐浴在父母的關懷反應中，這是一種自出生以來已知的資源。她在早年所經驗的是一種協調性和敏感度，讓她可放心安頓，並對照顧的環境產生信心。嬰幼兒需要知道有人必定會照顧他們的身體和情感需求。相信自己和相信他人，總是建立在早期的依賴經驗上，至少需有一位頻繁回應的照顧者，幫孩子透過依附獲得安全感。

在發展心理學領域，形成自我（包括個性、認同感等）是主要目標。當父母對孩子最早的需求產生敏感而溫暖的回應，每次互動都會促進自我形成，就像蠟燭芯線一樣反覆蘸蠟，直到蠟燭形成。這裡所要強調的重點在於*互動*。互動存在於嬰兒培養個體性最早的關係中，也在我們一生所有其他不斷發展的關係中。當依附是安全的，成長中孩子的所有心理能力都受到滋養，形成具有連貫性的自我——在這個自我中，個體的記憶和自我形像，與形成這些的歷史才有意義。

唯有在與他人對照之下，我們才能得到強烈的自我意識，這件事看似互相矛盾，但或許根本不矛盾：如果嬰兒沒有發覺，在「我們」裡面有「我」和「你」，如何能意識到自己是一個獨立個體？與關心自己的成人產生安全依附，給予嬰兒成為獨立個體所需的支持，不必處理孤獨無助的混亂和痛苦。孩子的自我意識在形成過程中，經常是令人困惑的，需要一個時時可陪在身邊、具有同理心的「他者」，瞭解並幫助他們進行調整。經過各種安慰、紓解、激發敏感度、脾氣收斂的經驗，孩子的內在自我才會在照顧環境所提供的良好關係下，好比蠟燭芯線一樣反覆浸入蠟油，逐漸形成蠟燭。

但依附理論和客體關係理論*兩派學者，強調生存不僅是心臟跳動、肚子吃飽。嬰兒受到驅使要與「他者」產生連結，幫助他們在混亂世界中發現自我。如果沒有得到這種連結，會留下令人恐懼的匱乏。在孩子還沒來得及將任何「原始苦惱」轉為文字之際，唐

* 客體關係理論：一個迷人的心理學研究領域，名字卻很難懂。這是一種複雜卻具有啟發性的理論，關於我們在與他人（客體）的關係中，如何發展自我意識，以及如何將自我和他人形象帶入雙方日後的關係中。

諾・溫尼考特（Donald Winnicott）等心理分析師把這種情形稱為「孤獨和被遺棄的恐懼」。想像你從高空鞦韆上墜落的樣子，你原本想要放開鞦韆，伸手去抓空中飛人表演同伴的手，結果卻根本沒有同伴盪過來。如果我們必須在他人的對照下出生、尋求自我，出生以後卻一個人也沒有，這樣必定會威脅到我們的生存。這種被遺棄的感覺、墜落的恐怖感，一生中將會不時在你潛意識中出現。這就是壓力！

放心學習

這麼說並不誇張，當孩子感到安全、受到支持，便會自動學習。人類天生好奇，想要孩子掌握學習，我們必須允許他們發揮天生的內在需求，這種需求會自然找到焦點和位置。對四歲的雅各來說，他的需求是將散落在客廳地板上各種塑膠動物，組成一個動物園。到七歲時，可能會變成玩 iPad 上的 Minecraft（電玩遊戲《當個創世神》）。對另一個七歲男孩可能是畫圖或網路上的 Club Penguin（電玩遊戲《企鵝俱樂部》）。對三歲的蕾蕾來說，當她不在遊樂場上，她可以變成任何小矮人，心裡想

> 在明尼蘇達研究中，發現有安全感的兒童對解決問題、出乎意料的戲劇性狀況、學習困難事物等更加開放、有彈性，也較少有挫折感和焦慮。我們並不覺得奇怪。想要滿足孩子的依附需求，核心觀念是「我們會一起解決這個問題」，情緒角力能夠透過「同在」（你和我）來解決。

到什麼故事就玩什麼。十年後，可能變成怎樣建造世界上最高的建築物，或她父母從未聽過的數學。

當然，孩子的智力不同，但有了安全依附，他們至少可以有備而來，實現個人獨到的天賦。如果沒有這層保障，孩子就會因需求沒有獲得滿足而空虛，以及缺乏與人的連結，所以無法思考太多其他事，並對此感到憂愁，或缺乏效率。當我們與老師、家長談論依附和認知，經常會說：

孩子在火燒眉毛的緊急之際，不會有學習的念頭。

在龐大壓力下長大的孩子，缺乏安慰等必要需求，只能忙著預備應付危險，無法集中注意力。

由於缺乏社交連結，這些孩子的學習也不大好。大家都知道，父母為學齡前幼兒讀書對識字帶來的幫助。安全依附是幫助嬰兒開始學習的第一個社會性連結。以下是它的運作原理：

1. 父母可作為孩子的安全基地，任由孩子探索。比如小女孩蕾蕾探索遊樂場，或用化學教具做實驗等。

2.有安全感的孩子，信任父母，容易向父母尋求幫助和學習。
3.父母與子女之間關係開花結果，互動喜悅，有助訊息交流。
4.透過依附，孩子能發展連貫的自我與他人意識，使思維清晰，並且能夠有效調整思考過程。

我們已知，具有安全依附的幼兒，探索較為主動，專注持續的時間也較長。根據一項研究顯示，安全依附的兩歲兒童，所玩的遊戲較具有象徵意義，能夠促進健康、創造性的想像力發展（見左頁專欄）。研究人員科琳・萊特和馬利諾斯・凡艾申多倫（Corine de Ruiter, Marinus van IJzendoorn）製作了一張圖表，顯示當父母與孩子細心、溫和的互動，支持孩子，不處罰孩子，形成安全依附，即可建立孩子的自尊心、精熟動機、注意力掌控、任務堅持時間和後設認知技巧。這些能力都有助於學業成就。

明尼蘇達研究顯示，沒有安全依附的學齡前兒童較為依賴老師，與同齡兒童較無安全依附關係。同樣的模式在孩子十歲參加夏令營時更為明顯。

安全→信心→自立

作為生物物種之一，我們並不是要遠離人群獨立，或到完全自給自足的程度，但如果不能獨立，命就不長。正如表面上看來似乎自相矛盾，我們需要「他者」以發展

專欄

依附是否有助於孩子發展想像力？

我們都想要孩子長大以後能夠有能力掌握現實情況，但對於健康想像力的益處卻有些許疑問。早期社會情緒發展專家，羅伯特．安德醫師（Dr. Robert Emde）稱想像力為「情緒顯著性的適應性心理功能」。依附研究員和學者英格．布列得頓（Inge Bretherton）歸因於創造力和學習對想像力有益：當孩子可運用想像力說故事，此時可將想像的「好像」轉化為認知的「如果」，創造和試驗以產生不同的未來結果。這指的是想像力也可增強社交互動，因為孩子會試著想像同儕和照顧者可能說的話和行為，並做出相應的回應。

大多數兒童是在三～四歲時發展想像力，但研究顯示，即使年僅兩歲的孩子也喜歡與父母一起想像，而且他們能夠區分現實和幻想。不過有趣的是，當受到壓力，他們可能會變得更困惑。在孩子年齡還小的時候，降低他們的壓力，依附的安全感會帶來副產品，也就是健康的想像力。

「自我」。孩子自出生以來能夠依賴成人，長大以後便能依賴自己，特別是因為他們知道何時可向信任的人尋求指導或安慰。當然，反過來也是如此：沒有安全依附的孩子，長大以後可能最終難以依賴自己（或他們除了自己無法依賴任何人）。

自尊的真實基礎

當父母經常在我們身邊（但非無時無刻，這個重點將在本書中深入探討），我們會得到訊息，知道我們必定很值得。聽起來有點傻，我的意思是，這是父母的職責，不是酬償，對嗎？但想像一下這個過程，如果嬰兒會說話：「我哭了，媽媽過來抱我，她看著我的眼睛，臉上露出悲傷的表情，輕聲說：『我懂，我懂，不容易……』。她怎麼會知道我的感受？好吧，無論如何，她在這裡，我開始感覺好多了。」然後下次：「看看，媽媽回來了。她跑來跑去，但她在我哭的時候還是會過來。」又一次：「看！她在這裡！我剛開始有點擔心，幾分鐘沒看見她，也不知道她在哪裡。但我根本沒哭，她就在這裡！」嬰兒對這種模式所得到的靈感如下：

媽媽說：「我在這裡，你值得我這麼做。」

嬰兒結論是：「妳在這裡，我必定值得。」*

*感謝朱迪．卡西迪提供。

有安全感的嬰兒，在生命一開始就具有很大的優勢：他們已知，當世界上一切都不合理，當痛苦、恐懼和悲傷似乎無處不在，無論如何都有人認為陪伴他們是值得的。

正如你知道，「自尊」一直是個備受爭議的概念。很多父母和其他照顧孩子的大人認為，自尊來自確保孩子不覺得不如其他人：只要敢表現，就能得到獎勵！傳統論證認為，競爭有助於培養自尊，這個說法似乎已得到認同，然而正如我們所見，信心等其他需要競爭才能發展的特質，基礎也是安全依附。自尊低會增加壓力，是不言而喻的。我們想要孩子覺得自己很好，不必受到嫉妒的騷擾，也不必以無情的競爭力來證明自我價值。

研究人員在明尼蘇達的研究中發現，在安全依附關係中也會習得情緒調節的副產品：學會信任父母的孩子，不但有助自我調節痛苦的情緒，也有助信任自己調節情緒的能力，這點在學齡前以及十歲時都能帶來更強的自信和自尊。

另一個注意事項：自尊來自安全依附，而不是有人說你比別人好。二〇一五年，在一個對五百名小學學齡兒童所進行的研究中，阿姆斯特丹大學研究人員提出引人深省的報告，一些兒童說父母表示愛他們，六個月後這些兒童具有更高的自尊。而一些兒童說父母認為他們比其他人更特別，則表現得較為自戀，而非較高的自尊。自尊至少在某種程度上來自接納，而不是高估。

建立社會能力

本書序論中提到，我們堅決相信，關係（即生命中的「同在」）在各方面都是健康和幸福的關鍵所在。因此對我們來說，「能力」這個名詞似乎過於乏味。但它的意義涵蓋所有我們可以從社會生活中受益的各方面：親密、相互支持、同理心，以及在生活各領域中與人相處，包括從學校到職場，以及家庭和社群。在一篇關於健康政策如何考慮社會關係，以有益於人們幸福快樂的文章中，作者認為，「社會關係會影響各種健康結果，包括心理健康、身體健康、健康習慣和死亡風險。」

身體更健康

說到健康，身體發育取決於兩種複雜因素組合，包括先天條件（遺傳和其他生物性影響，如疾病）和後天培育。安全依附與健康兩者間的路徑尚未有明確定義。如果依附如我們所知，可增強社會關係，社會關係也如我們所知，可促進身體健康，不妨猜想，依附更

> 對於在壓力反應下長期過度運作的生理系統來說，與他人的支持性互動，能幫助改善免疫、內分泌和心血管功能，減少身體的傷害。在童年時期，來自他人的情緒支持（如主要照顧者）協助我們身體各種系統正常發展，包括消化、情緒和對壓力的整體反應。對成人來說，社會支持可以保護我們的心臟，免於可預見的壓力產生負面影響。相較於失婚者，結婚者罹患心血管疾病的風險較低。

可促進身體健康。我們確知安全依附的心理免疫力，會減少身體的傷害，免於各種疾病。

依附：身而為人的關鍵？

除了演化驅動力，或許依附還有更多意義。依附在我們內心激起了深刻的共鳴，也許這是因為「父母和嬰兒間的互動」是孩子進入實質生活的起點，象徵著「先天條件」和「後天培育」對我們穿梭在世界中的影響。一位研究人員將母嬰關係稱為「遺傳與心理環境之間的初次相遇」。依附的存在提醒了我們，我們本質上是屬於人際關係型生物。

而我們與最初照顧者的連結品質，將影響我們對未來關係的看法。斯洛夫這樣解釋：「嬰兒與照顧者的依附關係是主要核心，此主要核心建構並影響了其他所有相關經驗。因此我們處於一種狀態，無論後來發生怎樣的轉變，早期經驗都不會消失。」

> 在明尼蘇達研究中，有安全依附的孩子所展現的社會能力「來自他們對關係的期望及表現，以及與他人的接觸和互動技巧，還有受歡迎的程度」。斯洛夫（Sroufe）發現，有安全感的孩子，在幼兒園和小學都較主動參與同儕活動，少有孤僻。學齡前兒童具有更多同理心和相互關係。到了十歲，他們也具有較多親近的友誼，並能夠在較大的同儕團體中繼續維持這些關係。等到青少年時期，有安全依附的孩子即使面對不利的社交環境，仍然表現良好，甚至能展現領導力。

也就是說，如唐諾・溫尼考特所示，從成長到茁壯、出生到死亡，都與「我和你」的「同在」相關。「和」是非常重要的。羅伯特・凱倫（Robert Karen）在一九九〇年美國《大西洋月刊》（*The Atlantic*）雜誌發表了一篇文章〈依附的形成〉（*Becoming Attached*）向大眾介紹依附概念：「在依附訊息中，可以肯定的是，你的孩子在情感上成長茁壯唯一所需的，就是你的情感可獲得性以及反應性」。

事實上，依附訊息肯定了心理學、哲學和神學思想家關於生命的意義和目的等觀點：許多人發現，身為人類的共同連結是愛和被愛的需求。這種需求放諸四海皆然，超越了科學測量的界限。依附和連結行為顯然是物種生存所必需，卻沒有解釋父母如何愛上孩子之謎，也沒有解釋孩子如何愛上父母之奇蹟。

依附告訴我們，愛不僅是一種溫暖的感覺。兒童發展研究專家科爾文・崔華生（Colwyn Trevarthen）說，每個來到世界的嬰兒都在等待「經驗的體驗」，在尋求和接受的過程中輔以依附核心，有助幼兒相信這種關係強過任何情緒。這種信念不僅可成為一生堅強人際關係的基礎，更可擴及世界各地的堅強團體。我們可以推測和爭論這種力量從何處而產生，或許可能正來自人類偉大的天賦之一。

無論問題如何，學習與人連結都是答案重要的一部分。

「與其他人的親密關係，是圍繞一個人生命的核心，不僅是嬰幼兒、學童，還擴及青春期和熟齡期，一直到老年。從這些親密依附中，一個人會得到力量和生命的喜悅，也會因他的貢獻，給予他人力量和喜悅。這些是現代科學和傳統智慧的重要結合。」

——約翰・鮑比，《依附和失落》第3卷

（*Attachment and Loss*, Volume 3，原文為平衡性別已經作者修飾）

現在要問一個不可避免的棘手問題：如果依附是天生、本能的根深蒂固於人類操作系統中，為何我們還需要討論呢？

第二章

安全感——與不完美作朋友

凌晨兩點，六週大的女嬰又哭了。媽媽漢娜每晚睡眠時間不超過兩小時，這種情形已經持續六週。那天下午她走路去買尿布，覺得自己要是倒在人行道上，來往行人想必只是跨過她繼續前進。即使如此也不錯，畢竟還能睡一會兒。如今家人都在努力幫忙，先生和婆婆都在客廳輪流安撫女兒蘇菲，換人的時候孩子的哭聲確實暫停，但隨即又開始哭泣。媽媽輾轉反側，只能盯著天花板。沒用。女兒哭得慘，她沒辦法睡。

她穿上睡袍，走到昏暗的客廳，示意婆婆把孩子抱給她。孩子感覺到媽媽的懷抱，立刻安靜下來。漢娜沿著房間開始反覆踱步，已經不知走了多少回。

媽媽的撫觸瞬間使新生兒平靜下來，這件事讓爸爸和婆婆（養育過五個孩子）感到驚訝，但其中最驚訝的要算是媽媽自己。「沒人告訴過我！」多年後她驚呼。那天晚上，她的出現快速解除了嬰兒的不安，這件事令她感到一陣恐懼。對於自己掌握這種控制孩子幸福的權力，迫使她產生可怕的責任，不是嗎？如果媽媽能做到別人做不到的事，安撫傷心的寶寶，要是有一分鐘她不在，那該怎麼辦？如果她做錯了，那該怎麼辦？

漢娜所感受的正是養育孩子的不完美。如果你已為人父母，可能也具有同樣的矛盾反應：雖然心中放下一塊大石，卻有些戰戰兢兢，加上一點抗拒，特別是還有一絲恐懼——你的存在竟能安慰孩子（你從哪裡得到這股力量？）。你能做好這個重要任務嗎？你怎能夠好、夠聰明、夠有耐心、夠有精力，成為這美好孩子的父母？如果你正在等待迎接第一個孩子，無疑也會質疑自己是否能成為完美父母而產生焦慮。

正是由於這些疑慮的普遍存在，以及這些關於成為父母所需要的、先入為主的觀念，我們才必須討論依附和安全的重要性。父母為了在養育孩子過程中，達到外在和內在某種形式上的完美（或至少避免犯大錯），壓力佔據著他們的心靈和思想，雖然是好意，卻像是將一隻大象強塞進狹小的房間裡，過於明顯的事實反而造成過度壓力。我們知道（也被告知）養育孩子是世界上最自然的事，所以應該很容易，不是嗎？知道該如何對孩子最好應該是我們天生的一部分，不是嗎？我們應該分秒都覺得歡喜，對嗎？事情當然不是那麼簡單絕對。我們拿它和其他新手父母開玩笑，也和我們自己的父母或祖父母等資深父母開玩笑。然而在內心深處，我們依然期待著自己能把父母的角色做到最好。

本書的核心，在於我們三位作者數十年來與許多父母共同合作的簡單觀察：每個父母都想最好地對待孩子，也就是說，我們相信所有父母都很努力想要提供孩子愛與安全。當然也有例外，我們的確曾見過一些父母對待孩子的方式看起來非常偏頗、充滿問題，卻從來沒看過有父母一早醒來就開始費盡心機想要成為壞父母。

然而許多人依然擔心，自己在養兒育女方面可能沒做好（甚至很壞）。為什麼？

我們知道自己只是人類，生活在一個不完美的世界。然而，想要成為優秀照顧者的動力，卻告訴我們要傾盡全力養育子女。社會為父母設定的標準很高。內外兩股力量結合，推動我們追求完美。不盡一切努力成為偉大的父母就是不對，所以我們自我鞭策評估，是否確實遵守育兒哲學A或育兒建議B？我們開始將培育優秀孩子視為目標，是為達成某種成就或產品（完美的孩子？不孤獨的孩子？永遠快樂的孩子？）而不是一種為自己好的過程（當我們放手）。我們將「錯誤」解釋為挫折，而不是為孩子和我們自己上了一課——加強安全感並促進彼此良好關係的一課。

說再多次也不為過：追求完美形象，不會促進孩子健康發展。父母強迫自己總是要做對，或發誓孩子成長過程中永遠不會經歷自己從前曾有過的痛苦，這樣反而會讓孩子發現父母的焦慮。父母的過份努力，實際上會折損孩子對親子關係的信賴需求，這是孩子一生安全感的重要基礎。

因此，讓我們把塞在房裡的大象放出來吧。在本章中，我們會闡述各種想要「完美」「無差錯」「完全陪伴在側」等陰暗中所潛伏的壓力，這些都會危及安全依附。再說一次，我們與不同文化、年齡、人口族群的父母共同合作並發現，揭露這些錯誤的期望，可幫助人們放輕鬆。

正如我們在本章中所描述的，當你能夠放輕鬆、與孩子連結，你的教養方式便會放射出一種平靜、有回應的信心，你會回應孩子、教導孩子，未來他們會遇到別人，他們一生會像相信你一樣，也信任這些人，這就是安全圈所要說的。我們是為了支持父母相信自己，相信自己與孩子的關係而提出安全圈。在接下來的幾頁中，我們將告訴你，安全圈如何提供支持，以及你對這本書的其他部分可以有什麼期望。

不完美世界的壓力

讓我們把話說清楚。為人父母並不總是光鮮亮麗。這是一種特權和快樂，也是一種麻煩，有時更是一種痛苦而吃力不討好的工作。有時無論你做什麼，孩子都會不快樂或不健康，或突然極度難搞，簡直是你生存的災星。前面提到，當漢娜意識到女兒來到這個世界，且女兒對母親的感覺比任何人都要舒服，她不覺產生一絲恐懼。

這種反應完全正常。但如果你覺得你必須每件事都做到完全正確，這種恐懼就會讓你覺得很不舒服，你會想要停止這種不舒服的感覺。

想要依附父母的嬰兒具有正向意圖，他們無法抗拒你的臉孔，就像你對自己的孩子具有正向意圖一樣。孩子不是因為想讓彼此都過得很痛苦，所以故意吸引你的注意。除了哭泣，嬰兒不知道該怎麼做才能得到協助。但如果你不能接受育兒的不完美和混亂（包括不可避免的憤恨時刻、困惑，想要跑得愈遠愈好），這一切可能會讓你困惑。

我們有時會選擇另一種方式——自我責備。否定我們心中有任何憤恨，然後因此產生罪惡感，責備自己。

養育子女的矛盾心理，就是房間裡的大象：養育孩子很困難，會讓我們感到非常不舒服，但很多人覺得不應該承認這一點，假裝視而不見。在二〇一五年有一份研究報告清楚顯示，德國成年男性認為，初為人父母的頭兩年，承受的壓力比離婚、喪偶或失業更大。研究人員知道，父母不想抱怨身體疲倦、情緒混亂、親密關係受破壞等隨育兒出現的副產品，以免讓他們給別人留下壞印象。畢竟，完美父母的形象，不能包括對育兒有不滿。所以研究人員用了另一種研究方式，不直接問父母覺得育兒對他們的健康快樂有什麼影響，而是要求父母將生小孩之前的生活打分數，然後再給孩子到兩歲左右的生活打分數，評估這些父母的健康快樂。有時需要耍點心機，才能看見背後那隻大象。

我們需要多一點幫助……

不可否認的，養育子女需要努力和資源，也並非時時都很有趣。但是，當社會表現得好像父母理應處理一切，不需要幫助，傳遞的訊息是什麼？在美國，人們認為父母在孩子誕生以後應儘快恢復正常工作。我們受到訊息轟炸，如果沒有給孩子競爭優勢，孩子將會落後，他們可能的輝煌未來就會被剝奪。無論你是否受到這些壓力，在二十一世紀身為父母都是一項挑戰。背後隱藏的訊息是：如果你需要支持，甚至一個呼吸空間，才能為孩子建立安全依附，表示你一定有問題。

二〇一五年八月，《赫芬頓郵報》編輯愛蜜莉．裴克（Emily Peck）寫道，根據二〇一二年美國勞工部調查顯示，約有四分之一新手媽媽在產後兩週內回到工作崗位，主因是留在家裡收入會不夠。這並不令人驚訝。母親的教育程度愈高（推測工作職位愈好），帶薪產假的時間愈長。關於母親和嬰兒的依附分離，一位每週工作六十個小時的女服務生可以現身說法，她說她太疲倦，下班後摸著幾個月大的寶寶就睡著，這是她們唯一有連結的時候。

大眾的抗議聲勢，使得近來一些大公司增加了育兒假，但值得注意的是，這種情形多集中在白領工作世界，員工受過大學教育的，薪資也較高。至於《席萊佛報告》（Shriver

Report）中，約四千兩百萬美國處於貧窮狀困中的婦女又怎麼樣？三十歲以下單親媽媽占50％以上，根據調查，實際上所有單親媽媽都表示，最能夠幫助她們的，就是政策規定的帶薪產假。

母親是否想在家帶孩子，選擇並不總是取決於她們。對於養育孩子，爸爸的情況也一樣。根據我們的經驗，無論主要照顧者是母親或父親，男性或女性，祖父母或叔伯姑舅，即使父母不能待在家裡，孩子在上學前也會依附可靠的成人，他們與父母之間也有安全依附，而且通常很強。問題不在依附會不會發生，而是父母所感到的困惑，因為社會告訴我們育兒是一項非常重要的工作，但卻沒有足夠的支援。

二〇一五年九月，安・瑪莉・史勞特（Anne-Marie Slaughter）稱美國這個57％的女性從事勞動力的國家為「有毒工作世界」，許多人每天要工作十二到十六小時，相較於男性每賺一美元，她們只賺七七美分，最後這些婦女不是累倒就是生病。這些努力育兒的父母們的焦慮和壓力不只來自於育兒，還有競爭壓力、照顧家中老人、幫助成年兄弟姊妹等。

史勞特督促我們所有人「站出來關懷他人」，她警告說，除非我們的社會提供照顧他人以及擁有工作的支持，否則家庭和社群都將凋零，我們永遠無法重獲競爭優勢。我們想補充的是，當父母無法如願照顧孩子，便會連帶影響依附。

……少一點建議

難怪我們會覺得需要努力成為完美的父母。我們經常感到孤獨，所以很自然想要尋找處方、規則和保證。由於需要實現的事情很多，我們有時會試著跳過需要耗時解決的問題，尋求外界專家的快速答案。二〇一五年十一月《華盛頓郵報》提到，透過App和網站進行心理治療的族群日益增加，也就是說，愈來愈多人希望能「快速解決個人問題」。與長輩們相比，千禧世代和X世代罹患焦慮症和憂鬱症的比率更高，不難想見他們會想要尋找一種更快速的解決方案——儘管這種方式反而限制長期回饋和持續連結。但根據我們的經驗，心理治療也和養育孩子一樣奠基於「與人連結」的經驗。事實上，安全圈課程的

專欄　育兒期父母壓力大

二〇一三年，美國心理學會報告指出，以尺度1～10比較，尺度1代表沒有壓力，10代表壓力很大，千禧一代（一八～三三歲）和X世代（三四～四七歲）平均的壓力尺度是5.4，相對的健康壓力尺度則是3.8。儘管人們想要減輕壓力，但這些族群的成人在處理壓力上遭遇了困難，普遍晚上睡不著、擔心、心情煩躁、容易發怒。可見壓力是一個影響我們育兒心態的重大因素。

設立，就是為了創造一個溫尼考特所稱的「支持環境」，如果父母在這個環境中覺得自己受到理解和接納，便可審視自己父母過去所做的事，然後想想自己是否要做出不同的選擇（這是一份艱難的工作）。你與嬰兒之間的安全連結，是嬰兒的第一個支持環境，在這個環境中，孩子會學習到，即便解決問題可能很困難，但因為與你「同在」，會變得比較容易。

市面上有幾千本協助育兒的書籍，還有許多私人課程。身為對自己養育子女能力深具信心的父母，這些對你和家人來說都是正確的，你無疑會依照需求去運用這些資源。我們並非是在警告你不要聽從其他建議，但運用的關鍵在於你必須具備信心，知道該如何選擇和遵守建議。想要成為完美的父母，可能會追逐最新的育兒趨勢，就像抓住救命的繩子一樣。但如果你「失敗」了怎麼辦？技巧實行起來沒有效果？有人說某種課程或教養法「更好」怎麼辦？你被自己或一些看法不一致的專家、法則所控制，認為自己不足以為人父母，任由別人批評你在育兒上的努力，或者繼續嘗試不同育兒法，如此循環不已。過多的建議提供你無窮的嘗試管道，數量之多隱含一個訊息：你知道的愈多，愈能成為完美父母。知識淵博、技巧嫻熟並沒有錯，但為何不從你已知的部分開始？本書的安全圈，正是為了讓你天生的智慧與愛相連。

過度教養，過度保護，過度干涉。

這些都是真實的，在「專家」給予建議之後，每個建議都會形成一長串「可以」「不可以」的注意清單（建議的背後都隱藏著一個訊息：「必須做對，否則……」）。

壓力，壓力，壓力。

你聽過蜈蚣突然無法走路的故事嗎？因為有人告訴蜈蚣必須計數自己的每一步。這種情形與許多育兒文化中所發生的事重疊，整個環境都讓父母窒息，因為「下一步」的意義（對孩子來說可能是錯誤甚至災難性的）讓我們所有人都停在原處不能動。「如果我這樣做，孩子會這樣；如果我不那樣做，孩子會那樣」，整天處於「我的天啊」的狀態，我們沒有任何值得信任的參考重點，感覺困惑。

幸運的是，經過半個世紀的兒童發展研究，相關資訊已漸漸清晰，能夠為家長所運用。沒有強制父母能做什麼、不能做什麼，而是提供一種方法，讓父母理解每個選項，最後能夠做選擇。安全圈的依附理論和實際應用，讓我們能夠自己做選擇，不須跟隨別人的「成功育兒十步驟」。

儘管聽起來很困難，但為了培養孩子的健康情緒，確實需要健康的選擇。而比任何具體選擇更重要的是，我們是誰？我們做出某種選擇時感受如何？如果只是遵照某種規則或讀一本如何養育快樂嬰兒的食譜，孩子會覺得好像受到管理或操縱，就算是為孩子的利益著想也一樣。

問題在於，如何學習「對孩子有益」的育兒關鍵層面，而不會對育兒法的「正確與否」產生焦慮感。閱讀本書時，如果你對育兒感到緊張或變得比現在更緊張，表示我們是在幫倒忙。但如果你因此覺察自己所做事情的重要性，愈來愈放鬆，知道如何透過明確的途徑為孩子提供所需，表示我們已確實達成所願。

行為管理的誤導

第一章中我們提過，二十世紀由於行為主義，人們忽視依附的重要性。這並不是說行為不重要，但即使你曾費盡心思想要讓「不可理喻的孩子」上車去幼兒園，問題仍不在行為，行為只是訊息。然而，社會往往過於強調孩子的行為。當然，有助學習的行為在孩子上學以後很重要，我們都需要行為良好，不能為了達成目標而去侵犯他人。但對於幼小的孩子，行為不是育兒應該關注的重點。

行為法則有用的時候很有效，但只是暫時改變行為，而沒有解決造成行為背後的問題。因為行為法則本質上是嘗試另一種快速或膚淺的修正。成功管理孩子的行為，可能會讓我們感覺良好，如果我們總是追求完美，行為良好的孩子便是顯現我們照顧者技巧的證據。後續會有更多關於完美父母、完美的孩子的說明。目前要提的是，安全依附所帶來的情感連結，可讓我們的感覺比「管理孩子的不當行為」更好。

為了證實我們所言，請想像有一座冰山。你只看見海平面上有一塊巨大的冰，沒看見海平面底下的部分占整座冰山的八成以上。現在想像你看見的冰山表面是孩子的行為，看不到的底下則是孩子的真實需求。我們三人這些年來參與許多高風險兒童的工作，在學校、寄養家庭、家庭輔導等各種情況下，深知照顧者明白孩子真實需求的必要性，這些需求經常潛在於特殊（負面）行為的表面之下。事實上，我們其中便有人在年輕時擔任過寄養父母，回憶當時嘗試用過星星獎勵表、隔離、道理說教等各種方式，但效果通常不持久。後來我們改變方式，與孩子一起坐下來對談：「我們要追蹤問題，直到改變。」在關係的發展中，分享感覺是我們教養孩子的核心經驗，孩子的問題行為會因此消失。若反應行為而非滿足需求（隱藏在表面下），孩子可能會暫時順從，卻不會長期改變。

從我們的角度來看，如果不讓感覺從前門進去，就會變成從後門溜出來的負面行為。

多年來，我們發現所有兒童在表面下都是「聰明的等待著」。孩子對最需要的事物天賦異稟，會耐心等待多年，直到最後有人發覺，並回應他們的真正需求。

是父母還是朋友？

尋找快速解答，遵照最新指示，嘗試治療症狀卻忽視潛在問題，這些育兒的選擇都是因為過度努力。不顧一切想要尋找方法，卻無法每次都達成標準，能夠做的便是不斷嘗試。當你相信賭金比天高，不允許失敗，自然會四處尋找任何可能的幫助。

當然，依附是一種情感連結。但是陪伴你的孩子、滿足孩子的所有需求，不僅是一種情感連結，也是一種負責，因為在親子之間，你的角色是長者，是具有智慧的一方。近幾十年來，關於教養方式有許多說法，從寬容到專制，大多數專家建議我們努力爭取快樂的中等權威性，有自信知道在什麼情況下對孩子來說是正確的，不要害怕採取確認行動。由於嬰兒潮世代所經驗的「代溝」結束，可能造成父母和朋友角色之間的界限模糊，今天的千禧世代和X世代父母，可能繼承了這種（錯誤）認知。根據我們的經驗，與孩子的關係比較像朋友而非父母，往往是另一種形式的完美主義，是因為父母害怕爭執的混亂會造成孩子不愉快。我們當然希望孩子快樂，要是能成為自己孩子的朋友那就太好了，但要做到這一點，必須先做到擔任長者、具有智慧的一方，也就是父母。健康育兒不是民主。為了有安全感，孩子需要知道有人非常關心他、有人負責，即使親子發生嫌隙，也必須做出正確決定。

我們不完美的（混亂）自我

完美的壓力並非完全來自外界或我們對社會訊息的解釋，也有內在的起源。我們每個人都有記憶，或清楚或模糊地圍繞著我們，告知我們所有關係。在育兒方面我們發現，重要的不是你的行為，而是如何看待自己的行為。例如，如果你是在父母的「完美」期望中長大成人，你可能也會把這種期望帶入育兒。如果你想要確保孩子永遠不會受到你曾感受到的痛苦，可能因此給你帶來負擔和壓力。在某種程度上，育兒當然是在於你的所作所為，但更重要的是你當下的心態。

心態的意思是，你的所作所為實際上會傳遞訊息給孩子——即孩子會聽見父母的言外之意。孩子會注意大人的行為，但更會注意行為背後的心態。所以，例如你想讓發脾氣的寶寶平靜下來，你知道此時該安慰他：「寶貝，聽我說，我知道你現在感覺很糟糕」，但你的腦袋卻想：「我不是個好媽媽，我希望我做得對，但我卻覺得我做不對」，孩子便不太可能得到完全安慰。

這種心態似乎是來自於超乎尋常的糾結：「如果我本身家庭背景不太理想，無論怎樣努力，孩子都會感受到我的不安全感。」還好事實並非如此。孩子所接收的是我們心中深處的想法——想要提供孩子最需要的安全感。隱藏在我們言語中的正向意圖，是孩子最需要知道的訊息；我們的目的是在這個不完美的世界中，提供孩子所需要的善意。孩子不需要完美，需要的是相信我們會回饋、滿足他們的需求，包括找到清楚一致的方式去瞭解他們的需求。

歷史限制了視野

即使有安全圈的指導，有時童年時期所獲得的經驗仍會遮蔽我們的眼睛。你是否未曾獲得想要的親密關係滿足感？你覺得是否好像有什麼一直在阻擋你追求或實現你所希望的生活？當然，「不安全的依附造成你生活中的所有不滿」是一種粗糙的過度概括性說法，但依附所發揮的作用對生活各層面都有強大的影響，你在童年早期的不安全感，很可能是成人後失望的一個重要面向。這本書讓你可以探索自己的依附風格，以及至今對你生活中的各種影響，只要你願意。

完美的孩子→完美的父母？

完美主義的育兒有一個共同的副作用——想要養出完美的孩子。這種現象與特殊的依附風格有關，並由我們童年與父母依附關係所隱藏的記憶所驅動。我們將進一步在第五章中討論，這些記憶如何不知不覺留在我們心中，如何拉扯我們育兒的心弦。我們身邊處處可見完美兒童的證據。蔡美兒在二〇一一年出版《虎媽的戰歌》（*Battle Hymn of the Tiger Mother*）一書，反映父母將自己孩子的成功抓得多緊，孩子的成功可謂母親的「任務」。出版原意在於文化評論，但卻轉成為大家爭論的主題——要求孩子完美是否為父母的正確職責。一般普遍的想法是「孩子的成功，等於父母的成功」（無論孩子的禮節、運動能力、智商或外表），這個想法比我們願意承認的更具普遍性，也更具說服力。

接著是定義孩子「特殊性」的衝動。這也是第五章中所討論的一種特殊依附形式，如第一章所述，這種特殊形式會過度重視孩子的情緒，假設孩子無法承受挫折感或不安。我們很快會發覺，過度保護孩子、盡力避免孩子所有的困難和煎熬，等於是剝奪孩子建立「韌性」的能力。韌性是一種唯有在共同解決問題的背景下才能學習到的技巧，能讓孩子即使面對不理想的情況也知道自己被支持。若非如此，家長可能會高估了孩子，好像孩子是不世出的天賦資優生，比同儕更優秀。正如我們在第一章中提到的，告訴孩子他們比別人好，並不會提高孩子的自尊心，僅會提高自戀特質。孩子信任父母的愛、擁有安全依附，才能真正增加自尊心。

當然，父母今天最緊迫的問題之一是，孩子可能會「落後」。至於「落後什麼？」許多人甚至都答不出，只有一些模糊的目標形象，如果不推動孩子前進，我們就會擔憂。這種擔憂的焦點往往在於認知發展。孩子是否夠聰明？受過足夠良好教育？在學業上表現得夠好？可達成未來想要的目標（或我們希望孩子達成的目標）？關於早期教育的重點應該是什麼，有許多爭論：社會發展、EQ情商、想像力和創造力，還是高超智力？在美國，主要的關注在最後一個。然而在成人市場中，美國認為最大競爭的對手國家，在孩童學齡前幾年便極注重遊戲和社會化活動，接下來才是在認知和學業分數上獲得高分。這些國家發現遊戲對兒童認知、社交和情感發展的重要性。想想你和孩子初次到遊樂場的情況，那是一個孩子可以安全探索世界的地方，遊戲時，可以免於不耐或恐懼所造成的束縛。

擔心孩子的認知能力很正常，但與其關心未來的問題，不如注意孩子當下的狀況。對年幼的孩子來說，當下就是全部。本書所關注的重點，大多與此主題有關：父母如何將孩子所需要的情緒安全感放在第一位？我們稱為「現在贏，以後也贏」法則——即孩子在生命早期的主要關係中愈感到安全，在一生中隨年齡增長面對各種不同的挑戰和機會時，會變得愈加放鬆和有彈性。

如何確保孩子的安全依附？

育兒、教養不一定很複雜，實際上更像是天賦和特權。我們為孩子提供最好的東西，引出孩子身上的巨大潛力，教養幾乎可說不難。

一旦我們相信身為父母的正向意圖，更等於心中有一份簡單的視覺形象，讓我們能夠將孩子的需求轉譯為清楚易懂的地圖，育兒的「困難工作」就會變得更加舒適。

想想第一章開始的小女孩蕾蕾和父親，想想寶寶蘇菲和母親。在那些簡單、自然的互動中，你可以看見孩子尋求照顧的原始驅動，看見父母照顧孩子的內在驅動力。雖然不是在嬰兒出生後頭一天就那麼明顯，但孩子出生後不久，你會看見他們開始探索。到任何遊樂場，你都會看見像蕾蕾和父親之間的交流——蕾蕾想跑出去探索世界，想要試試自己的能力；爸爸的陪伴使這件事實現。至於蘇菲，五個月後：

媽媽漢娜正在餐桌上打電腦，此時寶寶蘇菲坐著學步車在家裡四處遊蕩，發出咕咕叫聲，漢娜抬起頭來，兩個人對看，咧嘴而笑。然後電話響了，是大客戶想知道計畫執行得如何。當漢娜正在描述進行細節，蘇菲的聲音升高成尖銳的尖叫聲。小女孩沒有哭，也不難過，但聲音的命令成分立刻讓漢娜轉頭去看，客戶懷疑地問道：「那是什麼？妳的狗？」媽媽忍住不笑出來。

蘇菲在這個年齡已有足夠的安全感，知道自己在家裡到處遊蕩的時候，媽媽會陪著她。這種支持對她的探索至關重要，當她發覺媽媽的注意力轉開，她會用「警報」呼喚媽媽回來。如果媽媽一再證明不可靠，蘇菲可能根本不會嘗試發出警報（一年後，有一天媽媽推嬰兒車帶著蘇菲出門，路上蘇菲也發出警報。漢娜明白蘇菲想要知道路上的陌生人是否也會像自己父母一樣對警報產生回應。結果當然是有）。

蘇菲在知道媽媽的名字之前，在瞭解細心呵護自己的家人們所說的話之前，已經與媽媽熟識。她甚至可能比媽媽還早就掌握了與他們連結的重要性。這是安全依附剛開始萌芽時的樣子（接下來將會有關於寶寶蘇菲的持續更新，請繼續關注），這種美麗連結，在歷史中多有詩歌和藝術的描繪。

依附的發生並不在於孩子，而是父母是否願意回應孩子的需求，以紓解孩子的不適，不論父母是否知道該怎麼做（或基於其他理由沒有發現，稍後會繼續討論）。我們已知，即使照顧者的依附驅動中斷，孩子的依附仍能保持堅強。

令人難以置信的是，只需少許幫助，父母多能突破不可能的情況。我們最早的安全圈父母團體，通常都纏繞著個人過去的各種問題，包括貧窮、教育程度較低、虐待、毒癮等。就如斯洛夫所說：「嬰兒的發展與周圍的照顧連結不可分割，而照顧者提供的照顧，取決於周圍壓力與支持的性質」。當壓力與支持都很巨大，就像未成年單親媽媽等人（以及今日許多「一般」父母）每天所必須努力面對的一樣，盡己所能來回應及滿足孩子的高敏感需求。

二十多年來，我們一直與青少年少女合作，近來則觸及無家可歸的父母，這些人看來似乎都不可能達成養兒育女的挑戰。很多人來參與計畫時含著眼淚，害怕會重複自己童年時期虐待和忽視經驗的循環。在安全圈法則的幫助下，鼓勵他們形成健康的依附，這些青少年少女後來大多都成為非常成功的父母，完全有能力自我支持和支持孩子，走上依附研究人員所稱「贏得的安全感」。即使贏的不輕鬆，但我們一次次看見未成年父母發揮愛和關懷的天生能力，為孩子提供真正持久的安全感。

至於我們這些沒有經過艱鉅挑戰的人呢？像小女孩蕾蕾，如果她父親將指導女兒的時間用來提供最好的教育、舒適的家、最營養的食物，卻讓保姆或其他成人來做一對一接觸，蕾蕾還能過著長久健康、幸福的生活嗎？非常有可能。各種變數都會影響兒童發展。如果蕾蕾從嬰兒期開始就有保姆、祖父母等親屬的照顧，照顧方式和前面遊樂場的情形一樣，她仍會對主要照顧者有安全依附，這是健康發展的基礎。而且，如前所述，她還是會依附她的父母，但可能不像依附在成長過程中主要照顧者那樣緊密。與他人的親密度和持續連結，並沒有打折的空間。

假設其他照顧者沒有蕾蕾和父親在公園所具有的那種互動模式，最後可能使蕾蕾變成其他人都在玩的時候坐在角落假裝很快樂的孩子。她可能很難交到朋友，因為她不知道如何安慰受傷的人，或不知道意見分歧是自然的。她可能長大後會覺得自己是「太特別不能受打擾」或「太疏離不能融入」。其實背後真正的意義是，她很孤獨。

幸運的是，許多公園場景都是自然發生的。如果事情在大多時候以類似方式發展，孩子的自我將能得到健康的發展。多數情況下，與孩子形成安全依附不必費盡心機。羅伯特・凱倫說得最好：

妳不需要富有、聰明、才華洋溢或有趣，只需要全身心的陪伴。妳奉獻自己，對孩子來說其他的都不重要。重要的是，妳不必成為傑出的媽媽，只要像著名英國精神分析醫師溫尼考特的名句「夠好的媽媽」就夠了。

一個任何父母都適用的可靠經驗法則：夠好就是夠好。

看看五年後的蘇菲和漢娜：

蘇菲放學後衝回家，大喊想要一個大的鳥刺青「就像貝拉的保姆一樣！」

漢娜哼了一聲，笑著說：「喔，聽起來很棒。」蘇菲流出眼淚來，丟下背包，跑回房間。漢娜嘆了口氣，撿起背包，看見口袋掉出一張難以理解的圖畫，是一隻展翅大鳥（還是龍？）。她走進女兒房間，坐在床沿說：「嘿，親愛的，這真的很美。」蘇菲沉默。「也許我們可以試試看用人體彩繪。」繼續沉默。「貝拉的保姆真的很酷，是嗎？」蘇菲大力點頭，興奮地開始描述這位二十五歲保母講的故事，一隻鳳凰「住」在她手臂上。

蘇菲知道，她無法表達時，媽媽明白她需要什麼。所以要是媽媽沒能釐清，她就會特別受傷。幸運的是，媽媽通常會釐清，世界上所有事就會再度達成一致。

許多方法和計畫都是設計成讓父母和孩子建立更親密、更有同理心的關係，都具有力量。我們設計了安全圈，目標是讓人們理解數十年的依附研究，以便父母可以支持與孩子的安全依附。我們的方法旨在提供：

- 瞭解孩子真實需求的方法。
- 瞭解你如何看待這些需求的方式（為何有些需求容易接受）。
- 瞭解為何你歡迎某些需求卻不易接受其他需求。
- 使你願意克服不舒服的感受，以便優先考慮孩子的需求。

接下來的章節中，你將讀到更多關於如何形成安全依附。我們討論的一切都建立在這些基本主題上面，邀請你一起來信任自己的內在智慧，並盡力而為，找出可能會阻礙你的所有因素。我們一次次發現，父母的信任會建立孩子的信任。你會陪伴年幼的孩子，幫助他們解決令人困惑的情感需求，你會在他們需要有智慧、有經驗者陪伴的時候，適時出現，掌握一切。安全圈旨在運用以下方法，幫助你建立這種互惠信任和安全依附，這些方法也是本書其餘部分的架構。

向完美主義和自責說再見

假設地球上每位父母都具有一個共同的簡單事實：身為父母，我們都有不多不少剛好十二個缺陷，不過每個人的缺陷不見得一樣。我們很多人都有類似的模式。

現在假裝有人過來告訴你，這些缺陷實際上不是問題……除非你有「第十三個育兒缺陷」，這個缺陷會造成前面十二個缺陷幾乎無法處理。這第十三個缺陷是什麼？答案是，你不該有前面十二個缺陷——責備，就是第十三個缺陷。責備就是建立在父母對所有事情都要求要有「正確解答」的幻覺上。隱藏的訊息是：「不完美不屬於育兒。」

我們知道的是：所有人都一樣，沒有人完美。事實上，任何想要達成完美的嘗試，本質上都是不完美的標誌。當父母對抗自己的缺陷，這些缺陷會變成石頭，落在我們身上，幾乎令人無法承受。結果有的人變得羞恥、內疚，不斷責備自己，或假裝不會犯錯，不可避免地找其他事物當替死鬼（我們的孩子、伴侶、成長經驗等）。若我們能夠尊重不可避免的缺陷，能夠善待、接納和理解身為父母所犯的錯誤，變化就會發生。新的可能性和美好的驚喜會開始出現。

責備從來不曾幫助父母成為更好的父母。善待我們自己，從理解育兒是一項非常艱鉅的任務開始，我們都會犯錯，但內心深處想要孩子好的心態才是最重要的。正如我們一直說，孩子善於聽見弦外之音。孩子可以分辨我們焦慮和自我批判的時刻，也可以覺察我們在極為困難的狀況下仍努力做到最好。

善待自己可提高我們善待最愛的能力，不用害怕顯露這十二個不可避免的育兒缺陷。這就是本書設計為「支持環境」之因，你在第四章可讀到更多內容。我們希望能夠為你創造一個安全基地，可任你探索育兒的驅動力，使你能夠克服完美主義如影隨形的阻礙。

放鬆，相信自己

擔心自己做得對不對，在持續焦慮的狀態下努力養育孩子，難以幫助孩子產生安全感。安全感的培育需要在放鬆的狀態下。這是我們可選擇的，相信我們夠好，相信我們是在一個對孩子有益的安撫區中。本書幫助你養成問問題的習慣，這些都是孩子無意識會問你的：「擔任好父母是你的需要，還是孩子當下的實際需要？」我們要不厭其煩地說，孩子幾乎總是知道表面下所發生的事：「你很焦慮，是因為你不想做錯，還是你注意到我真正的需求？」這就是說，「當你相信你已經夠好，我便可冷靜下來，為我的難過找到最需要的慰藉。」

目前來自德國的研究顯示，父母放鬆而不過度警戒嬰兒，嬰兒比較不焦慮。事實上，過度關注、過度干預對孩子是揠苗助長。這傳遞了一個訊息：嬰幼兒似乎能夠發覺我們行為背後的意義。如果我們擔心，他們也會以某種方式知道。研究顯示，幫助父母調節自己的情緒，讓他們輕鬆自信來到孩子身邊非常重要，甚至可說是核心。

所以，根據我們的經驗，最好是幫助父母瞭解育兒綱要，並透過簡單的解說圖（即安全圈，下一章有圖表及詳細說明）認識一些需要覺察和回應的關鍵主題，但絕不要有「每件事都要做對」的焦慮與壓力。即「我以這種方式回應，是因為我相信它很重要，而不是因為我覺得如果我不這樣做，就會傷害孩子。」

注意力放在安全圈上

生活的問題會影響我們平靜自信回應孩子的能力，這些問題從不間斷，因此很容易使我們從發生的事分心，看不清孩子當下需要我們做什麼。孩子是否需要抱抱，安慰一會兒？如果孩子太過害怕，是否需要以想像力和對生命的熱情去奔跑探索，而且有信心知道有人在等待他們？我們著急把事情做完，做「好」父母，有時會突然想：「為什麼我兒子現在需要安慰？」或「為什麼我女兒在就寢時間會想要跑來跑去？」當然，釐清需求背後的原因是有道理的，這樣我們可以開通解決任何問題的管道。但首先我們必須知道可以先確定需求。我們可將第三章中完整解說的安全圈深印在腦海中，這樣在困惑孩子需求的時候，就可回想安全圈的指示。承認並接受孩子的需求對孩子的獨特性具有長遠的影響。

同在：適應孩子的情緒和需求

對於我們許多人來說，無論是關於最新的育兒建議、讓孩了進入最好的學校，或管理他們的行為都一直有「做對」的壓力。緩解父母過度關注孩子未來的焦慮（他需要什麼以後才能成功？）是我們所稱的同在（他現在需要什麼？）。這是一個敏感調節狀態，我們分享孩子的情緒經驗，幫助孩子理解和調整困難的情緒，並在過程中陪伴孩子。同在的意思是陪伴，不試著改變孩子的體驗，而是接受它，讓孩子知道你們在一起，就好像你陪伴另一個有同樣情緒困擾的大人一樣。「同在」的成功需要許多練習，這對依附的培養有長遠的影響，也是第四章主題。

把手放在安全圈上：「負責主導」與「敏感反應」的平衡

實際上，兩者並不互斥。安全圈有個主要「規則」是，盡可能符合孩子的需要，必要時負責主導。為了隨時釐清什麼是最好的回應，我們需要與孩子同在。同時要記住，我們身為父母，要更強大、更聰明，並且寬容。我們先是父母，而非朋友。我們可以主導幫助孩子管理情緒不適，度過當前的困境。孩子有了我們的信任和鼓勵，能夠一起解決問題。謹記安全圈，將更善於直覺瞭解孩子的需求，加上同在使彼此更協調，我們將更能瞭解孩子在安全圈的確實位置。

檢視過去經驗

我們的工作有一個重大發現是，父母經常不容易辨識與回應一些安全圈的需求，而且他們可能根本就看不見自己的這種反應模式，因為這些反應原來深植於童年的成長和依附經驗。請注意，這不是間接在說，無論你做什麼都是你父母的錯。事實上，試著探索自己父母的依附風格，會對他們所遭遇過的挫折產生同情和同理心。你覺得自己想要「完美孩子」的驅動力，是因為你的父母高度重視完美嗎？當孩子走向獨立，你會感到不舒服，是因為你的父母也不太喜歡你離開太遠？你想要如何深究自己的依附風格取決於你，在第五章會介紹依附風格如何受到父母影響。接著在第六章說明父母什麼樣的回應會使孩子主動避免讓父母覺得不舒服的需求，以讓父母比較不焦慮，願意陪伴孩子（孩子會隱藏讓父母不舒服的需求）。瞭解孩子如何行動，可幫助我們消除自己沒發現的心理訊息，形成想要的安全依附。

祝福前往安全依附的旅程一切順利

寫這本書，是因為我們三個人都知道依附的重要性。這種認識一部分來自數十年的第一手臨床研究結果，另一部分則來自一些成人，他們經常需要回去逐一改變早期對自己和他人所形成的核心結論。

但還有一些個人的部分。作為安全圈共同創始人，我們也一直在回顧自己的依附經驗，以及依附經驗對個人生活的影響。如今我們幫助父母們理解問題，但從前我們每個人也都出自具有各種大小問題的家庭。也就是說，本書是我們發自內心所寫成，不僅是當前的研究，也是從我們個人去理解基本健康依附的重要性。

你將能從本書得知支持安全依附的豐富性和價值。安全依附本身就是一種酬償：一旦建立，能夠為擁有者提供深度信任與各種機會，在情緒、智能、人際等各方面獲得成功，有助於人生的長遠滿足和實現。

然而，安全依附之旅並非一帆風順。我們早期開始進行依附研究時，其實每個人都感受到某種程度的困難，因為我們認識到需要安全依附的意義，以及在我們自己的成長過程缺乏了什麼。儘管這些發現最初讓我們很辛苦，但最終領悟到，我們的父母已盡力而為，只是他們當時無法知道什麼有效、什麼沒有效。我們在這本書中試著幫助你認識到，想要擔任夠好的父母，哪些方法有效，哪些尚待努力。希望你在這趟旅程中，本書也成為你的支持。

我們與流浪街頭、無家可歸者及其他困頓父母一起合作。我們在一次將被絕望感吞噬之際，看見一位未成年小媽媽，小孩養小孩。她無微不至、微笑著照顧孩子，孩子也回報以微笑，當時我們就知道，至少這部分是真的。

事實上，從依附研究中所獲得最好的禮物之一，就是證實了我們所生活的世界是互相連結的，全然的單純（所有我們看見的瘋狂反應，都是「太多」的反應）比複雜性更深入。我們已經開始相信這個事實：沒有我與你「同在」，沒有人會好；每顆心都在尋求與生俱來的愛。

第三章

安全圈的依附地圖

當剛出生的寶寶以脆弱無助的眼神看著你，你彷彿擁有了孩子的心。寶寶尋求愛，依偎在你手中。你值得嗎？你的寶寶認為你值得。你知道寶寶需要什麼嗎？

信不信由你，你根本不用擔心，寶寶會幫助你釐清一切。身為父母，甚至是新手，都有機會發現在安全依附中的學習是互惠的。嬰兒向我們學習、求助，我們滿足他們所需，他們也會教導、提醒我們，親子的連結「同在」可帶來許多良善和奇蹟。

嬰兒不僅是學生，也是我們的老師。

這種相互依存的關係，在演化中扮演重要角色，在個人層面上也有重要的發展目的。

我們一般認為還有更多意義，因為沒人能解釋父母和孩子之間的愛之深。但是，讓我們從這裡開始，瞭解新手父母和不會說話的嬰兒之間，如何以相互關係釐清彼此的需求。

嬰兒如何在關係中學習

自二十世紀中期以來，人們已知嬰兒是難以置信的高效學習者。數十年前，嬰兒發展科學先驅——丹尼爾・史登（Daniel Stern）稱嬰兒為地球上的最佳研究員。當時觀察嬰兒學習過程並不容易，但現在數位影像讓我們可透過嬰兒和照顧者之間拍攝的互動影像，以二十八分之一秒慢速看見嬰兒表情和行為的變化。嬰兒接收外部訊息，並在內部處理，此時，每個變化都代表他們內在世界的變化。就好像我們真的看見心理和情緒的機械正在轉動。當然也能看到嬰兒與其他人發生連結時，又會如何變化。嬰兒似乎可憑直覺知道，誰是真正的關心與幫助者。幸運的是，這並非指父母（或其他主要照顧者）才是孩子唯一會接受或尋求的人。在很小的時候，嬰兒學會辨識對自己微笑、細心呵護他們的成人，嬰兒會與這樣接納他們的人連結。發展心理學家愛德華・楚尼克（Edward Tronick）指出，嬰兒很快就能學會分辨「永遠在身邊滿足需求的媽媽」以及「和我玩遊戲但我一哭就會趕快叫人抱我的路易叔叔」。這種學習有一個重要益處是能夠釐清誰可以擔任備用照顧者。嬰兒似乎懂得有所預備總是好的。

嬰兒與他人的連結愈多，學到的就愈多。發育中的嬰兒天生能夠接受內部和外部輸入（科學專有名詞為「開放系統」），表示嬰兒具有與很多人接觸的成長能力。寶寶蘇菲在生命的頭幾個月，學會在她的世界中可以依賴很多人，爸爸、爺爺奶奶、莉絲姨媽、保姆，都會陪伴她，使她有信心與陌生人互動。她在一歲前開口說話，一歲半時馬上認出幾個月不見、住很遠的外婆，有陌生人靠近時她會變安靜，然後要求母親的安慰以保證可以接觸陌生人，等她得到肯定訊息便開始接觸，媽媽則在一旁守護。在她兩歲前經常表現出同情心，會在遊樂場把泰迪熊拿給一個哭泣的嬰兒，並在家人表現沮喪情緒時哭泣。媽媽漢娜知道，她正在看著一個將能夠輕鬆自在駕馭複雜世界的小女孩。這一切都是蘇菲最早關係的直接結果？也許並不完全是，但已為小女孩設立學習基調。

早期的人際關係為我們提供一個活動空間，在裡面我們可以得知自己是誰、別人是誰、一起做什麼的一貫感。楚尼克博士表示，當我們對彼此敏感、互有反應，連結已然建立，並且「產生成長茁壯的經驗、連續感，以及一種知道世界上其他人感覺的同步感」。嬰兒在與我們連結的過程中知道自己是誰，這使得與他人的連結成為最好的學習教室。好消息是：這間教室不收學費，隨處可見，但可能有點令人困惑。

令人困惑是因為「連結的品質」。比如，你在公車上，想著剛失去一位親密朋友而熱淚盈眶，一個陌生人看見了，與你眼神接觸，讓位給你。於是你學會寬容、直覺，也學到你身為同車共乘旅客的價值，甚至那些從未抬眼看你的人也對你好。一個少女參加派對，被她所迷戀的男孩羞辱拒絕後回家找媽媽，媽媽以前從未等過門，這次卻坐在客廳裡等她，微笑著耐心等待，直到女兒開口。女孩發洩憤怒情緒之際，媽媽適宜地配合女兒的不滿，讓她完全宣洩憤怒，繼之而來的則是悲傷。少女學到，當情緒受到重視，情緒的工作便完結，我們可以繼續前進。

依附的雙人舒適區，在科學上稱為「二元調節系統」。「二元」指的是，這種調節發生在兩個人之間。

與信任的人互動能帶我們進入雙人舒適區。漢娜感覺到寶寶蘇菲害怕，所以把她抱起來，緊緊靠在胸前。蘇菲平靜下來。在那一刻，漢娜獲得身為母親的自信，蘇菲獲得信心，知道恐懼可以控制，她們之間愛的連結變得更強。當我們適當地回應彼此的內在經驗，並據此調整行為，便能彼此建立信任並獲得意義，發展出獨自一人所無法達成的連結。換句話說，嬰兒需要同理心的連結才能成長茁壯，也必須要有同理心才能學習。

不幸的是，更多證據顯示，缺乏連結所造成的傷害更大。在孤兒院等機構長大的孩子，由於沒有這種連結分享，於是不學習也不成長茁壯。即使只是短暫打斷連結，例如一個人擺出研究人員所謂「沒有表情的臉孔」（沒反應、沒情緒）便足以使嬰兒生氣、沮喪或退縮。如果持續缺乏連結，孩子會變得悲傷，更會長期退縮。實際缺乏連結時，嬰兒會變得沮喪、難過、無精打采，完全不發展。

猜測與觀察

幸運的是，大多數父母在大多時候都會敏感地回應，再說一次，60%的親子雙方會自然發展出安全依附。這些父母瞭解孩子的需求，以及孩子表達需求的方式，大部分時間父母都會回應孩子。但除了許多分心事物會造成干擾，我們自己的內在世界（也可以稱為心緒）有時也會阻止我們看見孩子的需求。我們對孩子的舉動具有相當微妙精細的理解，因此對嬰兒的感受非常敏感，可以在嬰兒具有調節能力之前，幫助他們調節這些情緒。但這樣做會導致預設立場。我們常認為自己很懂，其實不見得。

如果你現在身邊視野所及之處有別人，請用一分鐘看一看。你是否能夠立即懂得他們的心緒？他們是輕鬆還是不舒服？快樂還是悲傷？有精神還是疲倦？生氣或沮喪？如果是，那是什麼原因？這是一個非常好的機會，尤其如果你認識這些人，自認為知道他們腦海裡在想什麼。

我們將這種完全正常的現象稱為「猜測與觀察」。當我們正被其他一百萬件事物分散注意力，或者有要務必須完成，便會出現這種「猜測孩子」的心態。當我們感到疲倦、不舒服或不高興，也會出現（它也會因為我們稱為「核心敏感度」這種非常根深蒂固的心態所觸發，但這是第五章的主題，先不討論）。這是一種自然產物，因為我們已經懂得自己的孩子。

猜測與觀察的問題在於，不一定隨時都能準確「看見」孩子的內在世界。如果我們猜測三歲的兒子哭泣是因為生氣，他愈哭愈大聲，我們也愈生氣，但如果我們停下來仔細觀察原因，便可能採取不同的反應（孩子發脾氣可能只是因為玩具的運作不太正常）。如果我們猜測十九個月大的女兒一直指著廚房是因為肚子餓，可能會去廚房拿東西出來給她吃，但她其實是要我們帶她去廚房，讓她展示自己會裝一杯水。

當然，如果孩子沒有直接表明需求，回應孩子總免不了猜測。調節良好的互動，有很大一部分在於犯錯、彌補。唯有第一次做得不對，我們才會學到更多。很幸運的，嬰兒往往無法明確告訴我們所需，所以我們某種程度上非猜不可（你可能會有這種感覺，不只是在某些時候要猜，而是所有時候幾乎都要猜）。目標在於找到一種方法與孩子步調一致，以保證我們的猜測大多時候是準確的（第四章將討論如何在每天的混亂生活中與孩子步調一致）。如果父母能有一張孩子需求的解說圖，觀察和猜測都會做得比較好。

安全圈

安全圈滿足兒童的需求

經過多年與各種家庭的合作，我們發現生活會以無數的方式來干擾父母與孩子之間本能的調和狀態，且我們相信孩子依附的驅動力和依附系統中的需求，幾乎總是隱藏在表象下。身為父母，我們需要清晰瞭解這些需求的方法，特別是在某些覺得迷失或不知所措的時刻。安全圈（Circle of Security，簡稱ＣＯＳ）的設計是一種簡單的路線圖，可快速而準確地瞭解孩子在任何特定時刻所表現的需求。

安全圈描繪了約翰・鮑比和瑪麗・安斯沃斯所定義的依附系統中，所有三個中心或核心需求：尋求照顧（careseeking）、探索和給予照顧（caregiving）。尋求照顧位於安全圈底部，顯示安樂窩的需求（面對受傷的安慰）。探索位於安全圈頂部，顯示安全基地的需求，孩子可據此建立對獨立自主的需求。安全圈的一雙手代表父母和照顧。有趣的是，雖然依附理論一直都包括依附行為（尋求照顧）和探索行為（建立精熟度），但我們最初創造安全圈時，並沒有用「需求」來描繪探索行為，直到朱迪．卡西迪指出：「兒童需要安全基地進行探索的重要程度，等同於對安樂窩的需求」。符合這兩種需求，對於確保依附和孩子的情緒調節發展至關重要。

安全圈中的幼兒經常「進進出出」。

第一章中，我們描述了一個情景，三歲的蕾蕾在公園遊樂場設備和父親之間來回穿梭。這個情景顯示孩子在幾分鐘內一遍又一遍地繞著安全圈移動。其實孩子整天都在做同樣的事，先探索，然後尋求安慰、保證或安全，等到他們情緒的杯子裝滿，會再度跑出去進行探索，無論是在家裡、在幼兒園、在親戚朋友家裡、在牙醫診所、在購物的時候、在沙灘上。孩子的年齡（及其他因素）會造成照顧者和孩子間不同的互動。兩歲孩子在牙醫檢查時害怕得尖叫，這時父母會趕緊安慰孩子；四歲孩子檢查牙齒時，父母可能要尋找更細微的訊號，才能得知孩子有點害怕，並給予安慰的點點頭或捏捏手，讓孩子知道沒事。給予孩子機會以平息害怕的感覺，讓孩子能夠出去進一步「探索」，即使探索指的只是乖乖坐在椅子上合作，看看會發生什麼事。在海灘等會令孩子興奮的地方，比較難看見孩子接近父母尋求安樂窩和安全基地：孩子會跑回父親身邊，是否為了展示探索的成果，給父親看各種不同的貝殼，還是因為海浪拍打海灘有點可怕，所以暫時休息一下？

如果你已經有孩子，今天請暫時花點時間，運用安全圈圖表的鏡片觀察孩子。你能看見孩子何時位於安全圈頂部，何時位於底部。

「根據女兒在安全圈中的位置，我們能夠辨識她整天的需求。安全圈告訴我們艾美每個行動都有目的，也告訴我們艾美在生活上各種面向都需要我們，無論是在我們身邊，或隔一段距離。」

——艾瑞克和克勞蒂雅，佛羅里達州

為什麼是圓圈？

我們選擇用圓圈來描繪安全依附，因為安全是屬於平衡問題。知道孩子獨立自主的需求和容易受傷同樣重要，這些是我們教學中最重要的方向。一旦父母瞭解、平衡這兩種主題，孩子較可能體驗到安全感：相信自己，並且相信他們最需要的人。

專欄　**真實生活中的童話故事**

從前從前，在一個遙遠的地方……事實上是一直以來，在每個地方，孩子都需要得到安全保障。因為安全保障，我們對世界的好奇心能夠誕生。因為我們有信心，知道有人陪伴在身邊，所以能夠出去冒險，從事驚人壯舉，學習新技能。我們熱愛探索，因為在我們內心深處永遠都知道，我們回來的時候，將會受到關心我們的人所歡迎。關心我們的人使我們沐浴在愛中，這些人非常重要。然後，我們出發追尋驚奇世界的各種嶄新可能性。雖然世界值得探索，但無論距離多遠，我們都會回頭看，確保重要的人依然在那裡守候。

知道「永遠有人張開手臂關心擁抱自己」這件事，給予我們勇氣和信心接受世界。因為我們很清楚，不管發生什麼事，愛我們的人一定會伸出援手。

在需要時獲得幫助，使探索變得充滿樂趣，因此我們可學會在世界上取得成功。所以我們會回到愛我們的人身邊，然後又像來時一樣地離去。我們知道，愛我們的人會照看我們，隨時歡迎我們回來。所有加總在一起，教導我們最重要的功課。

故事結束。或許應該說，「正要開始」。

不同但不分離

正如寶寶蘇菲的表現，孩子生命的開始，藉由與人的連結，嘗試發展健康的自我感覺。如前所述，發展科學家觀察到，我們透過與他人的關係，學到我們是誰，學到如何區別「我們」和「他們」來幫助鞏固情緒生活。我們一生都在努力掌握這種平衡：如何在不失去獨特性的情況下建立親密關係？我怎麼知道何時要依賴自己，何時要向他人求助？孩子開始學習這種平衡行為，是在與父母共處的時刻，他們需要父母幫助以調節時時變化的心態。孩子學會媽媽對於他們的心態變化很敏感，知道何時提供安慰，何時提供鼓勵。這種心態的變化是連續無縫的，所以很適合用圓圈或橢圓表現。這也是第一章中像蕾蕾一樣年幼的孩子，整天在父母和自己的探索間來回的方式。

孩子在探索時，就像還在襁褓中一樣需要我們。

情緒調節

情緒調節也是如此。正如第一章所說明的，對依附者的信任經驗，讓我們相信有人可幫助我們調節情緒（又稱為coregulation，共律），以期最終我們能靠自己學會調節情緒。童年時期（事實上是所有生命週期）的依附，有很大一部分是要釐清何時該依賴自己，何時該尋求幫助。除非有人幫助和支持我對這個世界的強烈興趣，否則我該如何管理自己的熱情和好奇心？除非有人提供理解和幫助，否則我該如何理解痛苦的感覺？孩子每天都有無數的情緒變化。在安全圈頂部和底部的這些微小時刻，可讓孩子認識如何透過經驗和控制去調節感受。我們不是學習獨自迎接情緒，而是學習在關係中迎接情緒。在這種情況下，我們學會相信感受，同時關心和重視他人感受的能力也跟著成長。

護持的環境

從異教儀式到現代祈禱圈，從邊境的保護到關係緊密的社群，從美洲原住民、凱爾特人、古代中國人到其他許多文化的象徵意義，在歷史中，圓圈都被用來代表人們聚集在一起的共同需求、同情和慶祝。將依附關係描繪成圓圈形狀可說是最完美的。小兒科醫師兼心理學家唐諾．溫尼考特稱安全依附的氛圍是一種「護持的環境」（holding environment），父母透過分享來幫助年幼兒童管理困難的內部經驗。我們一位導師丹尼爾．史登將這種護持的感覺描述為「同在」，這是一種「尊敬困難」而非「克服困難」的方式。參與孩子的經驗，告訴孩子這些都是正常的、可以管理的，最重要的是，孩子會學到：有需要時可以求助他人。

圓圈形狀也是顯示親子關係現象一個很好的圖形式象徵：父母偶爾無法辨識和滿足孩子的需要，造成安全圈暫時受到破壞，使關係失去完整性（但可修復）。這也讓我們能夠看見，如果孩子在安全圈周圍無法得到需求的滿足，表示我們失去了平衡，而不是我們做了非常糟糕的錯事。解除我們的自責，讓我們誠實面對、不受拘束，以清楚的眼光看待安全圈需求地圖，辨別可能需要做些什麼去再度達到平衡。

總之，我們選擇安全圈來描繪兒童的依附需求，是因為它既簡約優雅又清晰。

安全圈頂部：孩子的安全基地需求

當孩子感到安全，會自動產生好奇心想瞭解這個世界。但在出發探索之前，需要感受到我們全力支持他們走出去，發現新世界。在我們的支持下，孩子會出發進行一場大冒險。我們稱這種全力支持為「斟滿孩子的杯子」。好比你加滿油離開家，去想去的地方。

我們在設計安全圈時，已看過數千小時孩子與父母互動，然後分類為支持孩子探索的四個需求，以及提供孩子舒適的四個需求，完整的安全圈地圖如94頁下圖。分類的差別很細微，不太容易清楚分辨。我們不斷提昇觀察技巧，始終對看見孩子微妙需求變化的挑戰懷抱敬畏。父母與自己孩子有親密連結，會看得更清楚，即使如此，父母也未必可以時時釐清孩子的需求。

看顧我

有時幼兒只是需要有人陪伴。想像一下，你的兩歲孩子坐在地板上，非常專注於堆積木。如果你離開房間，孩子可能會拋下積木不管。你的隨意陪伴不是「什麼都沒做」，而是讓孩子能夠學習和發現。嬰兒的探索往往需要父母多一點的鼓勵，才能把目光轉向新的景象、聲音和觸摸。透過一點經驗，你可以學會辨識嬰兒對互動的需求，嬰兒也學到需要的時候可以找到你，因此得到勇氣和信心可到更遠的地方。

挑戰：當下陪伴。在我們的高成就者文

安全圈顯示孩子對安樂窩和安全基地的需求

化中，父母什麼都不做只是看顧孩子，是非常困難的。父母很容易會掉入任務陷阱，想要創造「優質親子時間」，大多數人解釋為精心編排的共同活動，藉此給予孩子我們全心的注意力，扮演積極的角色加以培育、塑造、指導、勸誘、教學等。如果孩子似乎可以自己玩得心滿意足，試著延長等待時間，不要介入，等待一些訊號，例如孩子長時間盯著你看，對你伸出手，明確要求你的參與。

因我而喜悅

有時孩子和嬰兒會從想要我們的看顧，轉變為希望我們對他們的模樣表示喜悅。如果孩子在遊戲過程看向你，你發出溫暖微笑，和孩子目光接觸，然後孩子報以快樂的動作或微笑，再急切地回到自己遊戲中，你會知道，孩子在尋找你的喜悅。嬰兒在生命愈早的時候知道父母因自己而喜悅，會愈有自信，愈能建立自尊。因為孩子知道生命中最重要的人發現自己的價值和可愛，就像孩子也發現你一樣。

挑戰：「因孩子的模樣而喜悅」和「因孩子的行為而喜悅」，兩者是不同的，但都很重要，不過更重要的是，孩子長大成人以後不能只是相信自己的「成果」，比如運動冠軍或考前幾名。有時「因我而喜悅」需要的不是口頭稱讚，因此要避免說「好孩子！」「做得好棒！」「積木蓋得好！」等，當你想要誇獎孩子的行為時，問問你自己，是否是為孩子達成你心中某種發展目標而自豪（她這麼早就會走路了！）。請儘量放下這種想法，只是單純迎接在你面前的一個開心孩子。當孩子回頭看見你眼中安靜的閃動，她會學到關於自己的一些事，這是世界上所有讚美都無法教會孩子的。

和我一起享受

在這裡，你可以更充分地參與孩子所做的任何事。有時孩子想要分享活動和冒險經驗。也許你三歲的孩子想要用動物玩偶和你一起玩假想遊戲，也許你兩歲的孩子想要你在一旁述說她做的事：「我看見妳把所有動物都放入穀倉。或許外面很冷。」這些時刻可以給孩子一些讚美。孩子需要獲得成就的喜悅，才能承擔成長風險和發展能力，這一切端賴你的讚美方式和支持性見解（但是，讚美可能會在教養中占了過於突出的角色，如第八章所述）。

對於嬰兒來說，「和我一起享受」通常指的是透過他們的眼睛看世界，以及和他們談論這件事。這樣不僅有助於孩子發展自我價值和成就感（我做得很好，爸媽注意到了），也有助於發展對心智運作的認識。當爸爸說：「熊很軟，摸起來感覺很好，是不是？」嬰兒知道爸爸看見的就是她看見的，但彼此的思想是分離的，有時爸爸只是在猜測她的感受。嬰兒會學習到：我們有共同的想法，但不見得完全一樣。這種「心智理論」是建立自我的關鍵，可幫助嬰兒掌握自我與他人間的差異（還有共通性），能夠接受別人的觀點，並結合內在經驗，發展健康的個性。

挑戰：瞭解如何分享和享受孩子的活動，而不越俎代庖。我們看過幼兒正在享受遊戲的過程，一個大人也參與進來一起玩，卻使用錯誤方式：指揮或測試孩子，沒有注意孩子的心智狀況或想法。如果孩子安靜下來並停止參與，你知道自己可能做得太過度，顯示你不是無時無刻都知道孩子想要的是什麼，卻總是有興趣想知道。尊重孩子的獨立思想，將隨著孩子成長帶來巨大的回報（孩子在青少年時期為何會反抗（叛逆期），是因為他們具有正當需求，想要別人接受自己的主動性和思想。如果青少年期沒有出現這種情形，等長大成人會變成痛苦煎熬）。參與孩子遊戲時可以這樣說：「你想要把下一塊積木放上去嗎？」或「你要我看著你一陣子嗎？」向孩子傳達訊息：你會在一旁陪伴不介入。

> 當你看見孩子安靜下來，表示你已經開始主導，想要孩子照你要求做一些事。看見孩子不開心，你該縮手退後，這是我們所稱「破裂和修復」的一例。當安全圈被父母一些的小失誤打破，父母明白自己犯了錯，因此敏感地承認並加以修復。即使孩子再小，都能瞭解這些「錯誤」只是身而為人的一部分，沒有人是完美的，**重要的是真心的注意和關懷，然後改變我們的行為。**

另一個挑戰：對過度刺激產生反應。嬰兒的「和我一起享受」有一個風險，就是會變得過度刺激。即使有正向情緒，對嬰兒來說可能也會太過度。如果嬰兒正在和你一起玩遊戲，卻突然往其他地方看，表示她正試著告訴你互動太多，想要讓自己平靜下來。這是一個順從嬰兒需求的重要時刻，因為它傳達的是，你可以接受嬰兒所有的情緒和需求。如果你想加強娛樂來重新獲得嬰兒的注意力，表示你對嬰兒此時在努力的內在經驗感到不舒服。她需要你幫助平靜，此時可以給予孩子空間和時間。

你也會在較大的孩子身上看見同樣的事，他們會在進行有趣活動的下一刻，突然開始打玩具或推走。如果你曾看過小孩被搔癢而發笑，卻突然表現得好像很痛苦，你便親眼見證了過度刺激。在一旁陪伴，以及活躍積極的陪伴，兩者間會產生這樣的差異。

幫助我

孩子在探索過程遇到問題時，他們需要從父母那裡得到足夠的幫助（包括幫助他們繼續努力一段時間以體驗掌握的感覺或學習新事物）。想像有一個嬰兒無法獨自坐起很久的時間，媽媽可能會坐在他身後，一隻手托住背，提供穩定性，讓嬰兒可以探索其他能力，例如伸手去拿面前的玩具。如果他拿不到，或玩具一直從手中滑落，孩子自然會感到沮喪。但只要給予一點時間，孩子可能會想出辦法，同時學會只要一點點努力便可掌握這個動作（現在可以給予一點幫助）。或想像一個孩子想要完成拼圖，拼圖是屬於哥哥的，哥哥已經上幼兒園，她非常想跟上哥哥，但由於沒有精細小肌肉來操作積木，因此感到沮喪。你可以幫她把積木放進去，或者你可以拿出適合年齡的拼圖讓她操作，直到她取得一些成功，然後再讓她嘗試另一個難一點的拼圖，逐漸進步。

青少年也一樣，當他們試著努力面對生活中突然發生的變化，也需要父母隨時陪伴但尊重的態度。在我們清楚表示願意開放面對討論，也支持他們的選擇，有時青少年會突然願意接受，此時對話最有幫助。

挑戰：在提供過多與過少幫助之間達成平衡。如果孩子沒有得到任何幫助，一直不成功，會失去興趣和自信。幫助太多，孩子學不會相信自己的能力，無法發展韌性來學習新技能，也可能會以為沒有指導就無法完成重要任務。等於在這些方面，孩子的學習受到阻礙。不斷嘗試超過自己能力的挑戰，正是孩子的成長方式。但對於父母來說，很難決定當下究竟要等待、讓嬰幼兒自己奮鬥，還是提供幫助。如果你決定幫忙，無論是為他做，還是幫助他弄明白自己怎麼做，即使是全世界最厲害的老師也無法時時都做對。有時我們只是沒時間協助孩子解決問題。我們都會在這裡犯錯。

鷹架理論（Scaffolding）——給予足夠的幫助，讓孩子學會自己做，是和孩子「同在」的一大益處。當我們提供足夠的幫助，孩子會獲得信心，同時也意識到是因為有父母的支持。

安全圈底部：孩子需要安樂窩

「孩子需要安慰」這個需求可說非常明確。嬰兒哭了，媽媽一邊抱著嬰兒輕輕搖晃，一邊低語：「媽媽在這裡」。三歲幼兒被自己的偶像哥哥吼叫，叫她不要碰他的玩具，爸爸一邊拍拍她的頭一邊說：「沒關係，親愛的，哥哥不是在生氣，因為那是一輛新曳引機。」但孩子對安樂窩的需求不總是這麼簡單。就像安全圈頂部的需求一樣，底部需求也是很微妙的，變化很快。

孩子疲倦、嚇到、肚子餓、不舒服，或情緒杯空掉的時候，會移動到安全圈底部，此時孩子需要我們的接納，讓孩子來找我們。我們需要提供全力支持，斟滿孩子的情緒杯，讓他們能夠重返世界進行探索。

保護我

這種需求非常明顯，然而我們不僅需要保護嬰幼兒免於身體、心理和情緒傷害。還需要傳達訊息給孩子知道，我們會堅定保護他們，他們可以倚賴我們。想像一下，如果你無法保護自己，而你的照顧者也不是每一次都會來幫助你。照顧者會保護你免受狗的攻擊，但是當你在路上遇見霸凌你的人，你感到退縮，照顧者卻會取笑你，或看起來保護你就像一件令人厭惡的苦差事。如果你有這樣一個照顧者，即使坐在安全溫暖的客廳裡，你可能也會感覺受到威脅，感覺自己隨時都可能發生不好的事。你會一直處於高度警戒狀態，腎上腺素快速在你血液中流動，使你受制於過度壓力造成的傷害，如第一章中談到的。

嬰兒初來乍到這個新世界，會害怕，需要有人在身邊隨時保護他們，雖然嬰兒的恐懼訊號不是很清楚，因為他們還沒分辨清楚這種經驗叫作恐懼。有一個能夠解讀微妙訊號的照顧者，嬰兒可以尋求幫助，當面臨可能的危險，照顧者能夠陪伴，也可帶來慰藉，這是安全感所需要的。

挑戰：還是要平衡。當孩子被恐懼掌握，幫助他們很重要，即使我們知道並沒什麼好怕的。因此，我們不僅要在孩子無法保護自己時站出來保護孩子，也要注意孩子還沒學會的危險事物（高處、火、利器等），或是當他們受到恐懼壓迫，幫助他們處理自己的情緒。有時當幼兒面對新事物或害怕的事（例如遊樂場粗魯的大小孩、來家裡拜訪的陌生客人、第一天上幼兒園、第一次和玩伴出門玩沒有爸媽在身邊、身體健康檢查），你只需要靠近他們，或將手放在他們肩膀上，便可為幼兒提供所需的保護，這樣可避免孩子一輩子都會害怕新事物。我們應避免將自己的恐懼強加在孩子身上，也不要嘲笑孩子的恐懼，因為這樣孩子自己的經驗就會沒有作用。懂得分辨寶寶的哭聲是在害怕，不是尿布溼了或餓了，孩子將會有信心，你會隨時隨地保護他。

安慰我

孩子在傷心難過的時候都需要安慰。累了、肚子餓、受傷、害怕、孤單、沮喪等，他們在一個令人困惑的世界中不知所措，每天都需要很多次的溫柔安慰。年齡愈小，愈要注意提供安慰、餵奶、OK繃等。這些發自內心的姿態說明，你不僅會陪伴安慰他們的身體不舒服，你也接受他們的情緒，並幫助調節。這就是為何許多育兒專家強烈建議將嬰兒抱在懷中餵奶時要與嬰兒眼神溫柔接觸，而不是看電視、滑手機。孩子在此再度學到，有他人的照顧，她可以克服傷心難過，雖然偶爾會有不舒服，不過她已學會向別人尋求安慰，這堂課幫助她在整個生命中與他人形成良好的互惠關係。

挑戰：保持「自我」。必須釐清你能夠理解並與孩子的情緒體驗產生共鳴，但你不必親自體驗。努力傳達同理關係時，難免容易過度，特別是你的父母本能會讓你想要幫孩子去感受。幫助嬰幼兒瞭解「感受是自己的，但可以從其他關心我們的人那裡獲得幫助」，這點很重要，丹尼爾．史登稱為「感覺塑造」（feeling-shape）。你的感覺與孩子的感覺相似，孩子的感覺會與你的臉部表情、聲音、肢體語言、撫觸等連結在一起，因此你要避免將自己內心的傷心難過感受強加給孩子。嬰兒傷心難過的時候，不需要父母在回應時也一起哭，而是以悲傷嚴肅的表情，溫柔地撫摸她、柔聲說話、理解她，這樣孩子能夠明白：「你明白我的感受，我不孤單。我也學會這種感覺可以分享和信任。」

因我而喜悅

安全圈底部有兩種喜悅。第一種是當你的寶貝轉向或跑向你，不是因為她傷心難過，而是因為她覺得需要斟滿情緒杯，需要加油。她可能會急忙衝過來笑一笑，兩秒鐘後又回到安全圈頂部，準備好迎接這個世界。

第二種安全圈底部的喜悅，則是當孩子難過或太疲倦的時候，需要幫助他們放鬆。要對一個哭鬧不休的孩子感到喜悅，並不容易，他可能是因為筋疲力盡卻不知該怎麼放鬆自己睡覺，或因為年紀不夠而不具備操作某種玩具或騎自行車的技巧。但即使孩子傷心難過，仍需要我們因他們而喜悅，而且在孩子傷心難過時，這麼做更重要。這不是過度的喜悅（感覺像嘲笑），而是一種「我當然愛你，即使事情不順利」的喜悅。就像有時你可能會突然心情不

喜悅→正向關係→愛

「因我而喜悅」是唯一在安全圈頂部和底部都能找到的需求。無論孩子是在探索還是需要你靠近，促進這種正向關係可使孩子更有安全感，也是種下一顆種子，讓他日後能夠與他人發展親密關係。在孩子體驗快樂、好奇心、高興時，看到爸媽的眼睛，孩子會理解到正向感覺可以與所愛的人分享，日後也能與他人分享。有人稱這種情形為「墜入愛河」。

好，你會走向某個人（配偶、最好的朋友、兄弟姊妹等），這些人會報以微笑，清楚告訴你，即使你傷心難過，他們也珍惜你，讓當下你立刻感到放鬆。有時這樣做需要內心強大的平靜力量，但即使面對孩子的傷心難過，面對可能需要幫助的孩子（不見得很明顯），你依然能夠體驗喜悅和關愛，這是一份送給孩子的禮物，隱藏的訊息是：「我知道你很難過，我愛你，事情很快就會過去」。這種深情呵護，可提供孩子極大的安全保證。

挑戰：依然是不要太過度或離孩子太遠。對於哭鬧不休的嬰兒或宣洩脾氣的孩子，我們所展露的喜悅，必須融合對孩子感受的瞭解與接受。臉上帶著笑容，去輕聲安慰一個傷心難過的嬰兒，或試著逗孩子開心、幫他擺脫沮喪，很容易讓孩子以為父母不懂或不想要懂他們的感受，只是想讓他們停止，所以孩子的體驗會變成父母不懂或漠不關心。可悲的是，鑑於筆者三人的臨床經驗，我們太常看見父母主動讓嬰幼兒遠離過於強烈或困難的感覺。我們想要一個「開心寶貝」的需求，會暫時將嬰兒拉離傷心難過，但同時也教會她，有些感覺是不能分享的。

統整我的感受

如第一章所述，情緒調節成長於安全圈中的安全依附搖籃，對人類來說是一種必學的重要技巧。情緒是需求、價值和欲望的訊號，對我們非常寶貴，因此能夠體驗、理解、信任以及分享情緒非常重要。但能否管理情緒也很重要。如果我們被情緒淹沒，便無法正常運作。如果我們不恰當地表達情緒，可能會阻擋自己的目標，將情緒強加在別人身上，無法同理他人感受而難以維持人際關係。在我們生命最早期的人際關係中，學習同理心與管理感受，對日後生命中是否能擁有健康關係有顯著的影響。

孩子抱著豐富的情緒進入世界，卻幾乎無力瞭解或平復情緒。因此孩子需要我們幫助他們調節自己的情緒，並陪伴、慢慢教導他們自行調節情緒。重要的是儘早開始。

> 「宣洩行為」是以尖叫、打、發脾氣等我們可看得見的行為，向外傳達傷心難過的方式。「內藏行為」則是將傷心難過轉往內心，變得退縮、憂鬱。在青春期，獨自內斂面對傷心難過，不會引起外界注意，但卻會產生問題（對自己的負面消極態度，以及自我傷害等問題）。

想像有一個受驚的嬰兒，父母認為能夠以少許娛樂緩解她的「鬧脾氣」，因此將孩子拋向空中飛高高再接住，還大聲發出驚嘆聲，告訴嬰兒應該要覺得這麼做很有趣。嬰兒的內心想：「你這人怎麼回事？你為什麼不懂？你為何還要繼續嚇我？」不過在父母多次重複相同的表現後，孩子開始認為一定是自己的感受「錯誤」或「可憎」，需求無法獲得滿足。孩子將如何回應？隨著時間推移，她可能學會麻痺悲傷或恐懼，並與所有豐富情緒的訊息失去連結。孩子或許會壓抑那些情緒，久而久之，情緒會轉變為慢性焦慮或內心孤單寂寞的種子。在意識中，她對這種反應感受的方式，不會留下任何學習記憶，而成為「程序記憶」的一部分（參見108頁專欄）。

順帶一提，你不必「喜歡」孩子的情緒，但你必須展現「可接受孩子感受」的態度，讓孩子知道，與關心自己的人分享感受是安全的，這有助於幫助孩子建立表達情緒的語言能力。對人類來說，能夠辨識情緒很重要，如此可釐清如何回應和表達這些情緒。若沒有人教導孩子（和成人）如何用語言來區別情緒，他們往往會混淆悲傷等脆弱的情緒，然後把所有的不舒服都以憤怒表達。你可以想得出這些人為何會變成這樣。

挑戰：猜測與陳述。我們在前面談過，嘗試瞭解孩子的需求，一開始要靠猜測。情緒也一樣，但在我們與孩子討論情緒時，表達我們實際上是在猜測孩子所經歷的事，這一點很重要。再說一次，釐清我們每個人具有獨立心智、能夠分享，這對成長中的孩子具有深遠的意義。

如果你對幼小的孩子說：「我知道你在氣我」（而不是說「我想知道你是不是在氣我」），孩子不會學到試著去統整感受的重要性，因為他沒有想過自己的感受，而是直接同意你對他感受的解釋。孩子自己的經驗，同時結合你對他支持的理解，這樣孩子才能發

> 人類是複雜的機器，根據設計而運作，身心有許多系統和功能需要調節（例如，體溫必須維持正常、釋放荷爾蒙進行特定的工作再消退、肚子餓表示吃飯時間到了）。情緒也應該要受到調節，意思是說，情緒應該要發出訊號，指示我們該採取某種行動，然後消退。情緒（或行為）失調表示我們偏離了體驗情緒的方式、時間和程度。

展為別人著想的能力。

我們的目標是要教導孩子，每個人都有自己的內在經驗，大致來說所有情緒都是類似的，我們的個人經驗都可得到別人的支持，但在特定時刻，我們的感受是專屬於自己的，完全由我們運用和管理。

學習調節情緒有多重要？心理學家所謂「向外宣洩」或「向內隱藏」是一種在健康關係中所學到的選擇，嘗試以有限的健康技巧來管理情緒。

情緒失調↓行為失調。

大人的安全圈

自我調節和自我安慰是親密關係的重要條件，但不是我們天生具備的能力，這點與大眾的理解剛好相反。這是在關心他人的關係中學習到的。所以，如果希望孩子未來能夠掌

專欄　建立孩子的程序記憶

程序記憶是一種長期記憶的形式，指關於技術、過程、或「如何做」的記憶。當你建立孩子在安全圈中的基本需求時，你對待孩子的方式便會讓孩子形成程序記憶，會在孩子的成長過程中持續出沒，類似學習騎自行車的方式。我們可能不太記得學騎自行車的細節，等學會以後，每次騎車上路時，也不會遵照騎車步驟從頭來一遍，而是跨上車，開始踩踏板，保持平衡，一路前進。你對孩子無數次的安慰，會漸漸使孩子自行停止害怕和哭泣，這是因為孩子已建立起正面的程序記憶：「父母的安慰幫助我建立自我安慰」。當你對九個月大漲紅著臉哭泣的孩子說：「你在生氣，感覺一定很可怕……我現在要抱著你和你一起走走，因為你真的很難過。」此時孩子學習到，有人陪著他一起傷心難過，這個感受會形成程序記憶。隨著成長，即使有時你沒有陪伴在他身邊，孩子依然能夠管理自己的情緒。

透過程序記憶學習，基本上就像是編寫一本書。如果這本書是由健康的親子關係所創作，內容充滿了同理心和關心，不管你之後遭遇任何困難，都會深具信心，知道該怎麼做。但如果你的「書」裡面有很多頁都被燒毀或撕破呢？當你需要拿出書來提醒自己該「如何做」，此時手中的書卻缺頁破損，有一段不見了，只好自己想辦法。

事實證明，我們的能力並不好，往往只是徒勞，把自己的困惑和不舒服怪在別人身上。這就是無法處理情緒，結果變成向外宣洩或向內隱藏的原因。

握親密關係的技巧，我們應教導孩子如何調節自己的情緒和自我安慰。

心理學家兼關係專家約翰・高特曼（John Gottman）表示，協商談判可使關係運作。如果不能協商談判，合作無間的親密能力就會受挫。協商談判需要有能力辨識和說出感受，也需要能夠自我調節和安慰（體驗和包容複雜情緒的能力），同時必須具有同理心。從小便教導孩子如何理解感受、自我調節和自我安慰，從中學習協商談判，孩子的生命道路會走得更加順利。這是在安全圈中滿足孩子需求所帶來的禮物。

安全圈圖中所描繪的是孩子，但實際上我們所有人一生中都穿梭在安全圈中，只是比較複雜，我們的天性就是不斷尋求自主和關係的連結。為了展開新的冒險旅程，我們經常在生命中尋求別人的支持，我們也需要有探索的安樂窩，好讓我們能在「同在」的親密關係中斟滿自己的情緒空杯。有時我們很明顯會有來回切換的情形。例如你會在與老闆開會提出新企劃前，或向老闆要求加薪晉升前，打電話給配偶或家庭成員為自己打打氣。如果你的提議遭到否決，一對具有同情心的耳朵和張開的雙臂，是你最好的慰藉。例如你必須參加親友的葬禮，然後你發現配偶或好友安靜的陪伴賦予你勇氣，使你能夠探索悲傷的痛苦感覺，也能安慰你的失落。建立安全依附，其中的美好是我們從安全圈頂部到底部的旅程，而且有時能夠無縫接軌。當我們從親子關係中獲得最需要的事物，便可展現自我，成為更加獨立的個體。

當你處於壓力之下，試著問自己：「我處於安全圈的什麼位置？」

接受孩子的需求

請釐清一件事：認識孩子的需求並敏銳回應，是一件很重要的事。我們堅信這是培養健康快樂孩子的最佳（也可能是唯一的）途徑。但正如我們一再說過，沒有人能夠做到完美。沒有人能完全接受安全圈頂部和底部的所有需求，這主要是因為每個人都從父母等人身上學到，有些需求更容易被接受。他們是為我們好，我們則為孩子好。有些人對孩子的探索和成就較寬心；有些人則對親密和舒適較寬心；有些人比較願意在安全圈頂部與孩子一起享受，而不太能夠看顧他們；有些人非常適合保護孩子，但不太懂得該如何安慰傷心的孩子。有各種的人。你會知道自己的位置，如果想要更進一步瞭解，可在第二部分找到更多自我探索的協助方式。

現在我們暫且說，沒有人能夠時時滿足孩子的所有需求，這是毋庸置疑的。還有文化差異的問題。在強調獨立的文化中（概括來說），父母可能不善於幫助安全圈底部的子女。在較保守的社會中（同樣的，並非確指哪一個社會可以這樣分類，但某些社群、家族、種族團體等可能具有特定趨勢），父母在孩子位於安全圈頂部時，可能會有些糾結。

「曾經有段時間，運用安全圈的語言與各個家庭分享，令我感覺很奇怪，也花了很多時間練習，但因為安全圈確實有效，我們變得老王賣瓜、自責自誇起來。如今聽到用其他方式說，反而會覺得奇怪。現在我和孩子在一起的時候運用安全圈語言（大多時候我只在與其他教育工作者一起的時候才會用）。特別喜歡說的是：『我很高興你回來看我』。我持續不斷練習，但仍覺得缺少某些東西，後來才發現其中最大的挑戰之一（但也是報酬最大的）就是找到自己在安全圈中的位置。」

——提娜·莫瑞，澳洲

想想你可能有困難的地方，比如哪些情況你不想與孩子一起體驗？哪些情況會讓你感到尷尬、不知所措？哪些情況你不想讓孩子離開身邊？如果你看過發生在安全圈中的種種情況，是否更加認識自己的依附傾向？

例如，當孩子想向外探索，會回頭向父母尋求許可，但父母經常沒發現。支持孩子探索的需求發生在電光火石間，很容易就會錯過。如果我們錯過，孩子可能因此猶豫不決，決定不去探索。安全圈底部最常見的主題之一，是父母對孩子在社交場合害怕的情形不知如何是好。你是否看過父母來到三歲兒童的生日派對，卻發現孩子不想加入而緊緊靠著大人的腿，因而不知如何處理？這種情況下，父母較常做的是迅速將孩子推出去，較少會發現孩子需要保護和安慰，也需要一兩分鐘來統整感覺。若父母能夠提供幫助，孩子最終會融入；如果沒有，孩子可能在派對中坐立不安。

覺察孩子的需求也可使你熟悉孩子的個性與氣質。例如，慢熟的孩子需要的照顧不同於快熟的孩子。但如果我們本身碰巧個性外向，社交嫻熟，面對慢熟孩子時可能會不知該怎麼做。或者，如果我們個性沉靜內斂，孩子個性卻很強勢，我們可能因此感到迷茫或不知所措。安全圈能夠磨練我們，瞭解孩子和我們獨特的需求，並做出適當回應。

在安全圈範圍中有父母協助的孩子，面對生活挑戰更有安全依附，也更堅韌有耐性。

透過我們對孩子在安全圈頂部和底部需求的描述，以及面對所有滿足需求的挑戰，你可能會發現，永遠正確不是我們的目標，平衡才是我們想要尋找的。下一章的主題即為如何瞄準這個目標。

第四章
安全圈上的一雙手

九個月大的馬克斯坐在媽媽前面的高腳椅上，開心地將營養麥片灑在托盤周圍，小手偶爾抓住幾個麥片放進嘴中，有些麥片正中目標，有些則掉回遊戲區。無論麥片最後有沒有到達目的地，丹娜都喜悅地對兒子微笑，配合兒子成功時驚奇歡欣的表達。大多情況下，丹娜只是看著，喃喃自語：「我敢說味道一定不錯」「真好吃」或「好脆」等。

有時嬰兒扭動打到托盤，動作激烈，盤子差點掉到地上。他大吃一驚，轉移眼光不想看媽媽。他第一次這麼做時，丹娜試著勸慰他回來，說：「嘿，馬克斯，怎麼啦？這裡還有很多麥片，你還沒吃完！」馬克斯扭動不安地轉開，依然避免與媽媽眼光接觸。丹娜暫停一下，低聲說：「好，好，沒事的，有點太興奮是不是？」便繼續等待。

不到幾秒鐘，馬克斯又轉回來朝向媽媽，媽媽也以溫柔目光和微笑迎接他。他以微笑回應，繼續吃麥片。丹娜今天有大把時間，所以和兒子坐在一起大約半個小時，看他吃麥片，環顧四周，把玩一些托盤裡的玩具。有時她享受和兒子一起進行活動；有時兒子努力保持平衡，想要拿到較遠的麥片，她也會提供一點幫助，把麥片輕輕推近。最後他似乎對麥片失去興趣，開始把玩具從托盤丟下去。丹娜一起參與，「哦！」然後伸手把玩具撿回來。不久遊戲失控，馬克斯開始鬧脾氣，此時丹娜加強了娛樂效果，她把一個玩具往上拋，再放回托盤。馬克斯卻開始哭。

媽媽終於說：「好吧，對不起，寶貝，我好像太超過是不是？我想你現在已經活動夠了。」她把孩子抱起來擁入懷中，注視著他的眼睛，低聲說：「睏了嗎寶貝？愛睏想睡覺的寶貝。」慢慢搖晃。馬克斯在她懷中放鬆，開始閉上眼睛。

在這種母子間的典型情況中，丹娜看似沒做什麼動作，但實際上她密切注意兒子的一舉一動，觀察他何時需要展開英勇的營養麥片探索旅程，何時又要在媽媽的安慰下安靜放鬆。她調整自己，配合兒子的體驗，必要的時候也會主導全局。她展現出的是「安全圈的一雙手」。

擔任安全圈的一雙手，開始於敏感地回應，一種延伸到孩子身上的深度同理連結形式，我們稱為「同在」。同在是建立安全依附最重要的部分，也是我們能夠送給孩子最有力量的禮物之一。當我們試著滿足孩子的依附需求，同在就是指南針，讓我們時時刻刻都可掌握明確的方向。我們瞭解自己的主要目標，在於安全圈的「同在」需求，從此不必再猜測孩子的需求是什麼。它指引我們一條道路，在底部提供接受和安慰，在頂部提供支持和鼓勵。還讓我們知道何時該主導全局。

一心想照顧好孩子的家長，應該都聽過一些指導名詞，包括：「親子優質時間」「同調（attunement）」「專注的注意力」等，這三者都具有重要價值。多年來我們發現，同在這個簡單的專有名詞，提供父母一個簡單的主題，讓他們可以聚焦於「照顧孩子安全圈中的需求」。同在是一種我們能夠真正瞭解別人的方式，也是通往愛的直徑。它說：「我關心你的需求和感覺，我要瞭解你的體驗是什麼。我要你知道和我在一起的這段時間，你的每個需求、每感覺都很重要。」

丹娜與兒子的日常互動中，她的行為語言配合兒子的情緒和能量狀況產生反應。這只是普通的一天，一個普通的半小時，但丹娜配合兒子的感覺和需求，因此與兒子之間形成連結，創造了一種充沛豐富的感覺，能夠支持孩子的情緒成長。同在是一對一的連結，是嬰兒歸屬感的初次經驗，歸屬感不僅來自慈愛的父母，也來自張開手臂迎接他們的宇宙。對於生命剛開始的孩子來說，讓他們產生歸屬感，成功快樂的可能性也會跟著增長。

關係的品質決定一切

在安全圈中，我們對依附的一般描述是：「我們相信，兒童的健康發展完全在於關係的品質」。關係品質具有各種面向。正如我們前面所強調的，核心在於**情緒調節**。丹娜展現的是父母幫助孩子建立情緒調節技能的過程。當馬克斯開始鬧脾氣，她以某種方式安慰他，告訴他這種感覺是正常的，有媽媽的幫助，傷心難過都會過去。雖然兒子只有九個月大，但丹娜已經在教他調節自己的情緒，因為在他被麥片遊戲激怒的時候，她讓孩子轉過去一陣子，自己冷靜下來。父母透過同在，陪伴孩子在安全圈中的每個體驗時刻，以促進孩子的情緒調節技能。同在是我們扮演安全圈雙手的角色核心，能夠使角色的所有面向大獲成功。這就是本章的核心主題。

凡孩子有需求，盡心盡力的父母或其他照顧者能在情緒上隨時與孩子同在，瞭解這一點是安全依附的核心。

關係品質的另一個面向是**掌管**。安全圈有一個座右銘：「盡可能追隨孩子的需求，必要時則加以掌管。」當然，擔任安全圈的雙手就是孩子有需求的時候都在身邊，能敏感發現孩子的需求，背後的基礎在於我們有所承擔，必須成為孩子能夠倚賴的人。敏感度對孩子至關重要，但是，如果孩子太小，無法處理發生的事，與孩子同在並不表示不能介入。如果嬰兒哭得愈來愈大聲，此時照顧者在一旁同情地安慰，並不能快速幫助他排除傷心難過。此時我們需要介入，利用大人的技能和經驗來照顧失控的嬰兒。我們也需要識別孩子何時超過界限（或測試界限），孩子需要我們保證他的安全，告訴他一切都在掌握之中。在丹娜決定結束玩遊戲吃零食時間，馬克斯需要午睡時，她便是這麼做的。因為與孩子同在，她知道孩子的感受。透過與孩子同在，她傳達給孩子：他的感受完全正常，有人在他身邊，願意也有能力提供幫助。父母在安全圈中所擔任的雙手角色，要更大、更強、更聰明、更寬容。與孩子同在的每個時刻，都給你一個機會，讓你能在孩子的需求和主導全局之間進行微妙的轉換。但與孩子同在，建立安全依附，並不表示要一直和善，而是有意義的溫柔——「我在這裡是為了照顧你的需求，主導全局以保證你的安全。你可以倚靠我。」同在和掌控對擔任孩子的安全圈雙手來說同樣重要。接下來本章將介紹更多關於更大、更強、更聰明、更寬容的內容。

關係品質的第三個重要面向是**反省**。我們都是人，都會犯錯。在整個生命中實現持久和充實關係的方法是，能夠覺察錯誤，承認錯誤並修復所有傷害或誤會。完美不僅不可能，還會擋在我們與所愛之人中間，阻擋親密關係的連結。想一想，如果兩個人都渴望完美，可能永遠無法真正在一起，因為距離太近時，將不可避免地看見身為人類的缺陷。人若無法承認錯誤，會使伴侶感覺受到誤會又孤獨。孩子需要知道照顧他們的人只是有缺陷的普通人，願意反省自己的錯誤、接受自己的不完美，這是父母傳授給孩子最重要的課程。因此，成為安全圈的雙手，很大一部分是在塑造你反省和彌補錯誤的能力。

身為父母，我們經常有意無意離開安全圈（為了打一通重要電話，我們讓嬰兒自己在那邊哭，或有時難免感到疲倦壓力大，變得麻木），這種情形稱為**破裂**，接下來只要修復，不僅一切無恙，對孩子來說也非常有益。當孩子在尋求連結，你卻拒絕或忽略，接著你發覺自己離開了安全圈，便說：「對不起寶貝，我今天脾氣有點不好」，然後你把她抱起來親一親，孩子便會知道人會犯錯，但這不是世界末日，幼小孩子與你的關係，就是世界與孩子的關係。你以身作則修復破裂，便是在鼓勵孩子發展自我反省，為孩子鋪設一條良好關係的生命大道。

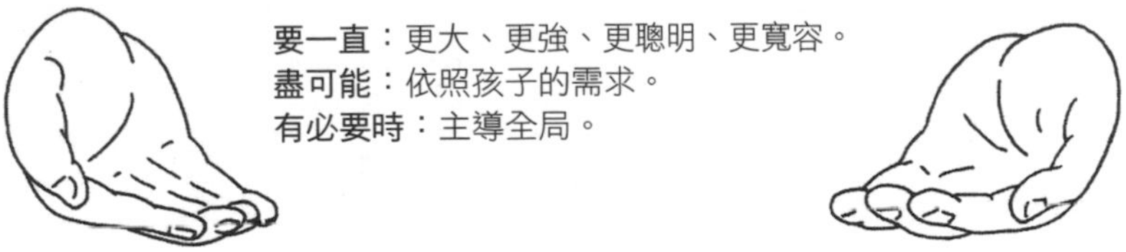

要一直：更大、更強、更聰明、更寬容。
盡可能：依照孩子的需求。
有必要時：主導全局。

父母是守護安全圈的雙手

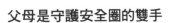

「關於安全圈有一個很好的想法，只要你曾經在安全圈中，一旦離開，總能找到回來的路，而且無論從何處回來都沒關係，只要在某處找到一個開口，直接跳回來即可。如果你有『支持的雙手』守候，可以馬上回到起點，重新開始。」

——提娜．莫瑞，澳洲

與孩子同在並不表示就能與孩子同調，主導也不表示永遠不用道歉。父母要能夠承認錯誤，之後做出必要的修復努力，如此一來，除了同在和主導，你才能持續擔任安全圈的那一雙手，三者融合是本章的第三個主題。

如果要從教養字典中刪除一個詞，那就是「完美」。

與孩子同在

與孩子同在其實很簡單，卻也很深入。既是世界上最簡單的事，有時也會是最困難的事。大部分時間你可能早已與孩子同在，因為餵食肚子餓的孩子是人類的天性。陪伴孩子遊戲的時候，丹娜全神貫注，展現的就是與孩子同在。大部分時間，她並沒有指導孩子做什麼事，也沒有經常檢查手機。當馬克斯的情緒開始轉變，她也沒有忽略。不過最值得注意的是，她並沒有試圖以任何方式去否認馬克斯的感受，如說服他，或處罰他（一些簡單的動作，諸如翻白眼或惱怒的嘆氣，機靈如嬰兒都能清楚留意到）。

與孩子在一起不需要忍住喜悅的感覺。研究顯示，獲得很多喜悅的嬰兒，兩歲時會變得更加願意合作。神經心理學家艾倫・修爾（**Allan Schore**）注意到，父母的喜悅能加速嬰兒大腦成長，也是建立自尊的關鍵元素。

想想第二章中漢娜和蘇菲的情形。蘇菲在學步車中走來走去，母女不時相識而笑，這就是同在。在孩子探索的時候，漢娜滿足了孩子「因我而喜悅」的需求。她們兩個人只是簡單地調和，共有的喜悅感產生明顯的共鳴。在各種情況下，你也曾多次見過這種共同的喜悅，父母不費吹灰之力就能感受到孩子的想法和喜悅，並產生反應。如果你也是父母，你一定有所感受。

但這亦是使同在變得更加困難之處：當孩子生氣、受挫、悲傷，我們該如何反應？我們是否能阻止自己去說服孩子，不要困於情緒，這樣就不會感到沮喪無助？我們能否堅信孩子的感覺不會使他們受傷，也不會使我們受傷，體驗這些感覺還有助學習？當我們累了、受到壓力、忙碌、完全失去耐性，是否依然能夠保持關注？

當然不能。沒有人能隨時隨地與孩子同在，也不必做這種嘗試。**所有人都一樣。**

我們所能做的，就是盡最大努力與孩子同在。雖然有時很難，但知道孩子會因此受益，我們會願意去做。同在就是滿足孩子在安全圈中的需求，從安全圈頂部到底部，再回到頂部，來回循環，每天的變動非常快速，一不注意就會錯過很多變化。孩子沮喪的時候與孩子同在，他便懂得沮喪時會有人陪伴他，所以他有辦法脫離不好的感覺。這讓他有時間可以體驗這種感覺，進行一些學習，諸如這是什麼情緒？如何觸發的？甚至為何它是人活著的重要面向？更重要的是，他得知每當出現這種感覺，他並不孤單：「或許我不喜歡這種感覺，但從前我就已經知道這種感覺，而且我是和自己信任、所愛的人在一起，才認識到這種感覺的。」如此一來，感覺再艱難也不會令人無法承受，更不必付出一切代價去避免。即使是會帶來痛苦的感覺，也會有有人陪伴和信任的記憶。

調節情緒的能力，有助兒童調整自己的行為。

形成與孩子同在的模式，從出生開始一直延續整個童年，能為孩子建構堅實的情緒基礎，使孩子受益一生（參見左頁專欄）。你與孩子同在，為孩子示範同理心，進而幫助孩子發展同理心，這種能力對任何人際關係都至關重要。同理心發展良好的孩子，長大成人後通常很受眾人喜愛，因為他們總能夠快速理解和回應他人。人們以這種方式相知，將建立起強大的連結。同在的影響無疑會傳遞至未來的世世代代。

專欄

嬰兒不會被寵壞

有時父母害怕過分關注孩子的情緒會使孩子變柔弱、頤指氣使或以自我為中心。如果教導孩子，有所感受的時候，全世界都會為他停止運轉，這樣可能會寵壞孩子。但嬰兒需要的正是這個訊息。嬰兒出生的第一年，每天都需要無數次的重複安慰和喜悅，讓他們知道自己很重要。如此一來，他們學會瞭解自己的所有感覺都可分享，感覺不必獨自一個人體驗。一旦成功奠定基礎，在第二年以及往後生命中，他們會知道每一種感覺都很重要，等到時機成熟就會出現。只要孩子知道這個重要的事實，當日常生活的現實督促我們繼續前進，便可改變或轉移他們的注意力。你會發現當你在孩子心中灌輸這種信任，孩子最後都會變得願意配合。研究人員發現，在生命的第一年，照顧者愈能配合與嬰兒的感覺同步，等嬰兒滿兩歲，愈能順從父母的指示，或依照父母的要求停止某些行為。

人人都見過像保羅這樣的人。他與一群陌生人見面時，立刻就能結交新朋友。如果你問這些人，在這麼短的時間中如何發現保羅的魅力，大多數人的說法都是：「他似乎真心想要瞭解我」、「我們互相自我介紹時，他並沒有看旁邊尋找下一個獵物——顯得他不必記住我的名字或臉，我們永遠不會再見面」、「他對自己的成就似乎真的很謙虛，所以我想知道更多關於他的事，不像有些人，和你打招呼的時候好像有履歷印左邊臉上，右邊的臉是他們的價值」。對保羅而言，與人們連結的能力似乎出於自然。他說：「我不知道，我真的從來沒想過，感覺和人們在一起就是要這樣。」

保羅由祖母撫養長大，他與人的連結能力是自小種下的種子。在他人生最初的幾年，是祖母創造了支持的環境，讓保羅如今可以在所有關係中創造同樣的環境。我後來見過保羅三歲的兒子，小男孩整體看來滿足又和善，即使父親的注意力除了他還在另一個成人身上，小男孩也不在乎。

保羅稱自己不知道為了與人連結做過什麼特別的事，他並不是故意裝謙虛或不願講述一些從自我成長書籍上所見、結交朋友和影響別人的秘訣。同在的力量使得嬰兒遠在獲得語言能力之前，已教會他們學習情緒和人際關係（參見126頁專欄）。

同在的力學

英國小兒科醫師及精神分析師唐諾．溫尼考特，將他所稱的支持環境解釋為一種照顧關係，可提供真正安全的歸屬感。換句話說，支持環境是父母或其他照顧者能夠在孩子體驗內在經驗時，能與孩子同在（不必隨時，至少有時），使孩子學習情緒時能感到安全和連結。安全圈就是一種支持環境，我們發現安全圈概念非常強大，它的一個重要面向是為想要學習與孩子建立安全依附的父母創造支持的環境。在支持環境中與孩子同在，有助於實現困難的改變。

簡言之，與孩子同在意指滿足需求。正如丹娜所展現的，看起來過程相當順利。她觀察、感知孩子的感受，產生相應的反應，然後繼續觀察，看看是否有變化，以便對孩子接下來的需求無縫接軌。這不是「第一步、第二步」那種忽高忽低的過程。然而仔細觀察，我們可看見同在是由幾個部分所組成：

- 同調（Attunement）
- 共鳴（Resonance）
- 接受（Acceptance）

- 支持（Holding）
- 有需求隨即反應

同在不是技術，而是心態。

專欄

嬰兒如何學習「同在」這一課？

很難相信來到這個星球才幾個月甚至幾週的嬰兒，能夠從父母對他們傷心、生氣、害怕、喜悅或其他感受的經驗中，發展對情緒等無形事物的理解。當媽媽低語「哦，好傷心，好傷心……可憐的小女孩」，或爸爸低聲說「你嚇到了嗎？是不是太大太可怕？」嬰兒如何能在不理解這些詞彙的情況下，開始學習情緒詞彙，甚至調節最強烈的感覺？孩子只能從關係的變化中學習如何管理情緒，這是他們獨自一個人完全無法做到的。同在是我們教導這個寶貴技能的非語言方式。

你是否曾做過一些動作或本能的回應？有人問你：「你怎麼知道該怎麼做？」如果你的答案是：「我不知道，我只是這樣做」，你便知道嬰兒如何透過同在學習情緒。哈佛發展心理學家卡倫·里昂盧斯（Karlen Lyons-Ruth）和波士頓變革進程研究組（Boston Change Process Study Group）創造了「隱性關係知識」（implicit relational knowing）一詞來表示在不使用語言等符號的情況下，嬰兒如何將與別人合作的訊息編碼。嬰兒會在與照顧者的最早互動中，學習如何協商依附需求，以及如何依賴別人，幫助自己調節情緒（如第三章所述）。嬰兒的「隱性關係知識」又稱為「**程序記憶**」，比嬰兒產生語言的發展時間還要早，因此在能夠口說之後，感覺就像直覺。正如我們在第三章中所述，騎自行車也是程序記憶。精神分析醫師克里斯多福·博拉斯（Christopher Bollas）三十年前說：「在我們脫口說出語言之前，早已學會存在的語法。」博拉斯用「未知」來形容隱性關係知識或程序記憶。同在是我們實現關係品質的方式，教導嬰兒有哪些情緒，情緒的意義是什麼，以及如何管理情緒。

當然，並非所有隱性關係知識都有幫助。嬰兒會學到某些感覺不能被接受，或是他們實際上會被某些情緒壓垮，沒有辦法尋求任何幫助，他們長大以後也會相信這是自然而然的，像學騎自行車一樣隱藏在程序記憶中。你是否認識哪個人避免有情緒，凡事靠自己，不依賴別人？或是哪個人的情緒總是非常強烈，凡事依賴別人，從不自己想辦法？他們的親密關係如何？這些很可能都是在學習語言之前的早期經驗中所學到的，這樣一想，是否覺得合理？

同調則是說比做容易。如果孩子還太小，說不出自己的特殊感受，你是否能夠注意到？儘管你與孩子直接連結，你還是必須去習慣他們獨一無二的訊息，確定悲傷或生氣、快樂或好奇等。雖然多少會需要猜測，但透過練習，你判斷孩子情緒的能力會進步。像是初為人母的媽媽，一看自己三個月大的孩子開始鬧脾氣，就知道孩子是沮喪、惱怒或受到驚嚇。還有新手爸爸會說：「哦，她現在只想抱抱，如果我很快把她放在床上睡覺，她會不高興。」因為他們已經非常能適應孩子的需求，能夠捕捉到別人完全看不見的事物。當然，相反的情況也會發生。同一位父母，大多時間都對孩子的感受瞭如指掌，但當他們不堪重負，可能會對孩子表現自己的煩躁：「你為什麼這麼難過？你想要我為你做什麼？」結果孩子只是想要這張一直都令人感覺安心的臉，能夠轉過來看看自己。

> 精神病學教授丹尼爾・西格爾（Daniel Siegel）如此解釋：「觀察到觀察者瞭解自己，兩人合而為一。」聽起來很抽象，但確實是人與人之間最密切的事件。西格爾亦將此描述為「感覺被瞭解」。

尤蘭達在孩子九個月時帶他去看小兒科，小男孩在接種疫苗後開始哭泣，她心裡很難過，馬上說：「不會痛，不會痛！」一位見慣這種情形的護士大聲堅定地說，「是的，的確會痛！」隨即迅速走出診療室。尤蘭達說，她站在那裡，有些羞愧又驚訝：她一遍又一遍問自己（甚至許多年以後還在問），究竟是為什麼，我會以為打針不會痛？*

共鳴是一種心靈的契合，知道別人懂得我們的感受，這可能是同在最強大的面向。這是從本書開始我們一直討論的「同在」體驗。你是否曾發現自己和別人在某種情況下，一對上眼，就似乎立刻明白對方的感受？

凱菈十六歲時祖父過世，這是她第一次參加葬禮。她看到一群親戚在打開的棺材旁說笑，有點超現實，讓她不自覺也笑出聲。不過她對如此麻木不仁的情況感到震驚，只好坐在一張離棺材最遠的椅子上，心中惶惶不安，覺得自己簡直快要歇斯底里。接著她隨意瞥見房間的一側，看見父親也在看她，眼神混合悲傷和趣味，她馬上領會到父親完全明白她心裡究竟在想什麼。她對父親笑了笑，立即感到平靜。如今她已四十歲，那是她一生中覺得自己最被瞭解的一刻。

接下來連接到的主題是接受。

---

* 雖然我們歡迎尤蘭達在這裡自我反省，但不幸的是，她受到嚴厲的方式迫使她問自己這個問題。你可能已知，父母往往是對自己最嚴厲的批判者，不需要外人讓他們覺得自己不夠好、不如其他父母。

接受來自同調和共鳴，父母理解與同情的微笑、反映孩子感覺的臉部表情等，更能明確顯示父母的接受。不需言語，即使是再年幼的孩子也能感受到父母願意與孩子的感覺連結。接受是指瞭解孩子的感受，與孩子的感受產生共鳴，並容許這些感受，因為我們真心相信這些感受是好的。同樣地，孩子能辨認我們是真心認為這些感受是好的，而不是為了安慰而敷衍。

同在指的是感受孩子的某些感受，但不是全部的感受。並不是要你承擔孩子的感受，而是幫助孩子明白，很多經驗是人們共享的，但有些則是個人獨有的。這些個人獨有的經驗非常重要。與孩子同在的父母，看見孩子悲傷的臉時可能會猜想孩子的心意，自行解釋為：「怎麼苦瓜臉？我想你是覺得難過？你傷心嗎？你在這裡坐太久了，也許你想要出來。你想要我抱你嗎？我知道，我知道。」與此相較，有些父母反應過度誇張，把孩子悲傷的臉想像得極端嚴重，比孩子原來的煩惱嚴重多倍。你覺得一個小嬰兒對這種情形會如何反應？嬰兒面對這種大人的反應是極度傷心，甚至可說是恐慌。嬰兒會立刻意識到：「這個大人比我還要擔心，所以我一定是哪裡有問題！我好孤單，連這麼大的人都沒辦法幫我！」

對比這種過度誇張嬰兒情緒的父母，有一種我們依附研究人員稱為「過度光明」（overbright）的情形，這種父母並沒有配合嬰兒的感覺，而是表現得好像傷心難過不存在，像在告訴嬰兒：「你的感受錯了！看！我在笑！快樂的時間到了！我唯一會有的感受是快樂。」在這種情況下，嬰兒可能一開始會大聲尖叫，希望能喚醒無知的父母，或是變得愈來愈封閉、退縮，覺得自己受到誤解。最後孩子可能還是學會微笑，以和父母連結，但這種微笑是假裝的。可悲的是，經過數年，孩子可能會忘記這是假裝。

接下來連接到的主題是支持。

支持正如字面的意義：感受的體驗可能會讓孩子感到沮喪，這時要保護、維持孩子的安全。支持可以肢體表達，但基本上是情緒性的。支持是同調、共鳴和接受的總和。同在指的是有人陪伴你一起度過難過的感覺，讓你可以找到方法脫離不好的感覺。能夠聽見、看見、感受到這種理解和同理心的嬰兒，知道生命中有個人會關心、接受自己每一種感覺，有個人會主導、幫助自己度過每一種不舒服的情形。

一個感覺受到支持的嬰兒，能夠平靜地看待擠眉弄眼、想盡辦法逗自己笑的陌生人。一個感覺受到支持的幼兒，在打針時知道自己如果感覺到針刺進來是可以叫的，等到肉體痛苦消失，便能很快平靜下來。大小孩在學校舞台上表演戲劇的時候，看見媽媽在觀眾席點頭，孩子便能克服怯場，轉移自己的恐懼，進行演出，因為孩子知道媽媽的意思是：「我在這裡，無論發生什麼，你都會沒事的。」下面是一個你能夠感同身受的例子：

阿麗莎告訴我們，她最難忘的記憶是在大學附屬醫院中生女兒時，與在場醫護人員的互動。她回憶，自然產的時候，醫護人員進入產房，戴上手套，快速宣告姓名和檢查進度，接著進行產檢。後來來了一名醫師（她永遠忘不了他的名字），他溫柔地看進她的眼睛，並溫柔地把一隻手放在她的大腿上。阿麗莎記得自己的呼吸慢慢平靜下來，這位年輕醫師一直等待，直到感覺她比較放鬆，才開始檢查。有些孕婦都會選女醫師，以為女醫師比較瞭解女性的感覺，但阿麗莎驚訝地發現，這位帶給她許多安慰的醫師，竟是在場醫護

專欄

父母會說，孩子會懂

與別人同在而產生信任、充實隱性關係知識，依賴的並非是語言，但這並不表示我們不該把嬰兒的經驗說給他們聽。說話不僅能夠增進他們情緒和內在經驗詞彙的能力，還可促進語言發展，提升整體智力。一九九五年，經過長達十年的研究，美國堪薩斯大學研究人員提出報告，父母在孩子三歲前對他們說話的詞彙多寡，與孩子九歲時的學業成績有直接相關。近年來研究顯示，這種差異早在孩子一歲半即已出現，因此科學家相信，對孩子說話很重要，最好從從出生便開始。有趣的是，重點不在於孩子聽到多少詞彙，例如從電視還是其他地方聽到，而是「對孩子說」的詞彙有多少。

換句話說，**關係的狀況才是語言和智力成長茁壯的關鍵。**

所以，當孩子「向外」探索世界，請對孩子說一說、講一講這個世界：「沙子感覺起來軟軟涼涼的，是不是？」「哇，今天天氣晴朗，陽光燦爛，藍天是不是很美呀？」「你把球扔得好用力，看看它滾得真遠！」「今天好多小朋友出來玩，也許我們會交到新朋友喔！」即使你覺得自己對著嬰兒嘮嘮叨叨，看起來傻傻的，孩子還太小又不會回應，或孩子大一點在忙著做其他事，可能不是很想聽你說話，你的所作所為仍是在帶領孩子通往語言學習（語言完善）的道路，只要你不是以語言提點介入孩子的活動即可。線索：如果你說話突然變得像在測驗孩子，想得到「正確答案」，你可能已進入侵擾狀態。經驗法則：將注意力集中於孩子當下的體驗，而非提升孩子未來能力。

無論孩子是向外（安全圈頂部，「要去看看青草嗎？」）還是向內（安全圈底部，「要過來抱抱嗎？」），無論孩子是否感覺良好（「是不是感覺很好？」）或不好（「那有點可怕，是嗎？」），年紀很小的孩子可能只會向外探索幾秒鐘，然後就會想回來斟滿情緒杯。向孩子敘述這些轉變，不僅能敏銳且正確地磨練你觀察、回應孩子的能力，也能幫助孩子瞭解自己的經驗和需求。瞭解自己需求的孩子，可在所有人際關係中協調自己的依附需求。

人員中唯一的男性。顯然，同理心的表現不是醫護人員在醫學院學到的東西，只是對這位年輕的男醫師來說，似乎很自然。

有大量數據顯示，孕婦在分娩時的壓力會增加分娩的問題，並對嬰兒造成不良影響。這位年輕醫師與病人同在的能力，給即將來到這個世界的嬰兒一個好的開始。我們感謝這位醫師的父母，或任何將同在的隱性關係知識傳遞給他的照顧者。

對需求的關聯性反應，意指親切地對孩子的訊號產生反應，套用西格爾的話，就是配合孩子訊號的「品質、強度和時間」。前述的婦產科醫師示範的便是「對阿麗莎沒有說出口的需求產生關聯性反應」。真正與孩子同在，能夠使你釐清孩子在安全圈中的位置、孩子對你的需求，以及需求的急迫和強烈程度。孩子需要安慰還是鼓勵？孩子面對新景象、聲音和撫觸時，是否需要你守在一旁看著？孩子愛看你的臉，但你因孩子而歡喜嗎？無論孩子在安全圈頂部還是底部，他們的需求是否急迫？頻繁程度？透過與孩子同在，你可將自己的聲音、臉孔和觸摸，配合孩子的情緒做表達。幫助孩子接受、分享、辨識自己的情緒，特別是對嬰兒來說，用語言表達你對他們訊號的解釋很重要，孩子會學到如：輕聲哭泣可告訴別人自己的悲傷或孤獨；一張扭曲的臉孔則表示「我對剛剛發生的事真的非常生氣，我需要你幫助！」（參照136頁專欄）。第一章中，我們討論過安全依附如何促進強烈的自我統合連貫，達成途徑就是透過與孩子需求同在的關聯性反應。

挑戰

如前所述，與孩子同在是世界上最自然的事，卻也可能是最困難的。無論孩子是剛出生第一天還是十歲，你都珍惜與孩子同在，你會用盡洪荒之力來保護孩子。孩子痛苦的時候，你能袖手旁觀嗎？當然不能。很好，因為同在不僅是旁觀，當然也不是為了讓孩子的不適消失，而否認不適的存在——分散孩子的注意力，不讓孩子去思考感受；調整外在狀況或活動以「改善」孩子的成果——希望前面的解釋和敘述已經讓你很清楚。不過奇怪的是，在同在的狀況裡，我們想要「做更多」的傾向，經常會變成非同在的經驗。（做更多可能會以過度特權的方式對待孩子的每一種情緒，請參見136頁專欄。）

我們有一百萬件事可幫助孩子改善，有了同在的正確模式，在現實中有需要時、遇到難以處理的感受時，我們甚至可以重新導向或分散孩子的注意力，但這些可由我們進行的改善與孩子的依附需求無關，與孩子的情緒體驗也無關。我們可在許多方面使孩子的生活更輕鬆愉快，但孩子最終釐清如何做自己、如何與人相處，則不是我們能規劃和控制的。孩子探索世界的驅動力和追尋個人的連結，不能遲疑或繞道而行。在這條堅定不移的道路上，我們是孩子的贊助人、保護者和指導者。

專欄 誤解同在的危險性

心理學家之間流傳著一句古老的箴言——無意識者沒有消化道，我們所推倒的終究會回來。意思是説，如果我們否認感覺，感覺並不會消失，經過幾小時、幾週、幾年還是會回來，回來的時候會嚴重破壞我們的生活。相對地有一個問題，如果我們過度看重，甚至誤解同在，而過度關注孩子的感受，認為孩子學習感受是世界上最重要的事，因此他們有所感受的時候，世界就要停止運轉。這會造成一個危險——孩子會認為自己的感受必須獲得百分百的關注。

同在是關於平衡，每個孩子都學到自己的感受是很深刻、重要的，需要全心關注，但只在某些時間。如果照顧者在孩子「每次」有所感受的時候，都放下手邊所有事，完全付出和投入，情緒就會開始以非常不健康的方式主導全家。

所有孩子都需要知道他們的感受有時對別人很重要，也需要知道別人也有同樣重要的感受。我們都會有所感受，但我們生活在一個與別人共享的世界，與他人共同生活，生活還包括完成任務。

平衡、平衡、平衡。

現代生活使與孩子同在成為一場挑戰。我們太忙碌，需要完成許多工作。以安靜沉著的方式保衛孩子的健康發展，這個任務有時會被拋在一旁。但有時將注意力放在一些看來似乎沒什麼作為的小事上，反而是我們可以主導的最好方式。

「想像一下，你不必假裝或微笑……你不必因為父母搔癢或故意逗笑，才能找到陪伴的狂喜。你什麼都不必做。你已完滿。只是靠近你，看著你可能會做什麼事，父母便能充滿愉快和感恩。想想在這種情況下所形成的自信程度，以及自各層面所得到的撫慰。」

——珍娜．蘭斯柏《相信孩子的能力，從獨玩到自信成長》*

「每當我離家，我知道回家時，你們都會張開雙臂迎接我。」

——節錄自一位十五歲男孩的母親節手機訊息

* 蘭斯柏以瑪德葛伯（Magda Gerber）創立的 RIE 嬰兒教養者資源（Resources for Infant Educarers）方法來教導父母。RIE 幫助父母從出生開始就將每個孩子視為一個獨立的人，容許孩子成為自己應有的樣子。RIE 哲學背後是一種與同在非常相似的狀態。這節短文摘錄自 janetlansbury.com，原文是一篇長文，發文於二〇一〇年六月八日。

主導：更大、更強、更聰明、更寬容

同在可幫助我們瞭解孩子在安全圈中時時刻刻的需求，當然也包括需要我們主導的需求。成為安全圈的雙手，就是為孩子「變得更大、更強、更聰明、更寬容」。幸運的是，人類天生內建這種平衡、負責、富有同理心的立場。多年來我們注意到，將這座右銘的四個面向平衡的父母，可創造人人都希望為孩子所提供的安全感。可以想像，許多人都在此處經過一場奮戰。我們發現大多數父母，不是過度熱衷主導全局，就是過度強調或忽視更大、更強、更聰明、更寬容的其中一個面向。

過度熱衷的雙手

當進入孩子的情緒經驗，有時我們會不小心把孩子的情緒當成自己的。我們都為孩子犧牲很多，有時為了減輕孩子的痛苦，我們甚至很樂意去承擔。不幸的是，這樣可能會造成孩子以為自己不該有這些感覺，也會阻止孩子學習如何處理情緒，一輩子與自己的情緒抗衡。

我們拯救孩子的本能，來自更大、更強、更聰明，類似於安全圈的一雙手。如果可以，我們都應依循孩子的需求，但必要時也應主導。很多人以為主導就是教養孩子的一切。爸爸認為：「我是大人。我可以為喬伊處理這件事，如果我不做，等於是放棄保護他的責任。」奶奶說：「你不必因為這些壞小孩哭泣，寶貝，我們去吃餅乾。」媽媽說：「我會等到孩子準備好能夠處理這種失望，三歲的孩子不應該有被剝奪感。」根據不同情況以及與孩子同在的既有模式，這三個照顧者可能都是對的，但是否都已試著依循孩子的需求？喬伊是否只需要爸爸安靜的支持，能夠自己處理不適？小女孩被遊樂場其他小孩拒絕後，奶奶是否容許她傷心哭泣，並抱著她告訴她這種感覺有多麼難過？媽媽是否該讓兒子主導，在孩子處理失望之際與孩子同在，除非孩子表示真的無法處理，否則不介入？這些情況都很難下決定，是要主導或依循孩子的需求。如果是關於痛苦的情緒，許多人都會出於保護本能或對這些情緒的不舒服感而選擇主導。

當你依循孩子在安全圈中的需求，與孩子同在時會比較舒服。正如第五章所討論的，每個人都會傳承父母的教養經驗，甚至會將同樣的教養方式延續到下一代，因此到了安全圈的某些位置，我們可能會覺得很不舒服，就像老爸老媽從前和我們在一起時一樣。因此，成為安全圈的一雙手，首先我們要能主導自己，願意注意到自己不舒服的地方，也願意接受並保持這種不舒服，以支持孩子在安全圈中的需求。也許你帶著驕傲看著兩歲的女兒無懼地滑下溜滑梯，但如果她想要你坐著抱她二十分鐘，你會感到有些不樂意。也可能正好相反，孩子想要抱抱時，你會滿心歡喜，好像這是與生俱來的，但如果孩子拒絕抱抱，去找遊樂場上的新朋友，你則會變得焦慮不安。這些個人傾向除非過度極端到會阻止孩子獲得安慰或探索世界，否則對孩子完全無害。

然而，瞭解我們感到不舒服的地方是有益的，因為⑴孩子與我們非常調和，甚至會注意到我們在安全圈中對某些需求的輕微焦慮，⑵我們意識到自己在某些狀況會有焦慮的情形，可降低孩子對我們的焦慮，如此可給予我們一個新的回應機會，反過來促進孩子健康發展。

「當我們進行安全圈小組課程，會把孩子從父母身邊帶開，另組一個兒童遊戲小組。一天下午，三歲的珍娜雅從兒童遊戲小組『逃走』，加入我們小組，便開始連珠砲地問爸媽問題。『晚上要去哪兒吃飯？』『我要和誰坐在一起？』『吃完飯要做什麼？』爸媽平靜而有禮地回答每一個問題，最後我把珍娜雅趕出房間才停止。我問他們：『你們有什麼想法？』他們回答：『如果可以改變一件事，我們希望珍娜雅不要問這麼多問題！』」

「珍娜雅很喜歡問問題，一張小臉明亮又快樂，但背後的意義是她想要處理自己的情緒。她其實是位於安全圈底部，想要尋求父母的主導，但父母似乎一直沒看見，沒有回到安全圈，只是任由女兒主導親子互動。我們常用『我知道』或『我懂了』來描述依附關係，爸爸深感贊同。那天晚上他們回到家，睡前珍娜雅又開始她的老儀式，照例問問題，睡覺、起床、怪物等等問個不停。每次她問問題時，爸爸都會採取主導姿勢，回答：『別擔心，我知道。』整整一週，只要女兒又開始問問題，兩位家長都這麼做。後來有一天晚上，爸爸幫女兒蓋好被子，等待女兒開口繼續問問題時，她眨眨可愛的大眼抬頭看著爸爸，微笑說：『你知道。』就睡覺了。」

——瓊安．布朗，加拿大溫尼伯

過度的更大、更強、更聰明、更寬容

我們告訴父母，特別是難以處理紀律和行為問題的父母，擔任安全圈的一雙手是指更大、更強、更聰明、更寬容。但就像不同父母在安全圈不同位置會有不同感受一樣，很多父母喜歡更大、更強的教養方式，或更聰明、更寬容的教養方式。當然，我們會隨著孩子的轉變，在這個鐘擺上來回擺動，但最好是時時維持在支點位置。

擔任安全圈的一雙手，意指要變得更大、更強、更聰明、更寬容，或更大、更強，更寬容，但是必須夠聰明，能夠退一步觀察差別。

羅莎推著購物車，帶著兩歲的卡門，扣著座椅的安全帶，走在超市擁擠的走道上。購物行程耽擱了卡門的午睡時間，她開始不耐煩，想要站起來，哭喊著要解開安全帶，這個訊號足以顯示女兒不想繼續購物了。羅莎低聲說：「我知道，我知道。」一邊想辦法讓女兒坐好，一邊檢查購物清單，把要買的物品放到購物車中卡門拿不到的地方。隨著卡門逐漸增強抗議行動，她開始伸手拿任何可以拿到的物品，然後丟在地板上，羅莎緊張地瞥了周圍其他購物者一眼，說：「親愛的，妳能幫媽媽嗎？拜託。為媽媽乖乖的，再一下下好嗎？」還剩三個走道要走，卡門趁媽媽研究包裝盒標籤時掙脫了安全帶。羅莎警覺地轉身，對女兒懇求說：「卡門，拜託妳再多坐一分鐘好不好？拜託，親愛的。」羅莎回頭繼續研究標籤，卡門歪著身體，從架子上抓住一盒餅乾。羅莎及時回頭，在最後一刻阻止了女兒的頭撞到地板。卡門雙頰脹紅開始尖叫，抓起一盒茶包往前丟，丟到一個老紳士的後腦勺。「哦，我很抱歉。」羅莎對嚇一跳的購物者說，然後回頭說：「卡門，要說對不起，卡門，妳不覺得很抱歉嗎，親愛的？」她看見卡門又拿起一袋葡萄打開，丟得滿車和地上都是葡萄，被打中的購物者搖搖頭，厭惡地趕快往隔壁走道走過去。

如果你家裡也有幼兒，這個故事會讓你想吞口水或困窘。我們都發生過類似的事。但對羅莎來說，這並不是獨立事件。她渴望變得比自己的媽媽「更好」，她在主導的時候先徵求女兒同意，行動看起來並不像更大、更強的樣子，只有更寬容而已。以超市的例子來說，羅莎並沒有跟隨卡門「想要媽媽處理她的脾氣」的需求，女兒不喜歡由自己主導，而且悲慘的是，羅莎的不安還使女兒形成一種認知，以為父母是弱者。

孩子需要我們變得更大、更強，知道有人願意也有能力保護他們，才能得到安全感。知道可以信任我們，對孩子來說非常重要。我們不會讓壞事發生在孩子身上，我們會盡力陪伴孩子。像一顆穩固的大石頭。不過，在真實世界中，大家都忙著做事，時間也很短，因此無法時時跟隨孩子的需求。例如，孩子想要探索新玩具的願望，有時會與我們的行程發生衝突。或孩子有受到撫慰的需求，但是我們必須去上班，所以只好將孩子交給保姆。雖然孩子可能會抗議，但也會得到安全感，知道有我們的主導。

當然，主導指的並不是專制暴君，我們不需要變得無情，可以寬容的方式主導，表示：「我會永遠陪伴你，但這不表示我會一直過於寬容，因為有時我必須讓你知道界限。你跨越了界限，所以我們需要後退。」卡門在打到其他購物者的後腦杓之前，早已到達界限，但羅莎並沒有在恰當時機堅持要後退，因此卡門只好繼續測試界線究竟在哪裡。

想要父母主導的孩子，經常會試探界限。

更大、更強、更聰明，對孩子寬容，孩子便能夠進入一種真實溫柔的狀態，因此獲得安全感。這是堅定和關愛兩者之間的平衡。在這裡，我們需要智慧。在這裡，同在展現助益，因為安靜調和的意識，使我們能夠微調我們的反應，以達成堅定和關愛的適當平衡。

約翰．鮑比早在一九八八年使用「更大、更強、更聰明」來描述父母的角色。我們加入「寬容」一詞，因為根據照顧者自己被撫養長大的方式，他們經常會忘記養育子女時不只有展現權威。可悲的是，有些父母深信想要孩子服從，必須讓他們怕照顧者。寬容指的是覺察，例如，覺察到鬧脾氣的孩子可能只是遇到一些難以處理的事，需要斟滿情緒的杯子。因此父母要做的不是強制隔離或其他處罰，相反的，是要放下手邊的事，抱起孩子一起坐著，想辦法統整孩子的感受（我們稱此為「共處時間」，是一種相對於強制隔離的替代方案，請見第八章）。一旦建立起這種「走向孩子」的作法，同在經常會出現奇蹟。

更大、更強、更聰明，對孩子寬容；相反的是苛刻、懦弱或不同在。父母難免有時會對孩子厲聲說話，或屈服順從孩子，放棄孩子，此時我們要提醒自己，雙手已離開了安全圈。發現這一點，便可修復裂痕。

當你更大、更強、更聰明、更寬容，孩子會感受你的自信存在。無論孩子是一歲或二十一歲，都會知道你在以某種方式主導，你對自己的能力有信心，盡力陪伴孩子。這樣一來，孩子就會對你和你們的關係產生信任感，這是責罵、命令、恐懼、懇求或寵溺所做不到的。

傑伊和三歲的艾比一起坐在地板上玩家家酒。艾比決定傑伊當小寶寶，她當媽媽。傑伊溫和幽默地跟隨著女兒編織的故事情節，一切任由女兒決定，例如午睡時間到了，幫他蓋好被子睡覺，或準備晚飯，再餵他吃飯。艾比對傑伊很有把握，她知道他其實是爸爸，會無時無刻保護她的安全。她也知道他喜歡和她一起玩，在她充分發揮想像力的時候，他眼中閃爍著光芒。不過如果傑伊建議艾比當媽媽，自己當寶寶，且一起玩時沒有表現出信心，艾比很可能會因為要在遊戲中扮演主導者而覺得疲倦。相反的，傑伊的自信存在告訴她：「我在安排這次的經驗，你很安全，我還是真正的主導者。」她受到爸爸的支持，即使玩的是角色扮演的遊戲，爸爸依然在她探索之際維護她的安全。

> 父母對更大、更強、更聰明、更寬容，各有不同偏向，這並不罕見，但不同偏向容易產生衝突。關於這個模稜兩可的主題，請進一步參見第二部分。

挑戰

簡言之，挑戰只是要注意更大、更強、更聰明的是什麼，然後寬容地提供協助，努力維持平衡。這麼做並不容易。完全明白自己在安全圈中是什麼樣的一雙手，對我們是一個挑戰。透過隱性關係知識，我們會自動形成父母的習慣，感覺像程序記憶。為了幫助自己清楚看見，問問你自己，在你的成長過程中，你的父母是否想要更大、更強、更聰明和更寬容？本書第二部分將會幫助你的探索。現在請你自問：當孩子的生活失控，你是想要介入行使權威？屈服？還是支持和安慰孩子？等你想清楚了，你便可自問，你與孩子的互動，是否為孩子當時所需要的。

考慮將「更大、更強、更聰明、更寬容」作為你的箴言，或特別注意你通常不想要做的部分，然後提醒自己要成為安全圈的一雙手。

有一天，蒂娜和大女兒、小兒子一起搭公車，兩個孩子在公車走道跑來跑去，妨礙其他乘客行動，漸漸造成混亂。蒂娜無助地看著一切，但一個想法突然出現在她腦海中：「慢著，我比較大也比較強壯啊！」於是她抓住孩子的手，堅定地讓他們坐在自己兩側，一直到下車才放手。

幫助孩子發展自我反省：破裂和修復

世界使我們受傷，但受傷的地方都會變成堅強的地方。

——海明威《戰地春夢》

人人都會犯錯，也必定會犯錯，這句話說得再多也不夠。孩子的健康發展取決於這些錯誤以及後續適當的修復。破壞安全圈是指脫離安全圈，不再重複發生爭執，也未滿足孩子的需求。修復是指承認我們犯了錯，並再度回到夠好的教養方式（見下頁專欄），而不是懺悔、請求寬恕、實行戒律、處罰自己，或用禮物恩典等「償還」受到傷害的孩子。

破裂可能是大聲罵胡鬧的孩子、把孩子關進房間，只因為我們工作一整天很辛苦，沒有精力和耐心找出困擾孩子的事。如此會造成孩子必須獨自釐清為何有害怕的感受，因為如果我們的程序記憶說老是「呵護」孩子，孩子最後會變得沒有能力，所以忽略小恐懼比較好。早上必須去上班，我們（並非有意）破壞了安全圈，孩子當然會想念我們。有時候當我們和朋友說話，甚至也會離開安全圈，因為還沒上小學的孩子跑過來展示他的藝術創作，此時我們卻尷尬地笑了（因為，真的，哪有狗是紫色的，耳朵還比腿長四倍）。

為了修復，我們去孩子的房間，真誠地為嚴苛而道歉，和孩子一起坐在床上抱著，花

專欄

關於依附，什麼叫做「夠好」？

這是父母經常問的問題。通常我們會說，這個意思是大部分時間都與孩子同在，回應他們的需求。我們用「大部分時間」，但對要求很高的人來說，是一個關於百分比的問題（「大部分」是指51%？75%？99%？）。

由於背景環境、家庭需求和文化的巨大多樣性，因此如果我們建議教養要做得夠好，就是每個人遇到情況A都必須做出反應B，這是很愚蠢的。我們真正能夠很有把握的建議，關鍵在於保持你要更大、更強、更聰明的想法，成為寬容的父母，這是最重要的。孩子知道我們一直在盡力滿足他們的需求，以一種使他們感到（足夠）安全的方式來主導。孩子開始相信「好的可能性」，包括知道壞事後面會有好事，破裂以後會有修復。

專注於「什麼是夠好」產生的問題是，父母會轉移注意力，不再重視更大、更強、更聰明和寬容的想法，並將其轉化為自己的一些成就。如同在第二章中說過，孩子會直覺地問：「在某些時刻，成為好父母是你的需求，還是我的需求？」

一想到「夠好」，我們的意圖便會集中。

幾分鐘時間共讀一本書。為了修復破裂關係，告訴兒子我們很抱歉，沒有敏感發現問題，請他說說自己害怕什麼，當孩子解釋，選擇與孩子一起同在，展現出理解，而不是嘗試「糾正」或說服他不要害怕。我們解釋，因為工作所以必須離開，承認分開很難，我們也不喜歡，並承諾在一天結束時會回來共度時光，也堅守承諾。我們修復因不經意取笑而引起的痛苦，告訴孩子，我知道你很受傷，解釋有時父母「想像力不如孩子」。這種時刻，我們可以花點時間讓孩子描述圖畫（必須仔細聽）。

每個人的家裡每天都會發生無數這些交流，出現破裂與修復，這是非常正面的事，因為孩子發現壞事以後會有好事，最後會變得更有安全感。我們並不完美，如果我們很完美，註定會讓孩子非常失望，因為這個世界是不完美的。另外，我們會阻止他們養成有彈性的自我意識，造成他們相信錯誤是真實關係正常的一部分，甚至是健康的。

上一章說，嬰兒出生時心理發展的主要目標是，瞭解自己是獨一無二的，與其他人有別。客體關係理論專家認為，在嬰兒生命最初幾年中，首先必須經過一個分裂（splitting）過程。新生兒不知道別人是由個性、動機、行為和能力所組成的複雜合體。每當嬰兒和別人面對面，都好像面對新的獨立個體一樣。當嬰兒哭泣，媽媽忙著餵飽和擁抱嬰兒，她是好媽媽；但若同一個媽媽半夜被嬰兒吵醒，由於精疲力盡、意識模糊，她面無表情提供嬰兒的需求，嬰兒會以為她是另一個人，這時她便是壞媽媽。嬰兒天生具有強烈的自我保護感和直覺，能夠感知自己無法完成照顧自己的任務，也本能地知道好媽媽在身邊對自己有幫助，要避開壞媽媽。

同時，嬰兒發現，媽媽實際上有多重面向，這很重要。

如果嬰兒感覺與媽媽的互動是正面的，嬰兒就會以正面來看待照顧者和自己。如果互動是負面的，嬰兒也會以同樣角度看待自己和媽媽。破裂和修復是嬰兒累積足夠互動的方法，以瞭解在同一個人身上，好事（修復）實際上可以在壞事（破裂）發生後出現。嬰兒得到一個批判性的啟示：好媽媽和壞媽媽是同一個人，可以同時是「好」，也可以同時是「壞」！所以可見每個人都可既好又壞。這就是為何大多數破裂都能得到修復。如果沒有修復，嬰兒會持續認為父母是好人也是壞人，很可能一輩子帶著這種分裂，特別當壓力出現，會更難以形成良好的親密關係。就長遠來說，如果總是非黑即白，你如何能與人建立關係？你如何能理解人就是會有缺陷，必須寬恕、原諒關係中的所有破裂？你如何看待自己做好事和壞事的能力，犯錯之後如何補償？如果你不瞭解我們都會犯錯，知錯能改，如何能夠處理人生的各種問題——結婚、找工作、當老闆、與鄰居相處、養育孩子等？

避免破裂並不能促進健康的心理發展，但修復必定可以。

有時與媽媽互動感覺良好，有時不太好，這讓嬰兒認識到媽媽的確是個獨立的人，具有自己的情緒、思想、驅動力、信念、行為。你是否曾遇過一種人，只要與別人意見不同就會表現憤怒？或是有一種人，認為自己的感受就是別人的感受，無論何時，每個人都和自己有相同的感受？有的人認為人人的想法都相同，你沒辦法和這種人談話。有人無法接受和分享別人的感受，你很難和這樣的人保持健康關係。

認為每個人非好即壞的孩子，會發展各種防衛能力以抵抗想像中的壞人，並且會決定自己究竟是全好還是全壞。維持全好的形像，等於是忽略自己的壞，結果徒勞無功，還會分散孩子（日後的成人）發展綜合好壞的能力，例如：

- 體驗各種不同情緒，例如掌控感和愉悅感
- 獨處時不會感到被遺棄，與他人親近時不會感到不知所措
- 隨著時間過去，始終對自我保持一致感
- 安撫自己
- 具有創意
- 解決問題

人人都是獨立個體，能夠感知自己和別人的心理狀態，例如感覺、信念、意圖、欲望等，當嬰兒理解這件事，他們的認知得到發展，便得到發展心理學家所謂的反省功能（reflective functioning）。當你作為父母能夠真正與孩子同在，你可以準確地理解孩子可能在經歷的事情，但同時也保持自我、與自我溝通，等於是在幫助孩子發展自我反思。反省讓你能夠辨識破裂為破裂（知道孩子對破裂的感受），因此認識到需要進行修復，以及什麼樣的反應能夠真正修復破裂。

在第一章，我們提過一種研究工具稱為陌生情境程序（Strange Situation Procedure, SSP），旨在幫助科學家觀察特定照顧者和兒童之間的依附風格。研究方式是安排照顧者和兒童在一個房間裡，配有座椅和適齡玩具。讓照顧者暫時離開一段時間兩次，一次是讓孩子獨處，一次是安排陌生人出現。研究人員觀察照顧者離去時會發生什麼，及照顧者返回與孩子重聚時會發生什麼。

孩子的反應如何？一般情況下，有安全依附的一歲兒童，照顧者離開時會難過，返回時會鬆一口氣（有時一開始會傷心），重聚以後會尋求安慰。

陌生情境程序基本上是一種人為的破裂和修復。從孩子反應可得知，孩子根據過去的經驗，希望照顧者提供修復。而從照顧者行為中則可得知照顧者反省的能力。比如，因為孩子傷心而變得防衛的父母（是他們要我離開，放你一個人！）或想要消除孩子傷心情緒的父母（你沒事，我才離開一下下），很可能沒有較良好的反省，不善於修復，也沒有與孩子形成安全依附。有安全感的父母不會把焦點放在使自己感覺良好，而是要使孩子感覺良好。有效的修復是，照顧者返回後會接受孩子的傷心，因離開而道歉，然後提供安樂窩，讓孩子能夠再度準備好，出去探索。

對一些父母來說，在安全圈中會發生較多破裂，較少修復。

在一場家族聚會中，梅麗莎試著用食物或新奇小玩具，引誘四歲的兒子回到她身邊，使安全圈頂部破裂。一段時間後，她終於放手不再防衛自己，她看見兒子真的很想和表兄弟一起玩，她對兒子說：「嘿，和大家一起去玩吧！我會在這裡等你。」咬緊牙根抗拒想要跟著兒子跑的衝動。

珍聽見六個月大的嬰兒哭聲，她的身體明顯僵硬起來。她沒有看著女兒的眼睛，只說：「我現在很忙！」然後找事來做，不然就是拿出一個玩具放在嬰兒面前並轉身離開。但近來，她在這些情況下開始嘗試修復，儘量與女兒在一起，對女兒說話，孩子哭的時候，她會等待自己難過的情緒略為消退，再過去抱起孩子。

關於每個人為何更擅長／不擅處理安全圈的某個部分，以及孩子如何回應這些敏感情況，請參見第五章。

挑戰

對許多人來說，進行有效的修復確實很棘手，主要的挑戰有數個：

- 能夠真心說抱歉，對破裂和修復是很重要的一件事。如果你想要一直保持正確，孩子難以對你建立信任感。如果你直接下結論（例如在某種特定情況下，孩子可能會感受到你的感受）並一再誤會孩子的感受，孩子難以學會相信自己的認知。孩子從小便向你學習，畢竟你更大、更強、更聰明、更寬容，不是嗎？就像一把雙刃劍，必須明智使用。最終，除非你以身作則，自我反省，否則孩子會相信自己和別人沒有差別，無法為別人設身處地著想，變得難以培養同理心，也很難瞭解自己的內心體驗。

- 責備是有效修復的另一個阻礙。當我們把問題歸咎給孩子、責備孩子，而沒有看見他們需要幫助解決問題，經常會造成破裂。如果你覺得整件事都是孩子的錯，責備所產生的破裂便難以修復。我們聽過許多父母說：「他只是想要有人注意！」但其實孩子想要的只是連結。事實證明，大多數人都是從父母身上學到這種態度。

- 接著是自責。如果你確信自己很壞，沒辦法成為好父母，便是推卸責任，放棄任何可能修復的機會。或是一整天你多次道歉，孩子會開始假設你覺得自己很無能。

- 如果你原本便習於自己是更大、更強的父母，任何修復你都可能會遇到麻煩，因為你感覺如果道歉，就是放棄權威，承認有自卑感。畢竟，你告訴自己，你是成人，如果道歉，會讓孩子質疑你的能力。即使是從行為角度來看，如今我們已知專制和權威之間的巨大差異。權威是來自更大、更強、更聰明以及寬容，也來自優先幫助孩子，而非使自己感覺更好。

- 有效修復的另一個挑戰來自過度修復。有些父母認為孩子所有的感覺和需求都位於世界中心。如果你也有這種感覺，可能會發現自己總是在為任何事道歉。如果你對孩子的感受過度敏感，可能也很難主導。

- 請記住，除非發生修復，否則反省的效果有限。反省至關重要。如果沒有反省，無法修復破裂，但我們也要確保反省最後不會變成理智的思考。有時我們會試著「解釋」發生的事，「你知道，我不喜歡你用這種方式對待妹妹，所以我才會對你大吼大叫」這不是修復，而是責備的另一種形式。相較之下，你可以這樣說：「我剛剛罵很大聲，我知道那樣你會受傷，我很抱歉。首先我想讓你告訴我你的感受。第二，我們必須想出一個辦法，讓你在難過時不會去推妹妹。」修復除了要尊重感受，還要能一起尋找其他解決方式。

你可能想知道為何我們會落入這麼多陷阱，阻止你去修復，請記住，我們都是脆弱的，因為有許多挑戰深植於程序記憶中。我們並非「故意」做這些事，我們的所作所為，都是在自己成長過程中每天的互動所學習到的。這是沒有語言的學習，我們從出生就開始學。如前所述，有時我們知道應該修復破裂，但心中卻希望孩子藉此學到教訓。你小時候被責備過嗎？如果是，你的程序記憶可能會透過責備自己的孩子，讓你有「扳回一成」的感覺，即使你意識很清楚，不願意做這種事。想起來雖然痛苦，但你的程序記憶會影響你，想要讓孩子體會你小時候的感覺。一部分會讓你感覺自己沒那麼孤單，這表示這些感覺依然在你的意識表面下翻騰。此外，你的無意識抓住從前的記憶不放，在關係互動中，你曾受到不公平的責備，所以責備孩子會讓你感覺有力量，終於討回某些公道。

又或者你在下意識重播過去沒有得到修復的景象，你無意識轉換了角色：如今你成為責備孩子的父母，孩子則過著你從前的生活。父母都不喜歡認清這些東西，但這比大多數人想像的還要經常發生。根據經驗，其實很少家庭不曾發生這種事。

你會發現，不過只是瞭解如何成為安全圈的一雙手，已足夠讓你成功扮演這個角色。儘管我們已瞭解自己該做什麼，依然無法完全堅守意志，想要變得更大、更強、更聰明和寬容。我們都想成為好父母，但為什麼我們會對安全圈的某部分感到糾結？為什麼就算我們立志想要成為最好的父母，依然會發現自己對於育兒的某些部分感到不舒服？究竟是什麼力量的運作，有時會讓我們覺得與所愛的孩子頻率不同？我們稱它為「鯊魚音樂」（shark music），下一章一起來認識。

第五章

鯊魚音樂——父母的童年如何呼應日後教養子女的方式

亨利過三歲生日，邀請了所有幼兒園同學參加生日派對。當同學和父母或保姆到達，亨利的媽媽蘇珊以燦爛的笑容迎接，並向他們指出角落有一群孩子正在一起玩遊戲。聚會空間和幼兒園教室一般大，大人和孩子魚貫而入，迅速變得擁擠嘈雜起來。

威爾爸爸在他背上熱情地拍了一下，高興地宣布：「兒子，你會度過一段美好時光！」然後便邁出大門。威爾背對其他孩子坐著，一個人靜靜玩著Tonka小曳引機。蘇珊走過去蹲在他面前，輕聲問他想不想和亨利一起玩，這個三歲半的小男孩表情嚴肅的往上看她，說他要「先完成這件工作」，接著大力推著曳引機穿過地毯。她猶豫了一下，說：「嗯，好吧，等你好了就過來一起玩吧。」但威爾沒有轉向聚會空間的中心。

貝拉是班上最高的女孩，她橫躺在媽媽旁邊的沙發上，腿從邊緣伸出去。每當有人通過，都會碰到她的腳，使她發出小小的抱怨聲並扭動著，然後抬頭看媽媽。媽媽揉揉她的肩膀，把女兒拉近自己。蘇珊巡視著客人，告訴貝拉她們可以加入那場正在如火如荼進行的遊戲，貝拉的眼睛亮了起來，她開始向前滑動，她的媽媽說：「當然，那會很有趣，不是嗎，親愛的？」但她卻依然抓住女兒的手臂，捏了一下。貝拉抬頭看媽媽，然後又向後坐回去，眼睛一直盯著室內熱鬧進行的活動。

凱莉正位於熱鬧的焦點，她贏了比賽，不過拒絕讓位給下一位玩家，她的媽媽坐在地板上說：「做得好！凱莉，太棒了！妳做的就像我教妳的一樣！好吧，該輪到別人了……我知道，妳不想讓……嘿，小朋友，妳不介意讓凱莉再玩一次，對嗎？只要一分鐘就好。凱莉練習很久了，看看她，她真的做得很好！」亨利漫步走過來，看看威爾在做什麼，有一群孩子也跟上來。

這是一個非常典型的三歲生日派對。孩子不是一起玩，就是單獨自己玩，或是不停在兩種情形間轉換。父母不是緊緊跟著孩子，就是保持距離。場面既有趣又混亂，偶爾還會崩潰。亨利非常興奮，他不太容易控制自己，最後終於出手打了一個不肯放下玩具的朋友，被打的孩子大哭起來。接下來是拆禮物儀式，然後是蛋糕果汁儀式，整個房間一團混亂，蘇珊看起來就像科學怪人的新娘。

總而言之，她說，這場派對取得令人振奮的成功。但為何威爾從頭到尾都沒有和別人一起玩？貝拉為何不敢冒險離開沙發？凱莉媽媽為何沒辦法停止為女兒加油？

或許因為背景播放的是鯊魚音樂。

有時父母對孩子在安全圈周圍表達的需求會感到不舒服。父母不見得總是能意識到不舒服的情形，但他們會對這種衝動產生反應，以某種方式去避免孩子的需求，讓孩子從安全圈頂部（探索的需求）轉移到底部（安慰的需求），反之亦然——也許是去分散孩子的注意力，直到父母不再感到不舒服。即使父母沒有意識到正在傳送這樣的訊息，孩子也會明確得到，例如：威爾的「不需思考便知道」，是處在一個陌生環境中，不需要安全和舒適的需求；貝拉的程序記憶告訴她，她需要的不是新經驗，而是媽媽；凱莉學到她的需求是必須成為班級的領導者。

為了描繪父母如何逃避孩子對某些依附類型的需求，我們播放了一部影片。影片開始的時候是一片美麗的海灘景色，背景音樂傳來安祥的D大調帕海貝爾（卡農），一段時間後隨即插入電影《大白鯊》配樂的低音線。這段音樂傳達了一種無可避免的訊息：心智的連結會令人對某些沒有威脅的事物感到危險。在一九九〇年代最早的安全圈研究中，一位家長的描述很適切，想要避免安全圈中某些需求的衝動，就像聽見「鯊魚音樂」，自此以後我們便開始在課程中使用這種譬喻。

所有孩子在安全圈頂部和底部位置都有需求，這兩種需求是否得到滿足決定了能否健康發展。然而事實證明，所有父母在面對這兩種需求時，似乎都有某些不適，不適的程度則因人而異。那些特殊需求之所以令父母感到不適與危險，原因大多指向童年時期所種下的種子。如今當面對自己孩子所表達的需求，耳邊會響起鯊魚音樂的警報，但我們通常不自覺。我們或許無法明確指出會有這種反應的原因，但我們確實有反應，且這個反應帶給孩子一種訊號：必須掩飾自己的某些需求，不能以行動表達這些需求。

如果只是偶爾傳達出避免這些需求的訊息那還好，因為我們仍會修補破裂。但若父母的迴避成為一種習慣，同樣的敏感度最終就會傳遞給孩子。

這是一個大問題嗎？不見得。人人都有這樣的敏感度。孩子的大腦很容易因為早期照顧者的教導而定型，這些教導包括父母本身的敏感度。對於吸收父母教導的孩子來說，這種敏感度是否會成為阻礙，主要是程度問題。此外，童年的依附不一定是命運註定。如果有新的安全依附對象出現在我們生命中，加上健康反省力，就可幫助我們終身獲得安全感（進一步請見第183頁「但改變可以發生」）。

當然，沒有人能預見孩子的人生道路。如果威爾、貝拉和凱莉的父母聽見鯊魚音樂，並在無意識中教孩子相信警告，威爾可能最後會高度獨立，但成年後的生活缺乏親密能力；貝拉可能最後會害怕單飛，成年後面對人際關係也可能會有困難，不太能相信自己和自己的能力；凱莉可能最後對人們的需求看法失準，認為自己最重要，缺乏同理心。

現在，對於這些孩子來說，一切似乎都很好。威爾的幼兒園老師在給父母的報告中寫道，以年齡來說，威爾非常成熟獨立，不過希望他能多與朋友交往。貝拉似乎是個滿足的孩子，老師說她會將自己在玩的玩具和善地拿給其他想玩的孩子。但她想知道，為什麼貝拉在媽媽來接時會跑過去緊緊抱住媽媽大腿，好像忍受了整天的痛苦一樣。凱莉是個高成就的孩子，老師對充滿自豪的父母表示：「凱莉非常具有進取心，勢在必得。」（但老師私下有些畏懼，因為凱莉爸爸來學校參加活動時，總愛向其他父母吹噓）。

這些孩子其實並無任何異常或「錯誤」。童年會以任何方式反映在成人的生活中，既明顯又微妙，但「像爸爸一樣」或「媽媽的翻版」不一定是壞事。在研究中，我們發現鯊魚音樂非常普遍，這種警報系統判斷一些安全圈的真實需求是危險的。由於這種感知（卻無意識）的危險，鯊魚音樂經常會阻止我們看見和支持孩子當下的需求。隨著時間過去，我們開始相信並注意這些警報，表示防衛模式已經建立。

在教養中，「防衛模式」對許多父母是一種負面的描述，暗指父母做不到看來似乎「正確」的教養（通常是指父母注重自己的需求，而非孩子的需求）。就好像我們認為，是意識決定我們對某些感受或需求的緊張情緒，但其實不是。有一種更正確（也更寬容）的理解是，父母這種常見狀況是他們在無意識中建立的模式，以逃避關係中令人缺乏安全感的部分。如果你在小的時候，每次爸爸煩惱或媽媽緊張地說：「大家要往好處想」的時候，你都會感到難過，等你長大以後，就可以理解為什麼每當你感到不安，都會覺得不舒服（和孤單）。亦即難過的情緒＝重要的人變得不適或焦慮＝沒有得到滿足和孤獨。所以我們會想要遠離難過，於是鯊魚音樂就變成偵測系統：「哦，糟糕，又來了。保持距離！」這種方式可被視為關心孩子的訊號，你會盡力將同樣的警報系統傳遞給孩子，你已經學會規避痛苦，希望能保護孩子免於同樣的痛苦。

威爾爸爸看不出孩子擔心被單獨留在派對上；貝拉媽媽看不出女兒真的很想和其他小孩一起玩；凱莉媽媽沒有意識到凱莉在遊戲中感到焦躁，因為凱莉發現其他小孩子開始不玩了，她感到不安。如果父母看見這些需求，可能會有不同的反應。威爾爸爸可能會留下來一起參加派對，至少在威爾安心下來之前，而威爾最後可能會和其他孩子一起玩。貝拉媽媽會知道貝拉需要和其他孩子玩耍互動，她必須抗拒阻止貝拉的想法。凱莉媽媽會看見孩子受到過度刺激（部分是因為勝利的需求），要慢慢將孩子帶離遊戲中心，等她平靜下來再回來。

這些愛孩子的善意父母可能沒有看見孩子的需求，因為鯊魚音樂蒙蔽了他們自己的需求。這就是我們必須探索自己鯊魚音樂的原因。瞭解為什麼在孩子需要擁抱或鼓勵的時候，會反覆觸發警報，而這種方法可以撫慰潛意識，使一直以來的防衛模式突然變得沒那麼必要。瞭解自己的鯊魚音樂，並結合手中的安全圈地圖，可為我們、孩子和親子關係創造無限可能性。

認識你的鯊魚音樂，提供一個令人興奮的機會，可加深與孩子的關係，也是改善孩子一輩子人際關係健康的機會。

別忘了「和孩子在一起」

鯊魚音樂使你看不見孩子的需求，還有一個重要因素。在你潛意識中的事物，並不是唯一隱藏孩子需求的事物。依附行為是一場互動之舞，需要兩個人，也就是說，你做的可能不僅是迴避孩子的需求。孩子可能在不知不覺中與你一起在鯊魚音樂的規避中成為同謀。孩子的學習，早在掌握語言之前，在還很幼小時就已學會父母對某些需求感到不舒服，於是加入父母陣營（也是無意識間），避免表達需求。孩子在感受到父母因他們而產生不適時，會學習各種策略以隱藏需求，因為他們的首要任務是讓父母隨時在身邊，盡可能保持父母的舒適，不再焦慮。孩子會盡一切努力讓父母保持好心情、靠近自己。如果這表示不再離開太遠去和遊樂場上的新朋友一起玩，或感情受傷的時候不再哭泣，便成為孩子的策略。這些無意識策略是第六章的主題。

現在你可能覺得奇怪，如果你的鯊魚音樂會掩蓋孩子的需求，孩子也在潛意識中同謀，還如何能時刻學習分辨孩子的需求？我們將在下一章中解釋如何做到這一點，但是現在請記住，孩子不是魔術師，他們確實經驗過這些需求，所以無法完全控制。

然而，有一個魔術師正在跳依附之舞。讓我們揭露他真正的詭計。

注意躲在簾幕後的那個人

「哦，你是個很壞的人！」

「哦，不，親愛的。我是個很好的人。不過我是個非常壞的巫師。」

在法蘭克・鮑姆（L. Frank Baum）《綠野仙蹤》電影中，巫師告誡桃樂絲和朋友不要去看簾幕後突然出現的騙子。這類似於觸發鯊魚音樂運作的程序記憶。心智存著內在的記憶（即程序記憶），根據需要為我們提供服務，指導我們完成每天的工作而不會妨礙意識。程序記憶也指導著我們的行為，比掌握呼吸的神經系統有更多作用。我們不必思考如何呼吸，面對孩子索求安慰和鼓勵時，也不必思考自己童年的依附經驗。由於我們幼時的需求沒有得到父母回應，因此現在也無意識地阻止孩子的需求，就像神經系統會在缺氧時確保我們大口喘氣一樣。這兩種類型的無意識指導都是保護性的。程序記憶並非惡意（實際上恰好相反），但有時會被誇大、超越界限。神經系統也一樣，當偵測到恐懼，認為我們需要更多氧氣以備戰或逃跑，就會造成過度換氣。

以下將作一個簡要的總整理，說明我們最早依附經驗的程序記憶是如何引發鯊魚音樂：

1. 孩子哭泣想要父母的安慰，或試著離開父母冒險探索世界。
2. 童年時期索求安慰或鼓勵的深層記憶，如今雖已長大成為父母，卻在成年期突然想起這些深層記憶，觸動鯊魚音樂。
3. 無論是否覺察到任何不適，父母試著轉移孩子的需求；或明示、暗示傳達不高興；或提供孩子正好相反的需求；或在身體、情感、心理上疏遠孩子。
4. 這種模式在孩子和父母之間重複出現。
5. 孩子得到訊息：自己的需求使父母不舒服，父母變得不太理會。
6. 孩子得到結論：這樣有點危險，會造成父母焦慮、疏遠、尷尬或不悅，感覺起來不安全。所以我會盡一切努力讓父母恢復，不再不開心。

7.孩子學會抑制需求和行動，或提出相反的需求和行動（回到安全基地而非安樂窩，反之亦然）。

8.孩子發現父母變得平靜，可見這個特殊需求的確是不被接受的。「這必定是親子關係的基本真理。」

9.於是孩子把這個程序記憶牢牢植入無意識中，一起進入成人的生活，根深蒂固於心中……。

10.長大成人後有自己的孩子，孩子也表達相同的「不被接受」需求，複製便發生了。

以上的重點在於，這是在沒有任何意識的情況下展開。有些人可能覺得難以接受。我們都希望給孩子最好的，所以難以相信我們居然無法完全控制對孩子需求的反應，或是說，我們並沒有理性地為孩子的最佳權益作決定。當威爾爸爸離開派對，他堅信自己正在幫助兒子變得自立。貝拉媽媽會說，她只是希望女兒不要「玩太瘋」。凱莉父母和我們許多人一樣，只是希望女兒成功，才能在競爭激烈的世界裡勝出。

談到無意識，令人想起佛洛伊德與這種景象——躺在沙發上試著揭開童年創傷的埋藏記憶，以解釋當前的不愉快。但這不是我們要探討的，這一切都只是平時教養孩子的難處。**正視這些無意識有一個令人信服的理由，我們是深入依附研究的第一代，能夠以一種**

支持孩子，增強安全感的方法，進行微調教養（而非責備）。父母都不想要孩子重複自己在親密關係中遇到的煩心事，因此許多人都歡迎能有這份簡單的路線圖，可提供孩子比我們成長更安全的基礎。

以下是一些明確案例。

你的兩歲兒子在黑暗中被陰影嚇了一跳，開始哭泣，結果你發現自己大聲開罵（或只是嚴厲地看著他），指稱他「幼稚胡鬧」。你明知他只有兩歲，為何還要這樣做？

你的三歲女兒正安靜、全神貫注地在玩一個新玩具，你小時候想要玩這個玩具得不到，所以這時正好可以和女兒作伴一起玩，順便休息。於是你突然打斷她的動作，問她在做什麼，是否餓了，然後蹲到地上問是否可以和她一起玩。

這些事情的發生原因可以解釋，例如我們受到不尋常的壓力、有著無聊或糟糕的一天，但即使感覺良好，也可能會頻繁發生。

如果你未曾發覺，這個難以辨認的模式會持續控制我們的行為。這就是為何拉開簾幕如此重要。當你知道影響你的是什麼，等於是給自己機會，給予孩子不同的回應。你可以調降鯊魚音樂的音量，以更加一貫地符合孩子的依附需求，賦予孩子、自己和親子關係所有安全依附的益處，例如：

● 減少親子衝突。
● 對孩子的感受和行為更具影響力。
● 在教養方面更加舒適和輕鬆。
● 與孩子的連結更緊密。
● 更深入瞭解各種關係的運作方式。

認識自己的鯊魚音樂有一個很好的理由，因為鯊魚音樂就像「騙子巫師」一樣，雖然動機善良，卻是騙人的警報。鯊魚音樂很可能來自大腦的杏仁核，卻不是最好的思想家（想得夠快，卻沒有周延的智慧）。

鯊魚音樂的誕生

孩子出生後會尋求依附對象，在他們學習釐清如何應付這個世界時，會有人在那裡陪著他們。真是不可思議，剛出生的嬰兒已知依附是最重要的。孩子會想盡一切辦法要你陪伴，他們的身體和情感生存都取決於此。正如前面的解釋，孩子與你在一起，也向你學習如何調節情緒。在第一章所敘述的二元調節系統中，父母因鯊魚音樂而沒有對孩子的需求作出反應（沒有進行共同調節），所以孩子沒機會學到調節情緒，也無法得到安全感。

基於與父母的互動，嬰兒會在心裡形成照顧者的形像，這些內在的關係模型會一生跟隨孩子成長，並應用於新的關係。比如，孩子伸出雙臂，被父母微笑抱住。之後孩子被保姆照顧時，會更習於表現親暱和信任。又比如，父母平時喜歡和嬰兒說話唱歌，之後只要有人進入視線，嬰兒便會開始嘀嘀咕咕。即使嬰兒不會說話，仍可以透過與照顧者相處，形成相當複雜的照顧者形象。

當然，這些關係模型並非一成不變。幸運的是，心智具有強大的能力，不僅可學習新事物，也能維持現狀（參見下方關於恆定性的說明）。所以只要有充足的新訊息（也信任提供新訊息的人），我們可以修改，甚至更換內部運作模型來證明這種轉變的合理性。約翰·鮑比說，在依附方面，健康可被定義為上

許多生物包括人類，都具有一種稱為「恆定性」的自我調節能力，這是生物維持均衡穩定的方式。對於人類來說，恆定性可保持生理和心理的穩定，如體溫，大腦下視丘控制呼吸、代謝作用、循環等複雜系統，以保持體溫的恆定。在依附理論中，恆定性基本上確保了任何新訊息儲存在關係的程式記憶中，這也印證了最早的內部運作模式（事實上，我們許多人都是被同樣的家長養育大約十八年，以同樣的方式受到照顧，也強化了我們最早的照顧者形象）。於是孩子擁有穩定的（甚至頑固的）教養內部運作模式，使他們能夠接受新的關係，不會好像突然從另一個星球被放逐到地球上，第一次遇見人類一樣。

述的能力。彈性和成長對於生存甚至茁壯，必定有助益。

然而，彈性可能因儲存在杏仁核中的內部運作模式而難以實現。這種腦部構造是邊緣系統的一小部分，與記憶、情緒、社交處理、決策等都有極密切的關係。與依附相關的程序記憶，主要可能就是儲存在杏仁核，與大腦其他結構相連，作為一種我們內部運作模型的「事實」參考資料庫。問題在於，恐懼是我們基本情緒之一，杏仁核可以儲存危險的記憶，掃描環境中的危險跡象，然後喚起恐懼，以便我們以「自我保護」的名義與「攻擊者」戰鬥，或逃跑、站住不動。因此便誕生了鯊魚音樂。

如果威爾早就知道爸爸厭惡他的陪伴需求，那麼日後威爾的杏仁核就會自動排除這類需求。每當他害怕，需要得到溫柔的陪伴，杏仁核會發出「危險」警報：「如果爸爸看見有你有這種感覺，他可能會很快逃走！」所以威爾學會減少對陪伴的需求。當貝拉想要離開媽媽身邊去玩或探索周圍的環境，鯊魚音樂就會開始大小聲，因為她覺得媽媽好像會害怕，所以貝拉的行為看來像是她需要與媽媽在一起，其實相反，是為了讓媽媽放鬆。凱莉感覺如果自己沒做到事事第一，爸媽就會有點尷尬，所以特別努力追求卓越。

聽起來好像我們誇大了鯊魚音樂的激烈程度，其實沒有，鯊魚音樂的警報會像本能衝動一樣緊急，好像有快車疾駛而來，但事實上根本沒有車子。

如果你問這些孩子為什麼要這樣做，他們說不出來（雖然他們一想到那些情形可能會覺得不舒服）。但是，等長大以後，當他們自己的孩子表現出相同的需求，杏仁核便會發出鯊魚音樂警報，說有危險，但其實並沒有。如果父母在過渡期間的經驗中，沒有修改內部運作模型，就會繼續聽到這個訊號並產生相對反應，而引發鯊魚音樂的恐懼。

我們用一部奧勒岡海岸風光的影片向父母解釋鯊魚音樂，意圖是呈現諸如背景音樂這種不引人注目的事物，竟可完全改變我們的看法。隨著鏡頭沿著海灘邊的道路前進，搭配播放《D大調帕海貝爾》（卡農），觀眾自然會覺得接下來的影片感覺良好。也許是涼爽的游泳，或在沙灘上野餐。當播放相同的影像，配樂卻是鯊魚音樂，觀眾立刻感受到恐懼感：那條路的盡頭會有什麼？背景音樂便是程式記憶，告訴我們孩子所表達的需求究竟是「安全」還是「危險」。

安全圈事實上沒有任何需求是危險的。父母的痛苦和由此產生的距離，使我們也感到痛苦（「同在」變成「不同在」，見174頁專欄），這些事不是現在進行式。父母不在我們面前，我們也不是感覺需要安慰或鼓勵的人，而且真的沒什麼好害怕的。無論真假，杏仁核賣的是真相和欺騙，兩者同樣都會發出警報，我們要分辨出什麼是真？什麼是冒名頂替？不過這並不容易。*

* 可到網站 www.circleofsecurity.com 或 Youtube 看一段四分鐘影片，標題為「安全圈動畫」（Circle of Security Animation）。

如何降低音量

恐懼是房子裡最便宜的房間，我希望看見你生活在更好的條件下。

——十四世紀波斯詩人哈菲茲（Hafez）

杏仁核不只發給我們一份初步備忘錄，以心理學家和情商冠軍高曼（Daniel Goleman）的話來說，杏仁核是綁架了我們。不幸的是，杏仁核資料庫裡塞滿痛苦依附記憶的成人特別脆弱，他們大部分時間都處於高度戒備狀態。有一種開創性的評估工具稱為「成人依附訪談」（Adult Attachment Interview, AAI），是一九八五年由卡蘿・喬治、南茜・卡普蘭和瑪麗・梅恩（Carol George, Nancy Kaplan and Mary Main）所開發，幫助治療師和研究人員確定成人是否具有安全的依附型態，而不必像觀察小孩一樣觀察他們。根據一項研究指出，經過ＡＡＩ發現不安全依附的成人，其杏仁核較為活躍，聽見嬰兒哭鬧容易惱怒。神經心理學家艾倫・修爾（Allan Schore）指出，嚴重的創傷破裂，在沒有修復的情況下一再重複，會漸漸改變右腦。生命最初三年，右腦的發展非常迅速。孩子的依附史會成為個性的一部分。在非常極端的疏忽或虐待下，會發展成更嚴重的心理問題。但令人驚訝的是，我們發現，安全圈介入措施可幫助依附狀況最悲慘的父母。

專欄

「不同在」的迴聲

十個月大的男嬰安靜地躺著，感覺下方床單有熟悉的尿溼感。上次哭泣求助的時間似乎已遠不可及，超出他的計算能力。然後，感覺愈來愈黑暗，更黑暗，然後是一片黑暗。最後，有一道聲音衝向他幾乎僵硬的嘴，他開始釋放自己需求的全部力量。同時，籠罩的黑暗使他停止表達，緊迫的衝動隨即消退，只剩下嗚咽，低聲傾訴著他真正想要的是什麼。

媽媽突然出現在門口，他們眼神交會，但只有一瞥，隨即轉開。然而，即使是眼神的瞬間接觸，他也可以聽見她的憤怒，責備他的需求。她不想聽見缺乏和渴望的提醒。他小小的大腦，決定再度收緊對這件事的控制：「不惜一切代價，阻止需求，驅逐到最遠的地方。每當它回來，用你在她眼中看見的相同強度去討厭它。不要渴望。現在忍耐，繼續忍耐。」

不同在（Being-Without）對任何人都是一種毀滅性的感覺，尤其是嬰兒。不幸的是，生命初期所學到的孤獨、恐懼、憤怒、不信任和羞恥的感覺，會延續很久，甚至可從上一代傳到下一代。對孩子來說，親子關係如果不敏感，又缺乏父母陪伴，孩子的自我反覆在錯失、忽略、漠視、敵意和遺棄中發展，日後的經驗將不可避免地反映出這種痛苦的背景。這個十個月大男嬰已害怕要求他所需要的親密和餵養。即使在這麼幼小的年齡，卻已開始複製自己母親在同一時期具有的類似模式。可悲的事實是，如果沒有介入措施，這個孩子長大後可能會將同樣的距離和孤獨感模式，也傳給他自己的孩子。

語言表述

透過程式記憶的語言化，安全圈解決了頑強的杏仁核困境。我們將這個現象命名為鯊魚音樂，能給父母一點暫停的空間考慮警報是否準確，可謂影響重大。但將特定的鯊魚音樂和引發點轉換成語言，有助更進一步先發制人，調低音量。

語言表述包括能說出你的情緒、思想和行為。如果你不知道自己的感受和想法，怎能知道你何時開始傷心難過？我們都有各種能力來辨識心智和心靈，有些人成長過程中描述某些情緒的詞彙量特別有限。鯊魚音樂是一種高度情緒化的現象（因此杏仁核會引起我們的注意），所以每當你回應孩子，請問自己，你真正的感覺是什麼？

智慧並不在感覺的大腦（邊緣系統），也不在思想的大腦（前額葉皮質），而是在兩者之間的對話。

沒有任何方法能夠消除大腦邊緣系統的鯊魚音樂記錄，但沒關係，鯊魚音樂是一種保護你的天生防衛措施。作家柴斯特頓（G. K. Chesterton）明智地建議我們，除非我們知道最初裝設籬笆的原因，否則永遠不要拆掉它。認識你的鯊魚音樂起源，能夠減輕你的壓力，對待自己和孩子變得更寬容。你一定可以調低音量。有一位父親童年時期非常困苦，他說的很好：「我依然聽得見鯊魚音樂，只是我不再相信水裡有鯊魚。」

保持距離

安全圈課程中我們還會「運用影像」幫助父母控制鯊魚音樂。我們用第四章介紹的陌生情境程序（SSP）為父母拍影片，然後向他們展示與孩子互動的剪輯片段，讓他們能夠隔一段安全距離看見自己的依附行為，免除當下要滿足孩子需求的壓力。拍攝自己和孩子在一起時的影片，對你來說其實不實際也沒必要，但可學習在安全圈頂部和底部的依附問題，以及安全圈的一雙手。本章稍後會敘述。其他探索鯊魚音樂的方式請見第七章。

瞭解過安全圈周圍問題的人，似乎會開始看見工作上或遊樂場中，到處都是觸發鯊魚音樂的反應，因此到處想要「診斷」別人，但別指望自己視力多麼精確。唯有專業知識和數百小時的練習，才能開始真正精確指出父母和孩子在安全圈中問題的位置。一部分是因為研究人員發現，照顧者的行為和依附連結之間並沒有非常強烈的關係。也就是說，父母可以不厭其煩地安慰哭鬧的嬰兒，協助幼兒探索花園，就近照顧一群孩子但不介入（以便隨時有問題可提供援助）。所以不能只用單一行為去預測父母與孩子之間的依附類型（至少僅是觀察父母照顧孩子的方式肯定不夠），必須有足夠經驗去解釋心智狀態。

心智狀態明顯地影響了安全依附（或缺乏安全依附）。研究人員發現，評估女性懷孕期間的心智狀態，能更準確預測母嬰之間會形成什麼依附類型，準確程度超過嬰兒出生後，評估母親照顧嬰兒的方式。初生嬰兒可以感受到輕鬆與不耐煩，喜悅與生氣或煩躁，舒適與不安，真實與虛假，或父母的其他正負面反應，這些反應對一個普通觀察者並不明顯。嬰兒能察覺最小聲的嘆息、聲調最微妙的轉變、特別的眼神、某個肢體語言，小嬰兒能知道父母舒適或不高興。想要對別人做出正確的猜測，必須事先經過許多觀察。

因此，最好的「觀察對象」就是你自己和家人。你和孩子之間自然形成的連結，使你更容易以親密、個人又準確的方式瞭解實際情況。目標不在於找到問題，相反的，是要發現安全圈的哪些位置會讓你變得焦慮，研究人員稱這些位置為「微觀互動」。這與病理學無關，而是關於經過一代又一代，父母不經意傳遞給孩子的掙扎問題。運用前面讀過的章節，你將能平息鯊魚音樂的干擾，再運用安全圈地圖，在可能感覺到不適（甚至是輕微的）的情況下，幫助你轉變，對孩子的需求產生同理心。你也可能發現過去的依附和鯊魚音樂觸發時刻會自動浮現在心頭。

重點是你必須知道，無論今日你有什麼問題或困難，都不要自責，也不要責備從前的照顧者。安全圈能為人們現在和過去的關係帶來同理和同情心。一位男子描述，媽媽告訴他，在他兩歲時，某次因為要從朋友家離開而開始哭泣，媽媽自豪地說，她轉過去不理會孩子……他無言以對，後來從未做過同樣的事。多年以後他認識安全圈，想起就在他出生前一年，他姐姐在六個月大時過世，他突然同理媽媽的感受，因此落淚。媽媽是否因為這個悲傷的記憶，所以有時刻意與他保持距離？他猜測，更有可能是因為媽媽自小就是在一個教導要遠離悲傷的家庭長大？

如果你有孩子，也發現自己在安全圈某些位置時內心會掙扎，探索你的程序記憶可能會很痛苦，尤其當鯊魚音樂殘酷無情地向你咆哮。有些父母在做這件事時，會有極大的羞恥感，可能因為當他們成為父母，便決心不再重複自己父母的「過錯」，不要對自己的孩子施加同樣的痛苦，結果反而弄巧成拙。我們看過父母在看自己和孩子的安全圈剪輯影片時，指著影片對孩子說：「這個是我小時候，而我現在跟我媽做了一樣的事。」

反省

當孩子表達的需求觸發鯊魚音樂，就好像父母突然看到一部與自己童年相同場景的老電影，重演自己童年的角色，或自己父母的角色，或因為過度補償作用，演出幻想中所希望發生的事。電影不會改變，一再重播，他們只能困在裡面。想要有不同結局，最首要也最好的方式就是運用反省的力量。本書中，反省功能指的是一種心理能力，能夠退一步知道我們在做什麼，而不是為了滿足孩子的需求而做。還包括能夠「看見孩子在安全圈中處理需求的方法，其實與我們一樣」。當你反省自己是否能夠真正看見孩子當下的需求，你的防衛會開始軟化，或至少變得能夠容忍，以你想要的方式回應。

任何人只要能夠退一步，釐清自己的教養方式，就能發現自己類似父母的教養模式，說明了在反省的過程中，所產生的洞見多麼具有價值。但請記住，即使看得再清楚也不見得能立刻轉換、採取不同做法。程序記憶和鯊魚音樂對我們有強大的控制力，需要一段時間才能放鬆。一位爸爸在學習安全圈課程時，發現鯊魚音樂會阻止他對孩子表現出感情。他說，有一次孩子在房裡等他，他默念三遍「親親我的寶貝」然後走進房間，跨過坐在地毯上的孩子，站著看向窗外。反省失敗？不見得。小男孩呼喚，爸爸轉過來喃喃自語：「鯊魚音樂來了。」隨即抱起孩子親吻。

記得自己的所作所為都是出自愛

鯊魚音樂的觸發，其實是一種保護孩子的方式，瞭解這一點會產生安慰和勇氣。想想你小時候，每次大吵大鬧都會被鎖在房間，所以後來你變得非常安靜，以免被關起來。如今面對你自己吵鬧的兒子，你可能也會想要讓他變安靜。對你而言，聲音大代表鯊魚出沒的水域，你的杏仁核會幫助你保護孩子的安全，注意必然會出現的掠食者（但已不存在）。安全圈上的所有需求也是如此情況。於是你明白，尋求探索或安慰，過去是你父母所不可接受的，所以你停止要求。信不信由你，避免孩子提出同樣需求的無意識欲望，其實是一種愛的表現。

探索鯊魚音樂時，請記住這一點，並相信你的反省能力，能幫你將注意力從「孩子所做的事和你的感覺」，轉移到「你做的事和孩子對此的感覺」。這是對孩子最好的保護。

反省意味著問自己，不僅要問你在安全圈上的位置，也要問你的鯊魚音樂是什麼。

看不見的家族傳承

過去總是存在於當下。

——家族治療師．米紐慶（Salvador Minuchin）

身為家族治療師，我們如此著迷於依附理論原因之一是，在瞭解父母與孩子關係的困難中，幾乎總能發現一些特殊問題，與父母自己成長過程的教養問題有關。這看起來就像一句陳腔濫調「有其父必有其子」，但從依附的角度來看更加複雜，影響力也更深遠。社會學家和公共政策制定者不斷在尋求一種政策，以期能夠打破貧窮、虐待、教育不足、失業、家庭不穩定等循環。我們謙卑地建議，每個想要解決這些問題的人，都需要瞭解依附研究，將依附研究作為尋求解決方案的重要依據。我們相信，必須要以一種立即和直覺的方式提供這種學習。當然，這就是我們創造安全圈的原因。

毫無疑問的，現今在生活的各領域中，關係對成功和幸福都至關重要。依附理論可幫助我們理解，為什麼有些人似乎比其他人更容易形成連結？為什麼有些人能夠全心相信一段關係，不會失去自我，但有些人卻受到消費和孤立？為什麼有些人和朋友在一起能真正感到舒適放鬆，但有些人看似如此，內心卻總有猜疑，同時又質疑自己？自然，許多不同因素都會影響我們的個性和氣質、社交和情緒技巧、潛力和發揮的程度。但依附型態有75%的驚人比率是代代相傳的。想像一下：

羅賽塔是一個單親媽媽，離婚後過得很辛苦，比安卡很愛媽媽。比安卡四歲時早已知道媽媽不堪重負。羅賽塔養家活口，盡力保持樂觀，但對未來感到悲觀、不確定。她有了新工作，有賬單要付，還有不滿意的共同監護協議，她告訴女兒，自己常常感到「沮喪、不堪重負」。

羅賽塔形容自己的女兒是「一個異常焦慮的孩子」，晚上不能自己一個人睡，一定要媽媽陪睡。「我別無選擇，只能滿足她對我的需求。」

每晚羅賽塔都要懇求她去睡覺，但顯然沒用，每當比安卡開始哭，羅賽塔只能停止手邊的事，爬上床陪她一起睡，唯有這樣比安卡才能入睡，她的睡眠很淺，只要媽媽一起床，即使動作再輕微，她都會哀號起來，要求媽媽回到床上，讓媽媽沒辦法做自己的事。

當羅賽塔試著告訴自己的媽媽，這套例行公事很難處理，她的媽媽卻氣惱地回答：「她就是像妳，羅賽塔，妳小時候就是堅持一定要我先抱妳，我什麼事都不能做，家裡的事我都沒辦好好做完！」好笑，羅賽塔記得的是媽媽不肯讓自己參加小夥伴聚會或過夜，因為會被其他孩子傳染病菌，而且她也擔心別的家庭作的晚飯不適合小孩，小女孩就是應該和自己的媽媽在一起。但是羅賽塔在家和媽媽在一起的時候，每次想找媽媽一起玩或尋求安慰，媽媽都心不在焉，有點煩躁。羅賽塔記得在她還很小的時候，媽媽總是在她還沒停止哭泣以前就放下她。

如果我們能請羅賽塔的媽媽參與研究，會發現她的父親（羅賽塔的外祖父）自小受的教育就是相信「除了家人別人都不可靠」，而且不准他離開家去別的地方上大學。他娶了太太，是一位樂於依賴先生的女士，家裡事事以男人為尊，不過他習慣抱怨家裡大小事都要他做決定，太太連買菜購物都不會。

如果沒有依附理論的洞見，我們很容易得出結論：這家人向每一代傳授的都是自我保護的想法。但難以改變的事實是，每一代至少有一位父母對安全圈頂端的需求過度警戒，害怕讓孩子離開太遠或有太多自主經驗，並且在提供安慰方面也感到有些不自在。這所有訊息的傳遞，都是在無意識的狀態之下。兒童心理學家先驅薛瑪・費博格（Selma Fraiberg）稱為「嬰兒房裡的幽靈」，這就是為何羅賽塔甚至沒有發覺，不只是比安卡隨時都要她陪在身邊，更重要的是她自己內心的東西。幽靈是看不見的。

但改變可以發生，「青出於藍勝於藍」，反省能力是實現這一轉變的關鍵。如果父母認識到鯊魚音樂如何引導他們的心態，可努力改變這種心態，避免不知不覺間傳遞給孩子。很多不同的生物和環境因素塑造了孩子的發展，反省可使我們有機會在生活中隨時贏得安全感，在關係發展上更加一致。

我們在安全圈研究中，發現具有強力反省能力的高風險父母（無家可歸的少女媽媽、童年受到虐待的父母等），更可能與孩子有安全依附。他們能夠看見自己童年時期的經驗和孩子現在發生的事不同，並在當下採取行動。不過令人高興的是，這並不代表反省能力較低的人無法為自己和孩子贏得安全感。我們發現來參加安全圈課程的人，即使反省能力再低，都能在協助下有機會與孩子發展安全依附。他們同樣能夠反省，在學習安全圈的同時，在反省能力上亦取得長足的進步。由此可說明每個人在教養上的正向意圖（positive intentionality），也就是約翰．鮑比稱為「預設程式化」（preprogramming）的偶發類型。

過去永遠不死，甚至不會過去。

——威廉．福克納《修女安魂曲》（*Requiem for a Nun*）

安全圈的困難位置：頂部、底部還是雙手位置？

身為父母，我們必須在養兒育女方面做各種決定，包括紀律、飲食、母乳親餵或瓶餵、和父母一起睡或自己睡、隔離的處罰、獨玩或使用閃卡和古典音樂以提高智商、送幼兒園或在家帶孩子等。關於這些課題，你可以有很好的理由採取某些處理方式，但如果你的心態並非來自安全依附，無論你選擇餵養、教導或管理行為的方式為何，意義都不大。因此，知道你在安全圈哪些位置有困難是很重要的。

安全圈地圖，意在反映從一九六〇年代晚期開始，瑪麗．安斯沃斯所確立的依附分類，後又經過多人修改，與分類相關的專有名詞也有演進，但我們將困難歸類為三種，也就是安全圈頂部、底部和雙手位置。請參閱下面的解釋，看看哪些狀況與你的相同。

安全圈底部的鯊魚音樂

孩子位於安全圈底部時父母聽到鯊魚音樂，表示對情緒或身體的親近感到不適。他們可能對這些依附需求的重要性不屑一顧，並刻意淡化生活中關係本質的重要性。他們的鯊魚音樂可能源於小時候需要照顧者的溫暖和支持，卻沒有人「接住」或撫慰，產生沮喪的感覺，導致內心空虛。為了抵抗自己童年的痛苦，避免造成孩子同樣的痛苦，在安全圈底部感到不適的父母，會集中注意力在孩子的成就、智力或課業興趣方面（注重安全圈上半部的照顧，而忽略情緒照顧）。

安全圈底部有困難的父母，會希望孩子能夠做一些他們尚未做好發展準備的事。像威爾爸爸把三歲的孩子送到派對便轉身離開，是因為他在電話裡接受蘇珊邀請時說：「沒有我在身邊，孩子完全沒問題！他很厲害，從兩歲起就這樣！」

有些人則強調孩子的表現和成功。凱莉的父母督促她成為一個冷酷的競爭對手，畢竟「她必須學會和鯊魚一起游泳」，真是個諷刺的譬喻，不是嗎？不過有時凱莉媽媽心裡會不舒服，參加幼兒園家長活動時，經常會看到她招呼別的家長到角落炫耀，凱莉媽媽描述凱莉有「了不起的」能力，然後總結：「如果我爸爸沒有堅持我必須在這些方面努力奮鬥，我就永遠無法達成今日的成就。」對方家長聽了，臉上的表情像寧願自己沒聽過這些話，而凱莉媽媽這麼做通常是想要說服自己，她對凱莉的教養「完全正確」。

有趣的是，在安全圈下半部有困難的父母，並不一定希望自己的孩子真正獨立。或許看起來他們像是不希望被自己的孩子需要，但其實他們很想待在孩子身邊，因為想要親眼見證孩子的成就。他們很擔心孩子的自尊心不足，所以覺得有必要為孩子加油、鼓勵，因此接連不斷地說「做得不錯！」「太棒了！」等。這些父母不厭其煩地告訴孩子他們多有天賦（即使沒有），因此孩子會為自己的成就沾沾自喜，變得自負（也是父母的自負）。

當然，在安全圈底部呈現的許多問題都顯得更加隱蔽。有位母親自從認識了安全圈，就回想起一些可歸類為底部問題的小事件。她記得曾在一個團體中，想要把五個月大的兒子抱在膝蓋上坐著，面朝室內的其他人。她告訴自己，這麼做是因為寶寶很外向，對周圍發生的事很感興趣，如果孩子能看見每個人，和大家互動，會很開心。似乎確實如此。但有一天她到郵局，排隊很長，她看見前面的媽媽抱著一個一歲的孩子，孩子頭靠在媽媽肩膀上，表情心滿意足，這時她不禁想：「為什麼我兒子不喜歡這樣抱？」

安全圈底部困難的反省

1. 我是否擔心需要持續不斷（時時刻刻）維護孩子的自尊？
2. 我是否想盡辦法，以一種克制親密（摟著睡、撫摸、抱在身上等）的方式，讓孩子專注於達成更多、更高的成就（身體以及智力方面）？
3. 當孩子向外探索世界，我會更高興嗎？當孩子難過，幫助孩子釐清情緒或提供安慰時，我是否感覺有些不自在？

安全圈頂部的鯊魚音樂

孩子在安全圈頂部時父母聽見鯊魚音樂，並非因為看輕了情緒依附的重要性，事實上反而是過於重視情緒依附。因為與孩子情緒或身體分離會覺得不舒服，所以這些父母習於寸步不離孩子，讓孩子遠離他們所認為的「危險」，不過似乎太過度，變得凡是沒有他們親身參與的事，就不准孩子去做。他們千方百計想要守在孩子身邊，或在孩子安全又快樂地探索世界時，催促孩子回來。有時困於安全圈頂部的父母，對待孩子就好像孩子還很幼小，或要孩子凡事都要向父母求助，這樣便可以讓孩子在發展上處處依賴父母。

貝拉媽媽除了在派對上跟著孩子，實際上還從頭到尾緊緊抓著女兒，不讓她離開身邊。她知道貝拉想出去玩，理性上她贊成，在朋友家客廳，她讓女兒和其他孩子一起玩遊戲，而她就在三公尺外，確保一切安全，不過鯊魚音樂卻不同意。所以她給女兒的訊號是混亂的，告訴貝拉應該去玩，卻透過肢體、臉部表情或語調等非語言方式，傳送只有女兒能夠明白的訊號——不可以去玩。

凱莉的父母對待她像對待一個渾然天成的明星（且他們從孩子的成就中獲得很多滿足感），另外有些父母因過度認同（overidentifying）而跟著孩子寸步不離，或「一心一意」與孩子在一起。這種關係對旁觀者來說，有時感覺「過度寶貝」。父母對待孩子如獨一無二的珍寶般（著重於特殊性而非成就），心中只有完美的小寶貝。但其實父母心中並不真的認為孩子很特殊，而是用認定孩子的「完美和特殊性」，來掩蓋內心深處的自我懷疑。這樣的孩子被父母緊抓著，必須常在父母身邊，保持親密，乖乖照父母的規定走，不要冒險獨立自主。

不幸的是，如果父母在安全圈頂部感到不適，對於提供孩子真正的安慰通常也有困難。這樣的父母習慣先專心滿足自己的需求，再去回應孩子的需求（不過往往不會提供孩子實際需要的安慰）。這種情形乍看之下令人困惑，因為他們看起來非常投入照顧孩子，問題便在於過度投入，有時孩子不需要也被迫狀似親密。周圍響亮的鯊魚音樂，讓他們覺得自己與孩子關係密切，滿足孩子的需求。他們的確很擔心與孩子分開會發生什麼不好的事，不過更擔心自己會發生什麼不好的事。

安全圈頂部困難的反省

1. 我是否擔心孩子有一天會不想再和我在一起？
2. 我是否會想辦法讓孩子的注意力轉而集中在親子關係？
3. 當孩子在我身邊，把注意力放在我身上，我是否會比較高興？

安全圈雙手的鯊魚音樂

先來說清楚一件事：所有父母擔任安全圈的一雙手時，都會有困難和掙扎。在某些時候，我們或多或少都曾想過要放棄父母的角色。像是變得無視孩子正在發脾氣或尖叫，直接送他們上床睡覺；像是為了安撫孩子，只好屈服於懇求孩子；像是罵孩子時說一些我們會後悔說出口的話（說完還不可置信，自問「那是我嗎？」）。

我們不會因此變成怪物，也不表示我們就會聽見鯊魚音樂。如果壓力太大，任何人都很容易暫時從安全圈抽手，但重點在於，破裂發生時要進行修復，而且要儘可能以最快速度修復（參見192與195頁專欄）。對孩子來說，最恐怖的就是所愛的照顧者出現苛刻、無能為力或逃避的行動，若無適當的修復，「苛刻、無能為力或逃避」會對幼兒造成傷害。

父母經常不在身邊，或常被父母以情緒等方式辱罵、虐待，這樣的孩子長大成人以後，往往很難對自己孩子負起主導責任。由於父母等照顧者的身教變成他們生活中主要的危險來源，他們完全缺乏權威和安慰的模範，沒有安全的避風港。這些成人心中害怕的經常是沒達成父母要求而被懲罰，為了不要重蹈覆轍，不想再受到童年時期的傷害，反而在不經意中重複了從前照顧者的苛刻和逃避，也經常陷入困境，覺得自己無能為力。好消息是，我們發現這樣的人可以與孩子一起形成安全依附，但他們得下兩倍功夫，發揮反省能力，有健康的警覺心，才能不致落入重蹈覆轍的境地。

凱莉爸爸班做不成安全圈的一雙手，安全圈底部也發生許多困難。班高中打籃球時，沒有達成自己父親的期望，因此得到嚴厲的處置。他從小閱讀能力很差，課業表現不佳，父親也同樣懲罰他。班發現，如今凱莉有時沒有「達成期望」時，自己也會變得很苛刻，之後又覺得自己很可怕，只好買許多禮物送給凱莉。此外，凱莉媽媽麗莎雖不太認為應該要督促女兒出類拔萃，但她仍會對遇見的每一個人吹噓女兒的成就。

麗莎自己的爸爸曾經清楚地告訴麗莎的媽媽，如果麗莎在學校沒有拿到全優，沒有當選學生會成員，都要怪她媽媽沒有盡責好好培育麗莎，枉費他辛辛苦苦養家活口。這麼多年過去，如今麗莎的鯊魚音樂重低音部分，聽起來很像她父親每晚對媽媽吼叫的樣子。儘管她現在已對鯊魚音樂有基本瞭解，但麗莎已經習慣用「成就」來遠離鯊魚（她還是認為鯊魚就在附近）。

所以很明顯，班和麗莎至少其中一人需要能夠認清鯊魚音樂在主導他們的生活。理想情況下，兩人會看見自己過去的記憶仍在影響現在的想法。就算只有一個人發現家裡問題和掙扎的主題所在，便能開始有所改變。領悟之後，產生的選擇會以新的方式帶來改變。

專欄

如何修復「苛刻、無能為力或逃避」？

若無法回應孩子依附需求，在某種程度上就是破壞了安全圈。不論任何情況，關鍵都是真心誠意地儘快修復。當然，這需要⑴我們的正向意圖，⑵反省能力（知道使我們離開安全圈的鯊魚音樂被引發的位置），也就是說，我們需要讓孩子知道，沒有滿足他們需求，感覺很糟糕，因為我們一直都想要陪伴在他們身邊。還可以簡短解釋當時為何無法做到。

有時我們的手在頂部脱離安全圈：「對不起，我剛剛可能讓你以為我不想讓你自己考慮。」有時則是在底部脱離安全圈：「對不起，我剛剛可能讓你覺得不能過度向我尋求安慰。」有時由於「苛刻、無能為力或逃避」，我們甚至雙手都脱離安全圈。修復這些脱離非常重要，因為更大、更強、更聰明、更寬容是父母角色的核心：「對不起，我知道你一定覺得我剛剛對你太苛刻，我想要你知道，我回來了，我們會找到方法讓事情變好。」

如何判斷修復是否適當？可視修復後關係是否更好。這很簡單，當我們因為壓力過大而忽略孩子的安慰需求，造成安全圈底部破裂，或是因孩子衣著不合我們的意、穿衣服太慢，而對孩子生氣、不耐煩，造成安全圈底部破裂。這些時候，一個簡單的道歉（不需要情緒化或道歉很久）就能快速彌補，孩子便能展顏微笑，在我們的歡迎和支持下產生信心。

成為安全圈的一雙手，經常出現困難和問題，往往是因為在我們幼小的時候缺乏一個更大、更強、更聰明、更寬容的模範。

如果我們習於放棄主導的責任、與孩子互換角色，或因童年時期的經驗而嚴格訓練孩子……這些情況都是愈早建立破裂和修復的經驗，對孩子愈好。如果我們知道自己不夠寬容聰明，與其等孩子十一歲才花幾倍時間努力與他修復關係、建立信任，不如早點開始。但永遠不會為時過晚，只要我們勇於道歉、承認錯誤，無論孩子年齡多大，都會帶來很大的益處。即使面對十四歲的孩子，建立這種說話習慣，亦可以改善親子間的關係，為青少年建立安全感：「對不起，剛剛我太粗魯，做了一些我不喜歡做的事，我相信你也不喜歡我這樣做。我累了一整天，但我沒有權利對你吼叫……不過答案還是不行，平日晚上你不能和朋友一起出去玩，如果你想要，我們還是可以談談，因為我真的很關心你，但對你的要求我的答案不會變。」堅定又嚴肅的關懷態度，對我們偶然的「苛刻、無能為力或逃避」來說，始終都是最有效的解毒劑。第九章將告訴你，在孩子不同的發展階段，擔任安全圈的雙手要如何回應。

安全圈雙手困難的反省

1. 我是否有能力以溫和堅定的方式拒絕孩子，讓孩子知道我在主導？
2. 我是否因為生氣，造成孩子退縮，或隱藏想法和感受？
3. 我是否要求孩子主導（照顧我／注意我的需要或過度順從我／被我的憤怒嚇得不知所措）？
4. 我是否期望孩子在沒有我的支持下，能夠自行處理困難的情況和強烈情緒？

閱讀以上安全圈的問題和困難部分，你是否覺得哪裡不舒服？如果有不舒服，是在底部、頂部還是雙手位置？如果你發現自己坐立難安，產生防衛心態，可能表示你與自己的照顧者也有安全圈周圍的問題和困難。即使你還沒有成為父母，也可能會發現與家人、朋友或同事相處時，自己會不斷在親密關係、情感表達，需要獨立冒險的互動中搏鬥。關係愈密切、愈重要，對你的依附困難來說，愈是一場有益的實驗。

閱讀時你所產生的感受是值得探索的，即使你知道自己並不完全符合那些案例，不過案例只是為了讓你大致懂得不同的類型。很多讀者只會在安全圈上的幾個位置發現一兩個很小的問題和困難，那這為什麼重要呢？因為安全依附在心理上的免疫力（情緒健康，在許多生活困難中可保護孩子），對成長中的孩子有非常重要的價值。而且，當生活帶來不

專欄 如果你無法停止逃避

有時父母會想要「逃避」。例如失去家庭成員、財務不穩定、離婚、精神問題或嚴重疾病，都會讓人產生劇烈壓力，使我們根本沒有力量把手放在安全圈上。在這些情況下，我們能為孩子做的，就是繼續表達我們想要陪伴孩子的想法，並像輕微、暫時的破裂一樣進行語言的修復，盡力而為，同時提供另一個照顧者來代替我們照顧孩子的需求。正如在第三章中所說的，關於照顧者，備用的援手總是有幫助的，親朋好友可協助擔任孩子安全圈的一雙手。同時也要注意，每個人難免都需要幫助。如果你覺得現在你做不到更大、更強、更聰明、更寬容，不妨尋求專業協助。根據經驗，父母在困惑或重大壓力期間，往往很需要後備支援。

可避免的危機和挑戰，你可能會更難以滿足安全圈的某些需求，因此會想要有破裂的警告，並注意修復。你當然能夠繼續依循原本固化的心智，儘量做好父母工作，最終你能夠明確反省自己會有困難的地方，帶給孩子安全感。你會在本書第二部分找到更多有關探索這個方向的幫助。選擇安全感始終是獲得可觀報酬必不可少的步驟。

選擇安全感

孩子需要：

當孩子**需求**的反應，會讓你覺得不舒服……。

鯊魚音樂：

你突然**感到**不舒服（如：孤獨、不安、被拒絕、被遺棄、生氣、受控制）。

選擇回應：

你可**回應**孩子的需求（儘管會引起不適）。

選擇無視：

你可無視孩子的需求（降低或避免回應），**保護**自己免於痛苦的傷害。如果你只是保護自己，便無法滿足孩子的需求。隨著時間過去，孩子將開始間接表達這種需求，導致親子雙方產生困難和問題。

父母對孩子的需求都會聽見鯊魚音樂。有安全感的孩子，父母能夠**辨識**鯊魚音樂，儘管會感到不舒服，也會選擇用其他方式滿足孩子的需求（不見得每次）。

安全感步驟：

1. 辨識不舒服的感覺——「這是我的鯊魚音樂」。
2. 尊重這種不舒服——「我現在不舒服，是因為這個需求觸發了我的鯊魚音樂」。
3. 回應孩子的需求。

同在的安全圈告訴你什麼？

你在安全圈的什麼位置可能會有困難，另一個線索是尋找哪一種情緒被允許與你的父母一起進入安全圈，哪一種則否。我們選擇專注於六種關鍵情緒：快樂、悲傷、憤怒、好奇、恐懼和羞恥（好奇實際上並不是一種感覺，但與自主相關的感覺有很大關係）。對一些人來說，這些情緒有部分被允許完全進入我們所謂的「同在安全圈」。例如我們童年感到焦慮的時候，也許父母允許我們帶著恐懼到他們身邊。這種方式可使我們的恐懼獲得協助、支持和共同調節。我們學到這是正常和可接受的情緒，可被接受和分享，不會吞噬我們。但還有其他感覺可能不會被完全接受。例如，悲傷的情緒只會被接受一部分，只有足夠壓抑才可被接受，而不會遭到父母拒絕，或被父母用解釋、大笑等方式轉移話題。不過，這種被排除的情緒也是最有說服力的訊息：我們的父母完全不願意處理。

如果你有興趣從這些練習中學習，請畫一個如下的圓圈，在圓圈中寫下童年時期的某種情緒（無論是部分或完全進入同在安全圈者都可）。

小時候如果你學到不應該有哪些情緒，你覺得當時做了什麼？——假裝沒有感覺。你的發展我們稱為「假提示」（miscues），是一種為了使照顧者能夠隨時照顧自己的策略，因為你雖然傷心難過，但知道若在安全圈充分表達情緒或真正需求，可能會造成父

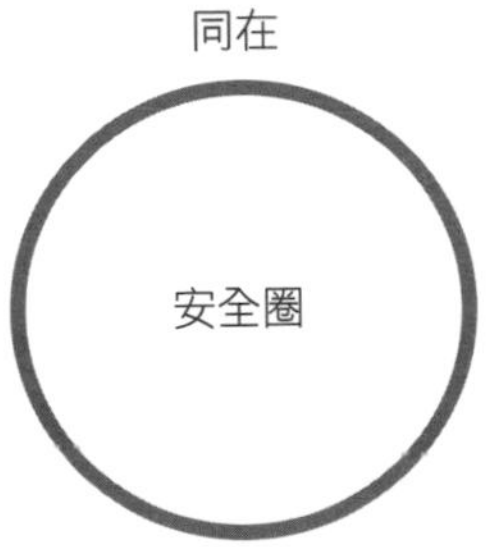

畫個圓圈，寫下六種關鍵情緒之一（**好奇、快樂、悲傷、恐懼、憤怒和羞恥**），將圓圈放在安全圈的不同位置，方法如下：**根據你的童年經驗**，最早的照顧者能夠與你「同在」的程度，以及如何統整這六種情緒。

母離開。現在你長大了，當你感到悲傷難過，可任意做一個最酷、最充分表現自我的人。如果你已是父母，孩子攀上你的膝蓋想要被你抱、感受到孩子的需求時，你可能是最快樂的父母。在內心深處，你知道，無論多麼想要安慰和連結，要是表現出來，結果會有更糟糕的感覺。你在童年時已學到教訓，現在你想要把教訓傳承給孩子，保護孩子。

孩子是學習快手。他們錯誤的提示來自你的示範，會快速成為你倆之間依附之舞的一部分。下一章將告訴你，你看起來是什麼樣子，以及孩子真正想要傳達給你的訊息。

第六章

溝通的行為——真假提示

三歲的塔里克「快樂有活力」，幼兒園老師說。他的好朋友卡森相較之下則比較安靜，喜歡自己進行一些小計畫，但塔里克會把卡森拉到一堆小朋友裡面。莉莉似乎正處於社交過渡期，黏著老師來回跑，先是跑出去選一個玩具，然後再跑回老師身邊。老師開始覺得這個過渡期似乎持續得有些長。安德烈三不五時就會宣布自己是世界之王，但當其他小孩成功挑戰他之後，他就變得不知如何是好。亞美是班上的玩笑大王，老師從來沒有見她流過眼淚，即使她非常難過。馬利索和奧利弗是教室裡的「問題兒童」，爭執時容易動手動腳，愛生氣，每次被指責惹是生非時都不說話也不退讓。喬丹是班上的「小教授」，他坐的桌子經常滿滿是書或他的「實驗」。孩子會向他詢問各式各樣的問題，取得答案。老師覺得他需要多運動一點。

莉莉是一隻任性多變的蝴蝶嗎？安德烈天生就喜歡欺負別人嗎？亞美長大以後是不是很愛開玩笑，事事都不認真看待？馬利索和奧利弗是麻煩製造者嗎？喬丹會因為懂得比同學多而被貼上自滿的標籤嗎？當然不是。孩子不等於他們的行為。當我們看見某種模式的發展，會自然想要貼標籤（「他老是這樣」），但屈服於這種想法，會剝奪寶貴的機會。我們不需要透過孩子的行為去定義他們的個性，因為那只是個人特質的反映。我們需要嘗試理解的是行為，行為就是溝通。所以我們需要自問的問題是：「孩子試著告訴我們什麼？」問題的答案可以告訴我們孩子的需求，如果需求沒有滿足，我們可以做什麼。這個訊息很重要，因為我們都希望孩子的視野盡可能寬廣。我們想要孩子獲得安全感，因為相信良善可以保持健康、幸福、成功的大門暢通。

「我從安全圈所學到最基本的，是去思考事情發生的原因，而不是所發生的事。」

——蘇．布朗，澳洲新南威爾斯，庫塔曼德拉

如果我們能有所選擇，可能都希望孩子能夠像塔里克一樣快樂又有活力，能夠與他人相處，甚至幫助他人。如果孩子像卡森一樣害羞，我們會希望這種個性不要成為他生命中的阻礙。

我們的確有選擇。我們可以理解孩子的行為，特別是在人際關係中，經常與依附需求和滿足需求有關。像馬利索和安德烈一樣的幼兒可能只是過得不順利，不過他們處理不順的方式，正說明了孩子的依附型態。喬丹才三歲就想要事事都做好準備，所以他不想和其他孩子一樣跑來跑去，他知道他懂很多事，爸媽每天都這樣告訴他。安德烈可能會偶而讓一些孩子占上風，只要他不擔心自己沒有坐在王位上就會被忽略。奧利弗愛生氣，不過他不太知道為什麼。亞美覺得自己已經長大，不能哭。

孩子會從父母回應鯊魚音樂的行為模式中吸收訊息，這些訊息經常會塑造孩子的行為。講到依附，孩子的行為包括「提示」（cue，對真實需求直接明確的回應）和「假提示」（miscue，對真實需求不直接、抗拒、方向錯誤的回應）重點在於知道你看見的是哪一種。

喬丹可能需要支持和鼓勵去參與運動類遊戲，但他不認為自己會得到鼓勵，所以假裝不感興趣，這是對安全圈頂部需求的假提示。奧利弗的父母一直距離都很遠，媽媽病重，爸爸忙著照顧媽媽，所以奧利弗表現得很生氣，這是安全圈底部需求的假提示。亞美媽媽運用機智使家裡的人歡笑，她將眼淚藏在心裡，也給亞美大大的微笑，鼓勵亞美，所以亞美學到要讓別人歡笑，當自己受傷覺得脆弱，她會用假提示。莉莉媽媽經常警告她世界很危險，所以莉莉掩飾自己出去探索世界的需求，不斷回到媽媽或老師身邊（媽媽對莉莉的探索感到不安，所以莉莉每次離開都很快又回來，因為她知道媽媽不喜歡她離開太遠。這種情形很複雜，因此我們要用一整章來討論假提示）。

孩子不總是給父母假提示。當孩子的情緒或需求得到接受和幫助，會覺得真提示是安全的。如果卡森覺得其他小朋友不喜歡他，他告訴父母自己很害怕，爸媽回答：遇見新朋友會有點害怕，所以第一次上學會陪他一起去。父母的回應讓卡森知道害羞是正常的，離開安全圈頂部仍可以得到父母的幫助。而塔里克給父母的提示都相當直接，包括「因我而喜悅」「幫助我」「保護我」或「和我一起享受」。

所有人都一樣，在安全圈某部分會有更多困難和問題，這些都是孩子假提示一定會出現的地方（但另一方面我們要知道，觀察孩子時，如果在安全圈的某部分有困難，在其他部分也會有困難。見下頁專欄）。塔里克與父母都有安全依附，但媽媽更適應他在安全圈頂部的需求，爸爸則是更滿足底部的需求。媽媽有時會把工作帶回家，坐在沙發上處理，塔里克想要爬上去和媽媽抱在一起，此時媽媽會推開塔里克。當爸爸有工作壓力，塔里克想要爸爸教他一款買的新遊戲，爸爸有時會忽略，叫塔里克靜靜坐在身邊看電視。如果這些模式漸漸變得根深蒂固，塔里克上小學後，可能會覺得不能跟媽媽談論自己的恐懼，或猶豫要不要拜託爸爸協助指導足球隊。因此當塔里克在安全圈底部，只有媽媽在身邊，或在頂部只有爸爸在身邊，這時會發生什麼事？他的需求可能無人回應。

專欄

不安全感遍及整個安全圈

當孩子的主要照顧者在整個安全圈都感到舒適，就會形成安全依附，因為孩子在兩種類型的需求間旅行時，他們願意也有能力滿足孩子對安全基地和安樂窩的需求。父母對孩子需求的整體舒適度，會轉化為孩子對滿足這些需求的舒適度。在「同在」的搖籃裡，父母和孩子很輕鬆，因為他們知道會一起面對需求。但這不代表不會產生挫折。也就是說，當孩子努力應付混亂和不舒服的情緒，即使父母不太確定要提供什麼幫助，父母也會帶給孩子「放心」的感覺，運用多年來累積的智慧，告訴孩子他們會主導。父母沒有恐慌地抓住不知道的東西不放，父母對孩子伸出援手，讓孩子感覺「我們在一起，也會一起努力」。因為有安全感，父母知道自己比孩子更大、更強，更重要的是，**親子關係比父母本身更大、更強**。父母信任這種親子關係，相信「同在」的力量，不僅可以帶著孩子度過當下的痛苦，也幫助孩子一生的人際關係順遂。

由於安全感具有這種力量，因此缺乏安全感帶來的影響很大也不足為奇。重要的是必須理解，最可能會產生鯊魚音樂的困難部分，就是安全圈底部或頂部，但不安全感並非完全局限於這些部分。不支持孩子探索的父母，也不會輕易付出安慰（不是不願意，就是做得過度）。**不安全感就是不安全感**。如果我們在安全圈上感到某種需求的缺乏，很可能表示不安全感已在某種程度上滲透到教養的所有領域。這不是一件壞事，只是需要注意，並進一步理解鯊魚音樂，使我們有意識的選擇如何盡可能地回應孩子的需求。

但若塔里克的父母注意到鯊魚音樂，就可以運用反省，注意音樂何時開始咆哮（或預期音樂的發生），當他們發現自己否認孩子的需求，便可修復破裂，也可以注意孩子是否有任何假提示的情形。

奧利弗爸爸在幼兒園家長會就是這樣做，奧利弗近來經常對其他孩子和老師發脾氣。老師問是否家裡有任何變化，以便她可以在學校幫助奧利弗。奧利弗爸爸告知妻子的病情，因此老師推測，奧利弗感到傷心難過時，會表現得特別具有攻擊性，因為他無法與父母連結。老師答應，只要奧利弗在教室裡開始「發作」，她會給予空間，讓他平靜下來，增加他與老師的連結感。同時在家裡，奧利弗爸爸也開始改變回應奧利弗憤怒的方式，當兒子開始丟玩具或打貓，爸爸會與孩子一起蹲在地板上，輕輕抱著他的上臂，微笑看著他的眼睛：「你覺得孤單嗎，伙伴？」奧利弗只短暫停頓一下，隨即重新開始在家裡四處胡鬧。但是爸爸依然保持專注，繼續以這種方式回應，幾個星期過後，老師很高興地報告說，奧利弗在幼兒園似乎變得比較放鬆。他甚至遵從老師的建議，情緒開始激動的時候會趕快來找她抱。

「行為問題」不是孩子想引起父母關注，而是一個徵兆，與承受不當行為的後果相比，孩子發現揭露自己真正需求的代價高得多。

當孩子開始以假提示作為依附策略，即使我們確實改變對鯊魚音樂的反應方式，也需要耐心向孩子解釋規則已經改變了。但做這些努力，意圖為孩子選擇安全感，可使孩子的視野保持應有的寬廣。孩子心中深知，自己所有情緒都可被接受，所有需求都是正常的，世界上還有其他可信任的人，能幫助他們處理情緒和需求，這些孩子最後可能像塔里克一樣，變得心胸開闊、充滿好奇、快樂、友善，更能面對生活中的挑戰，不需要將精力浪費在遠離不該有的情緒和需求上。

你可能會發現，選擇安全感並不需要耗費多大努力。如今你已瞭解了鯊魚音樂，且開始注意到孩子的假提示（如果你不知道鯊魚音樂會在哪裡出現，可到第七章進一步探討）。大多數家長一旦認識鯊魚音樂，會立刻察覺在安全圈中的困難位置。僅僅如此便可提升父母的眼力，足以看見孩子的困難點。

萊斯特上完安全圈課程後，開始回顧養育大兒子凱文的過程。現在他終於看見，把凱文送出去，讓他能夠自行學習、探索和發現（安全圈頂部），和抱著兒子坐在膝蓋上，或在他受傷時幫助他擦乾眼淚（安全圈底部），相較之下萊斯特覺得前者比較舒服。萊斯特突然想起兒子四歲時第一次到朋友家過夜，隔天去接孩子回家時，孩子無動於衷地看著他，他覺得很困惑，彷彿兒子對爸爸出現感到無趣。在開車回家的路上，萊斯特一直想要和凱文談話，覺得好不好玩？和朋友一起做了什麼？晚餐吃什麼？不過凱文只是盯著副駕窗戶往外看，敷衍地回答，使萊斯特感到很驚訝（也有點受傷）。現在，萊斯特悲傷地宣布，他意識到這是一種假提示。兒子從爸爸那裡學到要獨立勇敢，所以他認為這是爸爸想要的反應，但其實他很想家，很想跑去擁抱爸爸，重新建立連結。

萊斯特決定要與現在三歲的小兒子泰勒嘗試不同的選擇。起初他以為抵抗鯊魚音樂是對泰勒展示更多關愛，給予他比平時想要的更多。為了創造一個安樂窩，他開始以一種「時間表」來擁抱和親吻小兒子。泰勒的反應經常是扭動身軀，從爸爸身上離開，或對爸爸皺眉頭。萊斯特後來尷尬的說：「我還是沒有依循他的需求，我做的都是關於我『擅長』的依附。」萊斯特找到關掉他稱為「自尊警察」的方法，只單純與泰勒同在。不久他便能發現泰勒何時需要擁抱，無論泰勒有所提示或假提示。萊斯特能夠長時間降低鯊魚音樂的音量，提供擁抱（關於他如何學會這麼做，會在第二部分中敘述）。他很高興他的新知識轉化為與大兒子凱文的新連結。就像很多父母一樣，萊斯特學到一切永不嫌晚。

滿足孩子的需求，始於隨時提醒自己「孩子的行為都是溝通」。毫無疑問：幼兒的一切所作所為、情緒表現、甚至能量級數等，都在訴說他們的需求，他們要的不僅是我們的關注，當然，孩子需要關注，但真正需要的是我們敏感發現他們的感受，幫助他們理解並接受自己的感受，並學會自我管理。

這件事非常重要，再說一遍：成人經常犯錯，誤以為嬰幼兒想要的只是關注，其實他們真正想要的是連結。

依附策略：普遍的防衛

在第五章，我們描述鯊魚音樂如何成為我們生命的配樂，它的主題又如何為我們的關係定調。但為何需要鯊魚音樂？為何人人都有鯊魚音樂？

鯊魚音樂是一種防衛策略，用來保護我們從孤獨和遊蕩的痛苦中走出來。我們需要這種保護，因為在現實中根本沒有人能百分百滿足別人的需求。當發生無可避免的破裂，我們需要有辦法處理，而非完全放棄信任和連結。防衛是孩子小時候（及長大成人以後）處理這種意識的方式，即使自己的需求沒有真正得到滿足，還可以依賴防衛策略，阻擋需求未得到滿足的痛苦。

造成鯊魚音樂出現的一系列事件，我們稱為「防衛三部曲」*：

需求 → 痛苦 → 防衛

在依附的互動過程中，孩子的**需求**也都位於安全圈頂部、底部或雙手部分。如果不滿足需求，孩子會感到**痛苦**，於是產生**防衛**。假提示就是防衛（事實上，鯊魚音樂是警告的訊號：「痛苦即將發生！立刻假提示以避免痛苦」）。隨著時間過去，孩子的防衛會演變為某些行為模式或策略，這取決於未滿足需求所造成的痛苦程度及頻率。如第五章所述，當父母在安全圈底部有困難，孩子可能會形成與父母類似的防衛：父母過分強調成就（如凱莉的父母）可能最終造成孩子在幼兒期（如威爾）自我滿足（假提示），長大後還變得

* 感謝精神病學家詹姆斯．馬斯特生（James Masterson）和羅夫．克萊（Ralph Klein）為此三部曲主題的基本介紹。

有優越感，無法承認錯誤，對批評高度敏感，逃避個人弱點，沒有親密關係可分享個人的痛苦。我們經常將此個性的傳承歸因於基因，但這是不正確的。

這完全取決於需求未滿足所造成的痛苦程度。痛苦愈大，防衛愈大：

需求 → **痛苦** → **防衛**

對於一般成人來說，防衛性三部曲可能會造成一些策略，例如當你感到悲傷孤獨，會用食物、飲料等自我安慰，你也會用購物或看電視來分散工作的焦慮。

很遺憾的，養成假提示習慣的孩子，無法獲得完整的情緒經驗與生活。如果我們想要孩子的生命充實圓滿，孩子需要知道自己能夠表現依附需求，充滿信心對所信任的人直接表達最深刻的情緒經驗，且這個人會排除萬難陪伴他們，與他們同在（關於過度同在——父母想要時時陪伴孩子所有的情緒經驗——的危險，請參閱第四章）。如果剝奪了孩子完整的經驗和適當表達依附的需求，父母卻還期望孩子能過著滿意的生活，就像要求藝術家只能用部分顏色畫畫，或不准作家用所有字彙寫作一樣。

想像一下，沒有藍色或紅色、不能運用某些字彙的生活，會是什麼模

樣？對一些依附需求來說，假提示就是不得不然的強迫限制。

程序確定性之舞

第五章中，我們談到了依附風格（有所困難和假提示處）在世代相傳中竟高達75％。如此長久的傳承有兩個原因：

(1)鯊魚音樂的整個舞蹈都是基於程序記憶的確定性，我們只是無意識的感覺正確，所以習於信任它；(2)它透過親子之間的暗示約定而傳承，難以分離為兩個角色。本書中首先討論鯊魚音樂關於父母的部分（當然是源自父母還是孩子的時候），現在則要談關於孩子的部分（如果沒有書中所鼓勵的反思，或許將成為下一代父母的一部分）。

柔伊一歲半，她坐在地毯上盯著門看，媽媽達拉剛剛關門出去了。她的下唇開始顫抖，抽了幾口氣，流出眼淚。不久，她轉過身去，眼神極度悲傷地看了坐在沙發上的女人一眼，彷彿在說：「快救我，媽走了！」又趕緊轉向門口繼續哭泣。不是媽媽的女人安慰她幾句，不到幾分鐘，柔伊的祈禱得到了回應。媽媽開門走進來說：「我很抱歉，親愛的，我必須和別人說話。」她走過來，從散落在地上的玩具中撿起一隻絨毛玩偶拿給女兒，指著玩偶的特點說：「看哪，泰迪熊的眼睛好大！多麼可愛的小嘴巴，就像妳的一樣！」她拍拍泰迪熊，將玩具拿給柔伊，孩子很快就停止哭泣，面無表情地看著玩偶，然後伸出一隻胖嘟嘟的小手，投入地摸著媽媽所描述的特點。

以上這段描述，發生於第四章依附研究所使用的「陌生情境程序」（SSP）。在陌生情境程序中，用隱藏攝影機拍攝父母和小孩在房間裡，另外還有玩具和一位陌生人。接著父母離開房間，讓孩子和陌生人在一起幾分鐘再回來。當然，嬰幼兒在父母離開時會傷心，面對一位陌生人，他們的表現就跟柔伊一樣（父母只短暫離開，避免造成孩子的過度壓力）。其中最能告訴研究人員關於親子間的依附，就是重聚的時候。

在安全依附關係中，一歲孩子對父母離開的典型反應，是等父母回來時尋求安慰。父母對這個需求有敏感的回應，會把孩子抱起來，等孩子出現想要作其他事的樣子，才放下孩子。在這段很短的時間中，孩子和父母完成了安全圈底部到頂部的循環。在自然的設定下，全世界的孩子和父母每天都在重複做同樣的事。

柔伊和達拉究竟發生了什麼事？達拉重回房間時沒有抱起柔伊，不顧小女孩傷心哭泣。相反的，她拿起一隻動物玩偶開始玩，也試著讓女兒一起加入。達拉回來才幾秒鐘，柔伊就止住眼淚，等媽媽離開，她便依照媽媽的要求，忠實地開始注意玩具。

高度訓練有素的科學家解釋陌生情境程序影像時，會說柔伊快速從傷心到安靜的轉變是一種假提示。這並不表示媽媽一回來孩子馬上變好，或孩子沒有尋求安慰的需求。我們怎麼知道？這只是常識，當照顧者離開，毫無防備的嬰幼兒會傷心，研究也證實，他們此時的心跳速率和腎上腺素濃度會上升，這些都代表壓力的症狀。柔伊必定很沮喪（我們已知，所有兒童在與主要照顧者分離的陌生情境程序中，都會經驗重大的痛苦）。所以為何當媽媽回來，柔伊沒有表現出來？研究支持一個結論，柔伊在過去與媽媽的無數互動中吸收到一個訊息：媽媽對安慰需求感到不舒服。這是說，當柔伊傷心難過需要安慰，達拉會聽見鯊魚音樂。柔伊經歷的生命雖然還不長，已在無意識中發展出策略來做兩件事：(1)保護自己免於被拒絕的痛苦，(2)確保自己不會讓媽媽感到不安，媽媽才不會逃走。

如第五章所述，達拉並非故意拒絕安慰女兒，而是試著保護寶寶免受像她兒時一樣的傷害——在表達同樣的需求時感到失望痛苦。再說一次，所有親子間的「意圖」和行為，絕大部分都是發生在無意識中，甚至是全部。

受到壓力時，柔伊在安全圈底部有限的安全感會更加強烈地出現（參見下頁專欄）。平時若狀況不錯，她在幼兒園很少哭，也很少要求老師幫助，即使她在做的事顯然超過她的發展能力。我們很容易會稱讚柔伊非常「獨立」「成熟」。這兩個特徵並不奇怪，然而這樣描柔伊，只會加強她傳送鯊魚音樂的訊息，並鼓勵她繼續假提示。這不代表柔伊長大會變得比別人差，只是在某些方面，主要關於分享個人弱點，她會受到限制。以簡化的方式來說，她可能會熟練地表現出「我很好」，事實上卻不是，反而可能在調節悲傷情緒的發展上有所不足。當發生很痛苦的事，例如失去所愛的人，她可能無法向別人尋求幫助，或不覺得自己能夠充分體驗悲傷。這種封閉，可能影響到她的身心健康。

關於防衛性的依附策略之舞，為何編排得如此緊密，下面有另一個例子：

諾米喜歡自己的玩具，尤其是玩很久的，他最喜歡的是哥哥送的襪子娃娃，取名嘉莉，說她是自己「最好的朋友」。諾米媽媽艾莉森，帶著關愛的笑容，她知道三歲女兒出門時一定會帶著嘉莉。事實上，她非常渴望告訴諾米，用一個玩具來滿足「安全感」的需求是可以的，所以每當諾米伸手找娃娃，她都會說「我們的嘉莉」是一個多麼好的朋友。諾米一直和娃娃說話，但笑容卻漸漸消失。近來諾米養成習慣，找藉口帶嘉莉到其他房間，以便和娃娃說悄悄話。艾莉森跟上，想知道「我們三個人」會一起做什麼。有時這樣的遊戲時間會迅速瓦解，諾米生氣的把嘉莉丟到房間另一頭，開始發脾氣。艾莉森隨即抱起女兒，擁著她說：「妳大概需要休息時間，暫時不要和嘉莉玩，休息一下，好嗎。媽媽會在這裡搖搖睡。」當艾莉森說（伴隨著同樣的不舒適）：「沒事，沒事。」諾米會發出一聲哭泣，然後依偎在媽媽懷中。接著諾米推開媽媽，跑過去撿起嘉莉，回到艾莉森身邊開始和娃娃一起玩。艾莉森用一種略帶沮喪的語氣說：「好吧，這樣很好。」諾米帶著娃娃回到媽媽身邊，她讓媽媽抱著時似乎發出了嘆息。艾莉森說：「是的，嘉莉和我可以讓妳感覺變好。」

艾莉森沒有發覺女兒很享受和娃娃一起玩的時光，她只記得女兒「發脾氣，需要睡一下」。為什麼她看不見諾米位在安全圈頂端，希望在房間獨自和娃娃玩一段時間？因為鯊魚音樂告訴她，諾米以這種平凡方式爭取自主權是一種威脅。她沒發現諾米回到自己身邊並非是尋求安慰的提示，而是假提示。諾米是迎合媽媽親近的需求，而不是自己的需求。

專欄 壓力導致不安全感

在安全圈底部有假提示的一歲孩子，我們會以為他們與父母有牢固的安全依附，但其實不然。根據研究，如果有一天孩子在壓力下發生迴避行為，通常下一次也會發生。這是壓力測試的本質，也是陌生情境程序是依附可靠指標的一個原因。在這種壓力下，需求的強度只會更清楚表現出內在迴避。因此，如果你認為孩子的某種行為只是因為「糟糕的一天」，其實是因為糟糕的一天（對你們倆而言）會提供你和孩子的鯊魚音樂很多訊息。

安全依附牢固的時候，孩子的注意力會分散到親子關係和環境兩者。一個在安全圈底部假提示的孩子，通常更注意環境，同時會尋找不尋求安慰的方式。一個在安全圈頂部假提示的孩子，則會更注重親子關係，同時限制自己的需求。

艾莉森希望諾米知道自己很喜歡和她在一起，卻看不見自己當下沒有給予諾米所需要的自主權，因為兩人緊密結合，一起編出防衛之舞。諾米做她認為可以維持媽媽快樂的事，媽媽才會照顧她。諾米的假提示告訴艾莉森她想要聽見的、她真心想為女兒做最好的事。媽媽和女兒都在裡面跳舞。但艾莉森並沒有依照女兒真正的需求作調整，而是淹沒在鯊魚音樂中。

不幸的是，在防衛之舞中的父母和孩子看不見真相，但從外面看，孩子愈大，不對勁的感覺愈明顯。例如，親子間的互動可能開始變得困難（愈來愈戲劇性，充滿挫折），或「過於順利、完美」，好像親子都在照劇本演。在每種情況下，孩子都會一起遵守父母的防衛策略，受到順從的鉗制，而對與生俱有的自主需求表現出沮喪與怒氣。無論孩子配合父母的鯊魚音樂是位在安全圈頂部或底部，等到了青少年期，這些長期缺乏的需求可能會開始更迫切地出現（這並不是指加強依附連結為時已晚，關於以安全感回應孩子不同年齡階段的典型問題，請參見第九章）。

我們很難不去看相信的事物，特別是在程序記憶中嗡嗡作響的「要求」，它們屬於無意識，不在意識的思考和感受中。這就是為何在你努力適應孩子的需求時，瞭解鯊魚音樂有用的原因。這是一場雙人舞，你知道哪隻腳先出，便可更清楚知道孩子如何跟隨，不致絆倒受傷。本書第二部分會提供一些方法，能夠更仔細看清自己與孩子的依附連結，同時也有個整體概念。

安全依附：舞步和調整

若孩子的安全依附穩固，往往會直接表現真提示。一歲的孩子到陌生的地方突然看不見父母時，等父母回來，會抓住父母的手臂要求抱抱，拯救他們受到的傷害和被遺棄的痛苦。父母若具有安全依附，會以同理心回應孩子，能夠辨認孩子需要安慰的提示，再給予孩子安慰。如果柔伊和媽媽有安全依附，陌生情境程序影像會顯示柔伊在媽媽回來後還繼續哭了一會兒，心跳速率大約還會持續升高一分鐘左右。柔伊會接受達拉的溫柔安慰，逐漸平靜下來。

當依附大致安全，孩子的提示多為直接明確：

- 一歲的男孩在新環境中傷心難過、感到孤獨時，他會睜大眼睛，伸手去找爸爸（恐懼和安全需求）。
- 沒有壓力時，嬰兒會在學步車中到處轉，眼神閃閃發光，對媽媽咧嘴笑（提示著安全圈頂部的「因我而喜悅」需求，請想想第二章的漢娜和蘇菲）。

孩子會繼續與父母分享提示：

- 媽媽隔著籬笆和鄰居說話時，胡安正在草地上爬行。他開始叫嚷，想要媽媽注意，但媽媽仍繼續說話，只是不時轉身查看，確保胡安沒有吃石頭或做其他危險的事。他的叫聲愈來愈大。他知道媽媽值得信賴，所以一直在努力，最後媽媽終於回來抱他走去籬笆旁邊。
- 嬰兒坐在高腳椅上（請想想第四章馬克斯和丹娜）對著一盤麥片愉快地與爸爸互動，過度刺激時他會移開眼光，爸爸則耐心等待孩子回頭看，孩子冷靜下來以後，再度對爸爸微笑。

孩子會到父母身邊滿足需求：

● 媽媽正在打電話，嬰兒爬到媽媽身邊要求抱抱，因為他感覺媽媽忘了他。

● 四歲孩子想要爬上攀爬設施的台階，他在出發前回頭看爸爸，兩人目光接觸，他收到一個心神交流的簡短訊號，一切無恙。

孩子願意得到安慰，也願意到遠處探索：

● 一歲半的孩子在陌生情境程序中和爸爸分開三分鐘，爸爸回來後抱起她安撫一分鐘，孩子便安靜下來，扭動身體想要下來（根據研究，這個年齡階段有安全感的孩子，在父母回來後心跳速率只會升高約一分鐘）。

● 兩歲男孩想要探索，他從媽媽身邊走開，但保持一定距離，以便可以隨時回來。

孩子離開父母一段距離外，能夠開始調節情緒：

● 三歲的孩子和同伴在沙箱玩，他生氣的伸手打了另一個孩子之後縮回手，記起在類似情況下與媽媽學到的事，現在他正一個人做完這件事。

● 一歲大的嬰兒一直在搖籃裡叫喚，想要有人抱，但沒有立刻得到回應，於是開始哭泣，接著轉而對自己喃喃自語。他知道爸爸會來，正等待著。

重點是要注意，孩子有想要解決的困難時，表達需求的提示是否直接而明確，而且這並不表示只有一種情緒與一種特定需求相關。例如，孩子與父母分離感到不安，他的表現不見得是我們所期待的悲傷情緒。孩子可能暫時會生氣、不高興，但每種情緒都會直接訴說著孩子對分離的不悅，這種情緒可由父母運用關係來化解。孩子心裡帶著自己受到照顧的信心，知道照顧者會努力回應自己的情緒需求，一定很快會有解決辦法。

假提示：安全圈的有限安全

我們稱假提示的模式為**安全圈的有限安全**（在依附理論中，則認為是不同類型的不安全依附）。柔伊和媽媽反覆體驗我們所說的「安全圈底部的有限安全」。柔伊沒有根據自己的需求直接要求安慰（因為不信任媽媽會提供），而是顧慮媽媽的需求，只向媽媽要娃娃。柔伊如此年幼，卻已確知媽媽能容忍哪些事。對於一個無助的嬰幼兒來說，忍住安慰需求，媽媽就會留在身邊，是最最重要的事。

如第五章所述，媽媽達拉也有假提示。她雖然意識中不認為一歲半的孩子應該強大到和陌生人在一起能感覺良好。但在內心深處，她卻相信如果孩子公開要求安慰，往往會事與願違。所以她假裝（假提示）沒什麼值得沮喪，最好的辦法就是「保持冷靜，繼續前進」，整個模式有如一場隱蔽、不說出口、不願承認的討價還價：「我（孩子）會假裝我需要X，因為我知道當我需要Y，你（父母）會感到不舒服。所以假裝我需要X，你才會留在我身邊，使我不會感到孤獨。」可悲的是，孩子經常表現出：「我會放棄真正獨立自主的需求，只要能讓你靠近我」，或「我會放棄真正脆弱要有人陪的需求，不讓你離開我太遠」。父母並沒有教孩子這些課程，但無論年齡階層，不分世界各地，這些就是孩子無意識學會，然後傳給下一代的基本模式。

諷刺的是，在這些情節中，沒有人真正平靜。在陌生情境程序研究中，當柔伊這樣的孩子與父母重聚，或許看起來平靜，但心跳速率則否——儘管媽媽回來，但重聚後很長時間（不只一分鐘）心跳仍然很快。孩子和父母在安全圈頂部的假提示屬於混合類型，孩子在重聚後還會哭很久，緊緊抱著父母，然後又莫名其妙不要抱；在媽媽懷中傷心哭泣，又離開懷抱，心跳速率一直很高，然後又再度想要抱抱（如前述的莉莉）。在有限安全的情況下，孩子的壓力會延長，無法真正修復破裂。表面上令人不舒服的戲劇性或不安的冷靜，確切說明了背後所發生的事——一個簡單的連結，卻變成令人痛苦的連結分離。

這可能會影響並形成各種問題（當然並非有依附問題的孩子日後一定會有這些問題）。首先是過度壓力的健康影響，如第一章所述。接著是心理影響。學會在安全圈底部提出假提示的孩子，會有較高的外在性問題，包括敵意、侵略、行為障礙等。艾倫・斯洛夫的評論是不意外。當孩子產生需要幫助的痛苦感覺，由於無法獲得照顧者在情緒方面的幫助，孩子會生氣，最終疏離（如奧利弗和馬利索）。這樣的孩子最後會以和父母相同的方式保護自己，隱藏情緒，否認痛苦的記憶或事件，甚至不再認為依附任何人是重要的。學會在安全圈頂部假提示的孩子，老後更容易出現焦慮相關問題。相較於安全依附的孩子，有限安全的孩子罹患憂鬱症的機率略高。這些孩子面對所愛的人，會經歷失去情緒和需求援助的痛苦。

- 安全依附的孩子害怕危險。
- 孩子（和父母）在安全圈底部的假提示，害怕親密。
- 孩子（和父母）在安全圈頂部的假提示，害怕分離。
- 沒有安全圈雙手的孩子（父母長期苛刻、懦弱或不同在），害怕照顧者。

在安全圈雙手方面持續產生困難，結果可能非常嚴重，會對孩子造成重大傷害。我們不是在討論父母能否真正負責主導，或定下嚴格規距。也不是在討論父母暫時因健康問題或其他危機而不在孩子身邊，所以沒有過失。但若父母苛刻、懦弱，甚至因濫用藥物或有精神疾病，到虐待、忽略或長期不陪伴孩子的地步，把自己的需求放在孩子之上等，孩子便會陷入一種難以解決的困境：「我最需要的人，現在是我最害怕的。」他們害怕父母，但父母卻是他們應該依賴的人。照顧者一直或不時苛刻、懦弱或不同在，孩子必定會出現這種困境。

安全圈的有限安全：
孩子因為無法找到父母的手而害怕

在陌生情境程序中，嬰幼兒與苛刻、懦弱或不同在的父母重聚，結果可能會從父母身邊跑走，或先奔向父母卻突然轉身尖叫跑走。對觀察者來說，孩子的行為沒有道理。對這個孩子來說，安全圈的安全不僅有限，而且因為沒有雙手，安全圈等於消失了。

不幸的是，孩子的假提示若成為根深蒂固的模式，並伴隨進入成年，會成為下一代的鯊魚音樂。這是一個惡性循環的不安全圈，因情緒產生時，孩子預期無法從最依賴的人身上獲得需要的陪伴而產生限制。這會導致孩子長大成人後，生命在進入關係時，預期自己的情緒需求只有一半（或更少）能得到滿足，導致親密關係受到剝奪，缺乏自信與信任。

不安全的依附顯然會限制生命。根據安全圈出現假提示的不同位置，讓我們一起來仔細看看這些限制的出現。

安全圈底部的假提示：「媽媽，我當然沒事！」

當安全圈底部的親子關係受限，孩子很難向父母尋求安慰和安全感，因為孩子感覺父母不安或拒絕情緒安慰的需求（親子雙方）。在安全圈某個部分有困難的父母，因為鯊魚音樂出現，經常把孩子推往反方向，他們不說「讓我呼呼就會好」然後抱起跌倒的孩子，反而說「你沒事！」或「長大不哭不哭」，然後把孩子送到遠處繼續玩。他們可能會專心和孩子一起探索玩具，就像柔伊媽媽一樣。習於受父母指揮的孩子，可能會離開去玩，好像他們想這樣做，但這其實是假提示，因為仔細觀察孩子的遊戲，往往會發現變得重複乏味，而不是活力有創意。而在安全圈底部有困難的父母，當孩子有安慰需求，往往只是公事公辦，順順孩子的頭髮，擦掉臉上的汙漬，沒有抱抱、依偎或溫柔地說話。孩子也配合，畢竟這樣做，媽媽至少會在附近關心自己。孩子已經獲得行為背後的訊息，父母會對情緒安慰的需求感到不安，所以他們停止需求。在陌生情境程序中，有些孩子甚至在媽媽離開時都不會傷心。有些孩子像柔伊，媽媽離開時會傷心，但等媽媽回來以後，會很快恢復，變得專心玩玩具。

「妳好可愛！」每次珊迪開始哭泣，琳達都大聲說。「好可愛好可愛」琳達喊道。「我知道妳懂，所以妳想要笑，妳為什麼不給媽媽笑一個？」珊迪抽了一口氣，虛弱地笑了。珊迪如今十個月大。

珊迪已經學會配合媽媽一起笑，不再表現傷心或不安。並不是珊迪沒有感覺（就像柔伊和媽媽重聚時感覺還好），而是她已適應在安全圈底部給出假提示。

特麗莎知道如何使氣氛融洽。她才三歲，已經會走到一群大人身邊，表現出一種肯定會贏得大人驚呼「她真是太可愛了」的微笑，幾乎無往不利。

安全基地
我需要安慰、保護，但是……
因為會讓我們不舒服
我看起來像是想要去探索或離遠一點
所以我給你假提示

安全圈的有限安全：孩子在安全圈底部的假提示

特麗莎懂得如何表現自己。

這是特麗莎剛開始幼兒園生活的第一週。她傷心困惑，無法理解為何被留在這個陌生的地方，第三天到幼兒園，當媽媽離去時，她開始哭泣。媽媽先看看保育員，眼睛翻了翻，覺得很尷尬，然後說：「親愛的，妳知道我必須去上班，妳已經是大女孩了，要讓裘妮小姐知道妳很愛笑。」所以特麗莎笑了，媽媽笑了，保育員也笑了。「看看，這裡會是個快樂的地方，妳在這裡會很快樂。」

特麗莎懂得如何表現自己。

當孩子在安全圈底部受限，孩子遵守指示的表現，是一種典型的假提示。

「試試看自己解決這個問題有很難嗎？」艾瑞克爸爸問道。「如果你老是找我，永遠沒辦法自己解決。」但艾瑞克只有三歲。

艾瑞克爸爸沒有鼓勵兒子，而是責怪他的需求，尤其是在嘗試新事物時對連結的需求。所以為了父親的舒適，艾瑞克必須獨自在安全圈頂部。隨著成長，艾瑞克開始承擔愈來愈多他其實不想要的風險，就像每當他接近安全圈底部，他都會給出假提示，好像他喜歡完全獨立無懼一樣。但是艾瑞克的承擔風險當然可能與依附有些關係（見左側專欄）。

孩子是否願意來找你修玩具、穿襪子、幫忙做作業？

你確定孩子真正要的是你照顧的責任，還是照顧的付出？

在安全圈底部給出假提示的孩子，有時就像他們父母沉默的影子。他們會坐在父母附近安靜玩，知道自己「恰如其分」玩耍，不要有什麼麻煩情緒的協助需求，父母便會陪伴在身邊。這種情況的安靜玩耍可被視為假提示。

專欄

依附風格與氣質

在心理學領域，氣質通常被視為一種天生特質的集合，包括內向或外向，容易或不容易安慰等。事實上，幾千年來，哲學家和聖賢們以各種不同方式分類氣質。依附風格似乎是後天養成的，並非所有孩子的行為或傾向，都可溯源於安全或不安全依附。例如，有些孩子比較喜歡冒險。因此，雖然艾瑞克的風險承擔可能是假提示，但也可能是天生氣質。無論家庭出身如何，有些孩子就是害羞慢熟。

在安全圈底部受限的孩子，可能會在學校吹噓自己做什麼都是最棒的，值得被特別對待。他知道父母的接受是取決於他在安全圈頂部所做的事，因此給出假提示，特別是在害怕不會得到別人尊重時，他會假裝在安全圈頂部的自己是多麼特殊。他很確定，父母不會提供他所需要的安慰，因此不惜一切代價尋求讚美，以避免產生羞恥感。

在安全圈底部給出假提示的孩子，習於以表現獲得父母的認可，想要看起來像是高成就者。但諷刺的是，因為習於用別人的標準判斷自己的成就，使得他們往往無法達成獨特潛力的高度。底部有限安全的最大危險，在於它對學習的影響。孩子為了追求卓越，最後卻犧牲自己與生俱來的好奇心。在教育系統中，學生的態度是「我的老師或教授想要什麼？」而非專注於單純的學習，看見自己可以到達什麼境界。等到第七章介紹「核心敏感度」的概念時，會談到一種「尊重敏感度」類型，更加聚焦在這些主題上。

安全圈底部還有另一種假提示，是孩子覺得照顧者注意自己安慰需求的方向錯誤（不關心或太過關心、熱心），特別在傷心難過時。這種孩子可能較害羞，對父母的需求「不多也不少」。如果父母「太多」（試著解讀孩子想法或過度同情，表示完全理解）或「太少」（不關心，甚至抗拒提供安慰的需求），都會讓孩子退縮，不再於安全圈底部提出需求，甚至產生徒勞感，好像沒有人真正「理解」一樣，所以乾脆保持隱形，不引起他人注意。我們對核心敏感度的討論稱為「安全敏感度」。第七章重心將會放在孩子的心態上。

安全圈頂部的假提示：「我當然需要你，爸爸！」

「這是什麼？」哈蕾拿著玩具，對兩歲三個月大的女兒布萊妮說。布萊妮剛剛才在遊樂場上開啟與另一個孩子的旅程。哈蕾有意把女兒帶到這座公園，因為這是其他父母和孩子在溫暖的夏日午後會聚集分享的地方。「妳需要和上週一起玩的孩子開開心心在一起。」哈蕾開車到公園前，在車上幫女兒繫上安全汽座安全帶時這樣說。

布萊妮對其他孩子微笑，然後回頭看媽媽。

「看看我帶給妳什麼，小妮，是一個新玩具！」

媽媽把她拉近身邊，布萊妮開始玩玩具。

當父母在安全圈頂部出現困難，發出的訊息往往很複雜。首先，哈蕾鼓勵女兒離開媽媽身邊去和其他孩子一起玩，接著卻想辦法用玩具將孩子拉回身邊。布萊妮得到訊息，不可遠離媽媽，所以假裝對玩具很感興趣，其實心裡真的很渴望和同齡孩子一起玩。

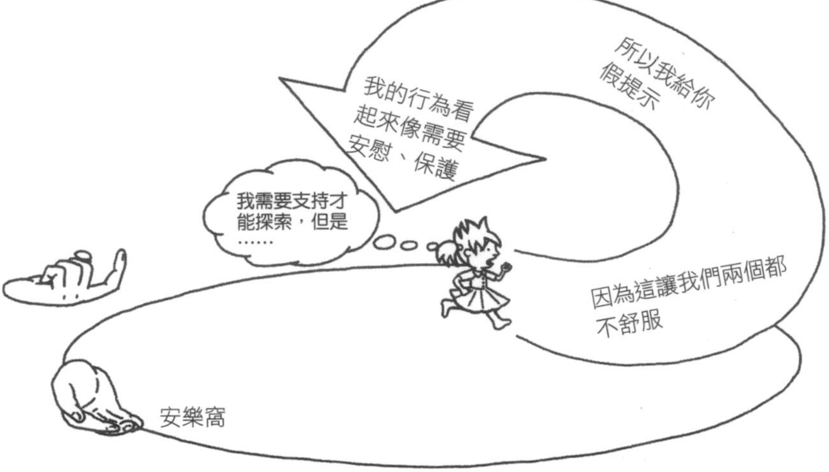
我的行為看
起來像需要
安慰、保護
所以我給你
假提示
我需要支持才
能探索，但是
……
因為這讓我們兩個都
不舒服
安樂窩

安全圈有限的安全：孩子在安全圈頂部的假提示

在安全圈頂部給出假提示的孩子，有時會特別強烈表現需求，例如緊黏著父母不放，因為他們認為父母對自己的獨立感到不舒服。但當他們回到父母身邊，取得父母應給予的安慰，父母卻難以取悅他們。他們會回到父母身邊哭著想要抱抱，被抱起以後又扭動身體想要下來，然後隔一陣子又回來要求抱。這些都是為了要父母陪伴的假提示，畢竟孩子以為這就是父母想要的，所以會表現得好像很膽怯害羞，其實並不是。

安全圈頂部的假提示，可能是對父母兩種與依附相關行為的反應：(1)父母真心害怕世界對孩子來說太危險了，(2)父母自相矛盾。第一種情況，孩子知道父母不贊成自己暴露在世界的「危險」

之下，所以表現需求行為，想要取悅父母，以免他們更加焦慮。第二種，孩子像莉莉和諾米一樣來回奔跑，因為孩子感覺父母對自己的需求，卻又沒有完全提供安慰。好比孩子同時聽到兩個消息：「請你需要我。你需要我太多了。」這種父母通常自己也是被這樣的父母養大，或是早期生命中的主要照顧者總是缺席，所以他們感到混亂。如今身為父母，擔心生命中會有另一個中心人物離開，同時又因孩子的需求而感到混亂，但其實是父母教孩子提出需求的。

這種安全圈頂部的困難還有另一種版本。如第五章所提，一些父母並不太重視「被孩子需要」，他們想要與孩子「一條心」，目標是不願孩子與自己有差異，而不是留孩子在身邊。這樣的父母假設自己比孩子更懂得孩子的想法，打著同理心的名號想要有「讀心術」，結果卻做得太超過。同理心怎麼可能太超過？你是否有這種經驗，向某人描述自己的一個困難，對方以為自己完全懂你在說什麼，並將主題轉移到自己「完全相同」的經驗上。以這種方式長大的孩子，得到的訊息是，父母實際上不准他們有自己的想法，隨著年齡的增長，有的孩子覺得必須遵守家庭的「價值觀路線」（宗教、政治、世界觀等），有的則反抗。但每個孩子都需要將自己的想法和感受與另一個傾聽和關心的人分享，而非假設某種經驗。

解讀假提示的艱鉅任務

如果你正期待第一個孩子降生，只需瞭解與孩子同在，自我調適，努力保持最佳能力（實際、善待自己），知道人人的依附需求都有某些困難，如此便可促進親子之間的安全依附。一開始你可能會覺得這樣違反直覺，但其實選擇「不作完美父母」，反而是建立安全依附最好的方法之一。

接著你只需運用天生的智慧，發掘自己內心潛在的假提示，尤其是在壓力或危機期間，此時你的鯊魚音樂會播放，挑戰你的同理心，看見與猜測的能力會妥協。你過去舊有的模式使你不時絆倒、放空並可能使安全圈破裂。在這種情況下，你可退後一步，辨識潛在的破裂，並簡單修復。不用想得太困難，這只是教養兒女的一部分，以平衡的方式支持你的孩子。你可以想像，這份努力將得到千倍報酬。

然而，在辨識假提示、回應孩子可能出現的真正需求時，還有其他更困難的挑戰。也許你已經有孩子，也想改善親子關係。這一切都要從辨識你的鯊魚音樂，對準孩子的提示和假提示開始。同在是努力的核心，在第二部分中，將提供方法以訓練這種能力。其他一些需要注意的扭曲問題如下：

鯊魚音樂→孩子的假提示：未必是等式

可能發生在依附策略中的防衛之舞複雜而微妙，前面解釋過，孩子的假提示會反映父母在安全圈中的困難。雖說通常如此，但總有例外。如果你已經有孩子，你可能會知道。例如，如果你在安全圈底部有困難，可能會看見孩子渴望成功，因為成功可與你連結，你的拒絕對孩子感覺像提高標準要求，使親子關係更加遙遠。你可能會奇怪，為何最後你有個孩子天生是你的追隨者，或天生的反抗者，或明顯獨立，與你距離遙遠。一個孩子穿著打扮像小號的你，另一個則是你認為「離譜」或「獨特」的打扮，所以你給的評語是膚淺、頭腦簡單。孩子的性別也可能會使你產生依附差異。如果你在安全圈頂部有困難，可能會發現女兒也是一個依賴你的「媽寶」，還有兒子，雖然他接受了你想要他留在家附近的想法，心中卻深信自己很特別，可能覺得自命不凡（或採取特立獨行的行動）。

最重要的是，保持安全圈頂部和底部之間的適當平衡。對孩子會造成干擾的父母，有的是因為不希望孩子離開身邊（鯊魚音樂在頂部），有的則是不惜一切代價希望孩子成功（鯊魚音樂在底部），最後孩子都會遠離。長大成人以後，這些孩子害怕窒息，因此會警惕親密關係。為什麼？因為他們知道自己也被教導成「唯有滿足外界高標準、或與照顧者一條心，才會得到接納」，這種壓力會讓他們非常不舒服。

如果父母雙方皆參與其中，一切會變得更加複雜。

父母衝突削弱親子連結

每當莫妮卡全力以赴，都會到達競爭巔峰。對十一歲的莫妮卡來說，她挑戰身體極限，超乎想像。她特別喜歡攀岩，無論是樹木、柵欄或附近山坡上的岩石。她也喜歡籃球和足球，放學後或週末，凡是有臨時組隊競賽，她都要參加。

但莫妮卡的爸爸迪文並不那麼肯定這一切。他很高興看見女兒喜歡運動，但總是害怕她會使自己受傷。他的想法並非偏頗，因為這麼多年來，莫妮卡身上累積了各種傷口、瘀青和骨折。

另一方面，莫妮卡的媽媽瑪莎卻認為這是「良好、乾淨的樂趣」，「沒什麼好擔心的」。瑪莎有著相似的童年生活，她認為撫養一個勇於冒險的女兒自有困難和挑戰，但這是健康教養的一部分。

因此，不難看見迪文和瑪莎對女兒的磕磕碰碰爭執不下。「如果下次情況變得更糟糕怎麼辦？」

「是喔，她只是發揮天賦，作個孩子必然會受傷，不然怎麼辦？」父母來回折衝，隨著迪文警告的「紅旗」愈來愈強，瑪莎的態度也變得愈來愈強勢。

在這個位置可能會出現一些不幸的結果。一個是莫妮卡可能會在安全圈頂部與爸爸（而非媽媽）發展出假提示，造成父女關係受傷。她可能覺得必須對爸爸更「有需求」才能保持連結。這樣一來，安全圈頂部的困難可能成為這個家庭的中心，因為莫妮卡與媽媽的關係較少得到重視。母女關係的潛在深度可能在不經意間受到影響。

父母雙方的依附風格差異很複雜，超出本書的範圍。當父母一方或雙方難以反省自己的鯊魚音樂，最好由專業諮商師處理父母的爭執，特別是在持續緊張的狀況下，經常需要受過訓練的人，明確為父母雙方提供指導和支持。

教養壓力的干擾

安娜是全職國小二年級老師，她是單親媽媽，家裡有三個孩子，分別是三、六、八歲，三個孩子的所有需求，都會使安娜的擔子變得更重。尤其是在結束漫長的一天，回到家門口的那一刻。

在過去幾個月裡，安娜回家後，多麼希望孩子能夠自己開心玩耍。但事與願違，安娜往往一進門就看見孩子互相大吼大叫。她偷偷溜進臥室，試著假裝家裡一切無恙，孩子實際上並不需要媽媽。

她關上門的那一刻，喊叫聲和戰鬥升級了。安娜數到十，然後是二十，希望聲音會消退。等了幾分鐘，確實如願。她打開臥房電視，試著享受每日談話節目，但它不起作用。最後，好像鬧鐘每天會在同一時刻響起來，安娜走出臥房到騷動的前廳，開始對孩子大吼：「你們太不成熟了」。

壓力使人受傷。傷害了父母，也傷害了依附關係，進而傷害孩子。單親父母要處理的事超乎任何人所預期。在這種情況下，我們看見安娜的孩子等待媽媽回家，他們在安全圈底部有需求。安娜精疲力盡，面對許多需求，她的能量日益減損，因此試著否認孩子對安慰的需求。孩子需要家裡有更大、更強、更聰明的人，導致她變得虛弱、想要逃走，孩子為了讓媽媽回到安全圈再度主導而「行為不當」，唯有媽媽在身邊才能得到安慰。安娜無法不注意孩子的行為，她不得不面對，並爆炸性地責備需要安慰的孩子。所以持續著責備、羞恥、遠離的循環，她沒有瞭解安全圈的需求，親子關係不斷惡化。

在類似案例中，僅需一點專業諮商便可收效。如果安娜可以找到一些降低整體壓力的方法，便可尋求建議找回些許能量，例如回家時可先安慰孩子十分鐘，與與孩子連結。這樣做便可斟滿孩子的情緒杯，媽媽也可喘息，然後勇敢進入一個壓力較低的晚上，與孩子同在，並知道自己能作個夠好的媽媽。

有時伊森不確定媽媽會認同自己或生氣，這兩種反應好像隨機出現似的。此時此刻，媽媽對六歲伊森的熱情引以為豪。一小時後，媽媽冷冷看了興奮的伊森一眼，令他感覺萬物都枯萎。伊森根本無法確定媽媽會產生哪種反應。

所以伊森變得警惕。他學會感受媽媽瞬間變化的溫度，總是注意媽媽會有什麼反應。當媽媽快樂，兩人笑得開懷。但當媽媽緊張煩悶，伊森便躲到房間。如今只要媽媽嚴厲地瞪一眼，伊森便感到威脅，寧願選擇獨自在房間裡。

伊森媽媽可能也需要一些專業協助。有時父母的負擔太重，沒有充分的機會與孩子同在、解讀提示和假提示、並反省修復。

喚醒沉睡的鯊魚

讀完第五章，如果你開始思考自己的鯊魚音樂，或許會發現自己已經喚醒鯊魚，從而有所啟發。與我們合作過的許多父母都說，他們紛紛發覺與子女或自己父母的依附連結，並發現自己的依附風格出現在生活中其他關係裡，包括友誼、婚姻、工作、兄弟姊妹等。

本書無意成為干預措施，你並沒有錯，本書想要傳達的是一種看待教養的新方式。許多父母都發覺，這種覺察足以幫助他們運用同理心，更好地與孩子同在。在一些例子中，孩子能感覺夠安全，知道父母可以陪伴、接受、關懷他們，並準備好幫助他們，一起穿越充滿荊棘的情緒需求旅程。

也許到目前為止你覺得閱讀得還不夠，也許你已得到進一步探索的啟發。「要是我早點知道安全圈就好了。」一位媽媽說。她想到孩子出生時，要是已經知道安全圈，就可以做一些選擇，她不覺難過起來。幸運的是，選擇安全感永遠不嫌遲。無論孩子的年齡，無論幼兒、青少年或已經成年，現在就請開始運用你正在學習的東西。

線索：事實證明，無論孩子幾歲，突然對孩子說，你已經想清楚，決定嘗試不同的方法作父母，這是沒有幫助的。這樣的宣告可能被認為是在嘲諷或更糟。你應該做的是開始思考自己的過去，還有孩子的經驗，關於同在、不同在、鯊魚音樂、提示和假提示等，從此時此刻起，悄悄改變平時的親子互動方式，不要因為知道這些事而駐足，這些都是小事，請低調而堅定地改變自己，改變自己說的話、做的事，不要再說某些話，也不要再強調或要求某些事。堅持下去、貫徹到底，隨著時間經過，將會發生真實而持久的改變。或翻到第二部分，進一步瞭解你家庭中的依附如何產生，以及可以做些什麼來改善親子關係。

歡迎來到父母俱樂部

擔任父母可能是地球上最困難的工作。每天，全世界的父母都想要給孩子最好的。每天，全世界的父母也都無法滿足孩子的部分需求。「幫助我」一時沒看見。「看顧我」一時被打斷。「安慰我」「統整我的感受」一時因日常生活的衝擊和壓力而迷失。

歡迎來到父母俱樂部。

當然，我們很難察覺自己犯錯。好在身為父母，我們都能用內心的智慧解決這些錯誤。無論我們是誰，只要傾聽自己，內心總有聲音要我們繼續努力。無論我們的過去如何，只要專心，心中都有一個地方想要滿足孩子的需求。

所有父母都有智慧

擔任父母是天下最好的工作——我們可以因此增進智慧，認識自己的弱點，從錯誤中學習，想出新辦法去符合孩子的需求。

所有父母都有困難

教養子女難免犯錯。我們最大的希望在於，開始發覺自己身為父母的弱點總在安全圈的特定區域。在安全圈上，每位父母都有過度運用的一面，也有未充分運用的一面。問題不在這裡，而是沒有發覺自己有強的一面和弱的一面。當我們試著過度運用強的一面來彌補弱的一面，便會產生問題。如果我們找不到辦法處理內在問題、處理過去歷史中弱化那一面的原因，這個問題會延續一代又一代。

沒有的東西很難給予

如果我們童年時期沒有獲得安慰，如今便很難給予孩子所需。有時孩子會向我們尋求溫柔慰藉，但我們卻沒有回應，甚至在無意識中，可能會退縮或自我保護。忙的時候我們會希望孩子把注意力放在玩具上，以微妙的方式提示孩子不要直接要求安慰，因為每當孩子要求我們所沒有的溫柔擁抱，便提醒我們心中的缺乏，引起痛苦，因此我們會尋找方法來規避這些情形。不幸的是，孩子會開始意識到此點，最後為了幫助我們遠離痛苦而減少需求。

或許我們的父母不太善於讓我們出去探索世界，經常把我們緊緊綁在身邊。如今我們身為父母，當孩子在安全圈中離開我們，我們便會感到不安，就像我們父母的不安一樣。但安全圈其實是一個圓圈，孩子很快會回到我們懷中。

對痛苦敏感

如果能知道自己對安全圈某部分的痛苦敏感，便可開始改變行為，退一步看自己（「我又這樣了」）。我們可觀察，但不判斷、不批評。帶著寬容，退一步觀察自己的行為。我們要承認（「當然這對我很難」），要把自己幼年時沒有得到的東西給予孩子很困難。

而且我們能知道（雖然很難，但並非不可能）。為了滿足孩子在安全圈中的所有需求，我們的智慧和真心願望開啟了一道新的大門，使一切變得可能。雖然很難，但只要暫時覺察並容忍自己的不舒服（有時孩子要的只是十五～三十秒的親密或獨自探索），便可滿足孩子的需求。如果每天可以提供五六次這種親密或獨自探索，無論孩子或父母，每個人都會更快樂、更有安全感。

教養子女最好的部分，就是在安全圈的所有部分，與孩子同在，滿足他們真正的需求。

歡迎來到俱樂部，我們都在同一條船上。

第二部分

Creating And Maintaining The Circle

創造及維護安全圈

如何更大、更強、更聰明和更寬容，還要夠好

我們看不見事物的原貌，看見的是我們自己的樣子。

——美國作家阿內絲・尼恩（Anais Nin），
《牛頭怪的誘惑》（*The Seduction of the Minotaur*）

第七章

鯊魚遺骸——探索父母的核心敏感度

「媽咪和我」課程進行得如火如荼，十幾個幼兒聚在一起圍成圈，跟隨活潑的音樂歌唱、拍手，嘗試各種程度的成功感受。父母們在後面沿著牆壁坐成一排，不遠不近，有需要可介入，也能讓兩歲幼兒初次在「學校」嚐到獨立滋味。許多父母低聲談話微笑，樂意將監督權短暫交給另一個成人幾分鐘。他們在此展示了獨特的教養技能，一面與他人交談，同時又專注於孩子。還有人則在坐下的一刻就拿出手機，不曾抬頭。一對夫妻把目光鎖定在自己孩子身上，沉默地坐著專心看孩子。

卡拉嘆息道：「如果我的傑克在家這麼容易取悅，我就能真的好好做其他事了。」許多父母都笑了，有些點頭表示同意，此時莎朗加入話題：「菲奧娜在家就喜歡歌唱遊戲，她會唱所有我下載的歌，那個時候我就可以整理整理賬單，付完該付的錢！」大家再次笑了起來，彼此交換促狹的眼神，其中有人說：「是啊莎朗，菲奧娜真是棒。」

瑪麗亞坐在莎朗旁邊，不捨地將眼神從兒子身上移開，緊張地問：「什麼事？」小羅里第十次怯生生地轉頭瞥了媽媽一眼。

在成人團的邊緣，艾利斯彎著身體在看手機。他偶爾抬起頭搜尋室內，好像想要記起來他在這裡做什麼。

突然，羅里大聲唱歌，開始揮舞手臂，像個小小指揮家。大家鼓掌喊著：「加油，羅里！」旁邊的人用手肘推推瑪麗亞說：「看看他！」瑪麗亞心不在焉地點點頭，似乎沒有注意到大家在為自己兒子鼓掌，只是向孩子那邊略為移動一些。課程結束時，她才發現自己就坐在兒子正後方，心中惶惶不安。

鯊魚出沒的水域無所不在，即使在「媽咪和我」的環境中也一樣。有些父母會當場聽見鯊魚音樂，有些父母則在其他時候或其他地方也會聽見。播放鯊魚音樂這件事，並不見得是哪裡出了錯（我們是糟糕的父母，或孩子「陷入困境」），這只不過是一個普通的場景設定，大家也都是普通人。鯊魚音樂每天都會出現。父母的反應方式不是「傷害」孩子，而是透過自己發展出來的特殊方式保護、照顧孩子。大多時候，親子互動的習慣很溫和。但若某些我們遵循的模式類似本章開頭的情況，明顯會影響孩子將這種依附連結帶入生命中。

更深入地瞭解這些「鯊魚出沒水域」及自己的鯊魚音樂模式，可幫助我們做出最佳選擇，為孩子建立安全感。

本章將幫助你探索鯊魚音樂。我們會幫助你在所有人際關係中開始去辨識它，因為它幾乎會在依附關係的任何位置。首先請從左頁的測驗開始。

鯊魚音樂檢查表

檢查你是否有下列情形。不用糾結在某些項目。如果覺得很熟悉，請檢查一下。如果沒有，請讀下一個項目。

什麼令我覺得特別好？

- ❑ **坐在我愛的人身邊，對方承諾會一直陪伴**
- ❑ 在重要事件中被人注意到
- ❑ 可獨力完成某個活動

❑ **取悅他人**

❑ 被指出做了一件很好的事

❑ 遠離他人，有喘息的空間

❑ 與成功人士來往

❑ **感覺被需要**

❑ 遠距離友誼

❑ **讓他人為我完成一項艱難的任務**

❑ 勝利

❑ 擔任觀眾或聽眾

❑ **一個溫暖舒適的環境**

❑ 做自己，做喜歡的事

❑ **照顧最親密的朋友，也被他們照顧**

❑ 掌控全局

❑ **家中所有重要成員和朋友都在身邊**

❑ 單獨度假

❑ **重視別人的需求和感受勝過自己**

□ 知足

□ 感覺非常稱職

□ 誠實，即使時機不對

□ 與靈魂伴侶在一起，兩人的想法真的相同

什麼會讓我覺得不舒服？

□ **孤獨一個人**

□ 當第二名

□ **冷戰**

□ 沒有動力的人

□ 想要靠我很近的人

□ 認為我做錯事的人

□ 感覺對我所愛的人有義務

□ 身邊的人愛抱怨，但其實他們的問題就是做事缺乏條理

□ **身邊有人總是表現得想要離開**

□ 有人很愛批判

- ❑ 過於孤立
- ❑ **知道自己沒自信的時候表現得充滿自信**
- ❑ 太過真心，人們無法消受
- ❑ 批評
- ❑ 依賴別人
- ❑ **過度自信**
- ❑ **一個人獨立生活**
- ❑ 被認為是平凡的人
- ❑ **想什麼說什麼**
- ❑ 成為關注焦點
- ❑ 被控制或操縱
- ❑ 朋友對我失望
- ❑ 人們想要瞭解我的一切
- ❑ 被擁抱
- ❑ **擔任重責大任**
- ❑ 犯錯

❑人們覺得和我有同樣的想法

❑失敗

❑不被理解

❑別人的高度期望

❑過於親切的人

別人怎麼說我或認為我是怎樣的人？

❑當我有問題需要解決，我習於獨自進行

❑**我需要自己多做一些**

❑我送出的訊息混淆：有時當我獨自一人，會想和別人在一起；當我和別人在一起，又常想獨自一人

❑**我很容易放棄**

❑喪氣時我會退縮，想要自己解決問題

❑**我非常依賴別人**

❑我變得「負面」是為了想讓親近的人退縮

❑**我需要別人的大力支持才能完成任務**

- ❑ 我專注於成就，損害我的人際關係
- ❑ 人們想要的比我想給的更多
- ❑ 我誇耀自己的成就
- ❑ 我傷害別人的感情，因為我想獨自做事
- ❑ 我習於與朋友之間保持距離
- ❑ 我是個完美主義者

❑ 我經常試著「過度靠近」

- ❑ 想念某人時，我會表現出更多關愛，當對方在身邊則不會
- ❑ 我可以變得很會批評
- ❑ 當有人靠近我，並期待更多的親密度，我習於退縮

我相信：

- ❑ 總是以最好的一面呈現在眾人面前，這樣做是好的
- ❑ **愛一個人指的是不讓對方感到孤獨**
- ❑ 很難告訴別人你愛他們
- ❑ **有朋友比成功更重要**

❑ 獲勝是生命中最好的事之一

❑ **需要別人的人，是世上最幸運的人**

❑ 沒人喜歡失敗者

❑ **獲勝不重要，我只想每個人都相處融洽**

❑ 與人們距離太近會不安全

❑ **被孤立是最嚴厲的處罰**

❑ 即使每個人都認為我很棒，我還是認為自己做得不夠好

❑ **顯示你很愛人們的最好方法，是永遠不要離開他們**

❑ 如果我過度連結，會對人們造成壓力

❑ **如果有人要你獨自做事，表示不關心你**

❑ 人們經常試著控制或操縱我

❑ **如果我和別人爭論，別人可能會不理我**

❑ 朋友有幾個就夠了

❑ **我的意見並不重要**

❑ 我想要結交非常出色的朋友

❑ **與他人保持連結比自己是對的更重要**

❑ 我經常喜歡用工作和學習來證明自己

❑ **別人都知道怎樣做得比我好**

❑ 別人過度接近，他們的需求會縮小我的空間

❑ **我要是能照顧好自己，別人就不會照顧我**

❑ 我的生命具有一個非常特殊的目的

❑ 你犯錯時，人們可能會變得很可惡

❑ **如果沒有關心你的人，獨立就沒有任何意義**

❑ 即使我做對了，我也很心虛

❑ **即使你可以想辦法解決，仍可尋求幫助**

❑ 我對我做的任何感到驕傲的事，都會擔心再也無法做到

❑ 即使沒人知道，我也要做到好上加好，這一點很重要

❑ **生孩子可以讓你不會感到孤獨**

❑ 當人們看見我很棒，生活中一切都會變好

❑ 當人們太接近，會在情緒上讓你喘不過氣

❑ 即使錯了，我也難以承認

評分

現在統計結果，分別算出**粗體字**、旁劃線和楷體字的數量，記錄在下面。

粗體字：____

旁劃線：____

楷體字：____

核心敏感度：鯊魚音樂的源頭

我們都會想方設法保護自己、免於痛苦。像是習慣性害羞的史黛西學會帶朋友去參加聚會，以避免認識新朋友的痛苦。張先生的膝蓋痠疼刺痛，所以他學會不要一次跑步太久，而是分成兩次，以保護磨損的膝蓋。文斯在每週打電話給媽媽前必須先靜坐，也很快結束電話，以免對媽媽的孤獨感到內疚，不過事後卻感覺很糟。珍學會在房地產買賣談判中，出來透個氣甩甩手，使「對手」緩和，也避免提早面對她還沒準備好的羞辱。

這些都是避免痛苦的決定。如第五章所述，鯊魚音樂是一種無意識的防衛，對抗我們最早依附關係中所經歷的情緒痛苦（未經修復的破裂），或記憶中不想重複的痛苦關係。

意識防衛並不總有正面結果，比如珍後來終於釐清，每當自己發現行銷失利，就會開始卸下防衛，結果這種顯露弱點的方式，反而使對手變盟友，達成更好的交易。鯊魚音樂也一樣，並不總有正面結果。自我保護有時不太有用，而且儘管動機良善，對孩子也不見得好。本章是一個邀請，將無意識防衛中的鯊魚音樂帶入意識中，使鯊魚音樂不再為我們做教養的決定。

病人比較容易記得創傷，卻記不得發生過什麼事，還以為沒事。

——唐諾．溫尼考特，小兒科醫師、精神分析醫師

鯊魚音樂是由痛苦的思想和記憶引發，通常聚焦在成長過程中特別傷害我們的關鍵主題。雖然有各種不同的痛苦時刻，但我們的防衛通常會集中在一個主題上，以免遭受更多痛苦。這個具體的主題稱為「核心敏感度」*，可分為三種：

---

* 這是一個複雜的題目，根植於精神分析、客體關係理論、依附理論以及 James Masterson 醫師和 Ralph Klein 醫師的臨床洞見。在這些研究領域中，認為人們童年時期形成的依附關係，變成自我防衛，在最極端的情況下會導致人格障礙。在某種程度上，所有人都有核心敏感度，這種防衛在絕大多數情況下只是我們個性的一部分，值得探討，並站在目前成人的不同位置重新思考。

- 分離敏感度
- 尊重敏感度
- 安全敏感度

以上三種核心敏感度各有獨特的鯊魚音樂，也就是說，當我們感知到（無論是否準確）親子關係中的威脅，如遺棄（分離敏感度）、批評或拒絕（尊重敏感度）、侵犯（安全敏感度），都可能聽見鯊魚音樂。「媽咪和我」課程之中，大致顯現了這三種敏感度：瑪麗亞永遠都不想孤單一人，為了不讓人們離開，她非常關注別人的要求，也不斷付出。莎朗專注於特殊性和表現，對批評和判斷很敏感，注意力多放在別人對她（和孩子）的看法上。艾利斯對別人的侵犯特別警覺，不喜歡人們要求太多，以免在關係中迷失自我。他並沒有發覺這種警覺並不是真實的，現實生活中，這種控制已造成他與人互動保持距離，甚至會避開自己的孩子。

或許你已經發現自己屬於三種敏感度其中的一種。如第五章所述，一般而言，分離敏感度使我們在安全圈頂部出現困難。如果你對孩子獨立自主的嘗試感到緊張，卻難以主張父母的權威，就是屬於分離敏感度。尊重敏感度是感到難以面對安全圈底部的困難，特別是個人弱點方面的問題。如果你讀過所有教養書籍，想要給孩子機會，成為最好、最聰明的人（而非資質平庸），可能就屬於尊重敏感度。安全敏感度通常也會使我們陷入安全圈底部的困境。如果你有一個孩子，你們互相分享關愛，同時也保持距離（孩子似乎不太需要你），這個狀態對你來說很理想，你可能屬於安全敏感度。

如果你還沒有孩子，在本章幫助下仍可思考你生命中其他重要的關係，尋找核心敏感度的線索。同時，鯊魚音樂檢查表與你的核心敏感度也有關：

- 如果檢查結果，粗體字的項目比其他兩項更多，可能屬於分離敏感度。
- 如果劃線的項目最多，可能屬於尊重敏感度。
- 如果楷體字項目最多，可能屬於安全敏感度。

三種字體你可能或多或少都有*，這很正常。大多數人都具有三種敏感度的一部分，然而核心敏感度則會播放最響亮的鯊魚音樂，特別是在壓力下。因此，瞭解哪一種才是主要的敏感度是一件好事。它可能是你在關係中最脆弱、最容易破裂的地方，也是最難修復的地方（參閱次頁專欄）。

---

* 檢查表中某些項目也適用於兩種敏感度。例如，在面對別人的高度期望時感到不舒服，可能是因為安全敏感度或尊重敏感度。面對真實的人們，沒有絕對或通用法則，這份檢查表僅為提供整體印象。

專欄

核心敏感度和破裂

鯊魚音樂像超靈敏的汽車警報器，一陣風吹草動或稍微觸碰就會引發出尖銳的警報聲。在這種情形下，鯊魚音樂是錯誤的訊號，導致我們以另一種方式對待孩子的需求。瞭解核心敏感度的一種方式是，對經常觸發的問題進行反省（是否事後後悔或產生質疑）。如果你有孩子……

- 當孩子想要自己去某個地方，你是否發現自己會自動說：「我認為今天應該要待在家裡」或「不行」，儘管事後你誠實表示其實沒有理由反對？
- 你是否罵孩子拒絕分享，或堅持孩子要遵守某些行為？「因為其他小孩不會喜歡你」或「你不夠親切」，儘管事後你反省並承認自己的要求超過兩歲孩子所能做的？
- 你是否會自動要三歲的孩子「思考一個較好的計畫」，或當你專注於處理事情，孩子剛好膝蓋破皮跑到你身邊哭，或孩子想要抱抱坐腿上，即使你心裡有一部分還是想要抱起孩子安慰或親親，你卻說：「現在時間不對」？

這些反省的反應模式，或可顯示你的核心敏感度。等下次出現這些情形，你可以透過自問學到更多，「我的孩子在安全圈的哪裡？」

如你所見，核心敏感度可以引導我們建構「如何在關係中表現或與他人互動」的潛規則。我們在無意識中試圖給自己一些情緒上的穩定和保護，但實際上我們希望別人遵守我們的潛規則。在成人的關係中，這通常會導致在無意中侵犯別人沒有表達出來的敏感度。舉例來說，阿麗莎要求阿奇提供很多保證，既然愛她，就要減輕她孤獨的恐懼，但這些要求卻讓阿奇覺得受到侵犯，造成他只想要保持距離，雙方都發生了破裂。若沒有瞭解他們自己和彼此的核心敏感度，很可能錯失或根本沒有修復。阿麗莎的四歲女兒莉雅大部分時間都在媽媽身邊，莉雅為使媽媽時時能夠幫助自己，同時又能保持獨立自主的需求（很少），發展出一種假提示：在玩遊戲時，莉雅會反覆離開又回到媽媽身邊，表現得好像有些挫折（假提示），儘管她看起來很難過，最後還是又跑去開始玩遊戲。莉雅的行為來自她的無意識，她認為這樣做可以取悅媽媽。

當你熟悉了自己的核心敏感度，可反省它如何影響你對待孩子在安全圈上需求的反應，並蓋過鯊魚音樂鬧鐘。在「媽咪和我」課程期間，一些父母正是如此做。一位媽媽知道當孩子離開一臂之遙，她會非常緊張。為避免阻擋孩子的探索之路（我們稱為「出去」或「在安全圈頂部」），她默默重複告訴自己：「他很好」，還配合說話節奏惦腳。瑪麗亞則不同，雖然她不知道為什麼，但她對羅甲投入其他事情感到不自在，連背對她都不舒服，最後她發現自己與孩子的距離愈來愈近。艾利斯也不同，當兒子沒有很專心，他想要靠近，但兒子開始哭，他卻想躲回手機，因此在兩種心態中變換。莎朗也缺乏自覺，這可幫她在想要的時候忽略鯊魚音樂。朋友告訴莎朗，菲奧娜是個很棒的女孩，一個羞怯的表情掠過她的臉上，然後她變得平靜，眼神朝上，沉著地巡視整個房間，她沒有看向任何人，同時想著其他父母都不知道菲奧娜有多棒，況且她已經讀過所有書籍，知道孩子需要得到肯定。事實上，菲奧娜在發展方面明顯優於同齡的孩子，這就是證明。在這些想法之下，她心裡突然感到一陣刺痛，想到其他事，出現一個沒來由的預感。

如果你已有孩子，或許對這些景象感到有點熟悉；如果你正在期待第一個孩子，不妨也探索其他親密關係，以便尋找核心敏感度的線索。

配偶、伴侶、好朋友：成人關係如何揭示我們的核心敏感度

你是否覺得，與人們親近理論上該感到安慰，但現實中當伴侶向你展現某種需求，你卻感覺這種親密令人心累？或與伴侶的情緒距離開始產生威脅？或者你發現自己陷入試圖在關係中做到完美的困境，而不是處在關係的當下？這些都可能揭示你的核心敏感度。釐清核心敏感度在哪裡的一個有效方式就是看你的成人關係，特別是與親密伴侶的關係。下列核心敏感度概述，包括一些有關你過去和現在關係的問題，可以累積自知程度。下頁表

格則提供「親密關係中的核心敏感度」。

分離敏感度

分離敏感者，專注於保持關係親近。當感受到距離出現，例如別人對關係並不專注，便會產生威脅感。由於害怕被遺棄，有分離敏感的人會犧牲自己的個性（個人的需求和感覺），甚至為了使關係「順利運作」願意犧牲自己的幸福。

分離敏感者，即第五章所描述在**安全圈頂部有困難**的人，**瑪麗亞**即為一例。

安全攝影機：核心敏感度是我們掃描關係環境中「鯊魚」的鏡頭，像一架安全攝影機，警告我們偵測到威脅。為了感覺安全，分離敏感者不斷掃描關係中出現問題的跡象，害怕依賴的人可能會離開關係。

- **在戀愛關係中，你常因為自己的愛是否得到回報而煩惱嗎？**分離敏感者會向伴侶不斷要求愛的保證，因此有些人看起來很像「嫉妒類型」，中心主題是「我害怕你會離開我」。
- **你是否會剖析你與親密伴侶甚至密友的關係，以確保一切無恙？**有時分離敏感者會不智地沒事找麻煩、找困難、製造不安，以測試關係，確保關係不會崩潰（諷刺的

親密關係中的核心敏感度

	結論	程式記憶	常見的程式觸發原因
分離敏感度 我認為我必須遵守他人的需求和感受，而不能專注於自己的。	我儘量注意與我關係密切者的需求，否則我怕他們會生氣離開我。但這麼做卻使我常常生氣，因為與我關係密切的人不像我一樣好好照顧我。	為了保持親密，我保持需要協助、乖巧、虛弱，必要的話還會無能、無助，這樣我才會得到照顧，不會覺得孤獨。	我時時警惕，尋找關係中是否有問題徵兆（因此把關係放在舞台中央，經常處於不安和困難的狀態）。我害怕在重要人物前發表意見。我一心想要自己得到足夠的愛。
尊重敏感度 我相信我是誰，這是無法評價的。透過成就和表現，我不斷嘗試證明我值得。	自我至關重要。我試圖控制認知。我對別人認為我失敗或不足的訊息特別警惕。身邊的人對我都小心翼翼。別人都不懂，讓我好失望。	為了得到注意和反應，我必須有所表現、成就、完美，像個「大人物」（我崇拜有智慧、美貌、表現好、有力量的人）一樣思考。當我表現良好或跟大人物在一起，我會覺得自己很重要，不孤獨。	我搜尋別人的正負面認知。絲毫批評都能觸動我。我是對的，我不可以錯。我要求親近的人和我的想法一致。
安全敏感度 與重要的人連結要付出代價，必須放棄選擇我是誰、我真正要什麼。	我嘗試掌控親密感。我和別人關係親近時，會感到危險、不安全。	進入關係是一種侵犯和控制，要冒著被奴役的危險。最理想的情形是保持距離的親密關係。	搜尋任何操控、干擾、過度接近、過度親密、過度瞭解、過度關心的跡象，討厭被人看見、認識。

原文根據 James Masterson, MD, and Ralph Klein, MD.

大家說	健康目標	真心話
・你要我做太多了。 ・感覺你好像扒在我身上。 ・感覺你好像要我威脅你要走，然後戲劇性地決定留下。	放棄我的認知、觀點和需求，是否定我的真實樣貌，也是否認深度的親密關係。	・你心裡是不是想要離開我？ ・如果我不專注在你身上，你會走開。 ・假裝無助，你就會過來照顧我。
・不見得都是關於你。 ・批評又不是世界末日。 ・我不是你的一部分。 ・和你在一起要一直樂觀積極，說你好話，壓力好大，不做的話你又會生氣覺得受批判、孤單寂寞冷。	發覺犯錯是難免的。分享我的需求和弱點可實現圓滿。	・我心裡其實肯定自己不太值得。 ・如果你不符合我的理想，我就會生氣。 ・我一直覺得我們兩個意見一致，沒想到你不贊同，我會生氣退縮。
・我要你給更多。 ・好像你在躲我。 ・我一講到你的事，你為什麼就支吾其詞？ ・我不是想控制你，只是想靠近你。	在談判協商的背景下，親近不需要強闖、入侵、控制。親密行為是安全的。	・再說一次，我害怕是因為我覺得我們太靠近了。 ・我感覺到你想要掌控，所以我想退回自我滿足的保護殼。

是，這樣反而會增加額外壓力）。為了讓別人靠近，還經常會運用無助感，不斷利用情緒的痛苦尋求幫助。

- **你是否會避免與親人對立？**自信可自然創造與他人的距離，不過對分離敏感者來說風險太大（「我如果有自己的意見，你可能會跟我分開然後拋下我」）。有趣的是，分離敏感者雖會抑制過度自信，卻經常陷入爭執。堅稱自己有能力，可能會推開親密的人，與其爭論，使關係更加糾纏。

尊重敏感度

尊重敏感者覺得必須要被視為正面、完美的，想要人們重視他們的成就，因為他們在內心深處，不相信人們會接受天然未經裝飾又有缺陷的自我。不完美等於拒絕。他們想要試著從一個重要人物身上獲得情緒的「供應」（欽佩和感謝），但也可能表現得好像自己毫無情緒需求。要是被發現自己有需求的弱點，就會覺得丟臉、羞恥。他們也恐懼被遺棄，不過最怕的還是因為不完美而受到拒絕。他們的目標是永遠表現良好，與眾不同，不可以平庸。

尊重敏感者，即第五章所描述在**安全圈底部有困難**的人，**莎朗**即為一例。

安全攝影機：尊重敏感者確信「安全」的唯一途徑是說服自己，別人相信他們正面、不凡的光芒，因此會不斷掃描別人對自己可能的正負面看法。

- **你難以接受批評嗎**？尊重敏感者不僅感受到「要做對」，更多的是「不要做錯」。這種傾向普遍出現在個人和工作中。尊重敏感者發現道歉非常困難，因為道歉代表有錯，有錯令人想起批評和羞辱的記憶。但尊重敏感者也可能經常道歉或放低姿態。貌似謙虛，但在表面下，這種習慣只是先發制人：「如果我先批評自己，不管你會不會批評我，至少我先了，所以不會受到太大傷害。」

- **你是否在愛情和友誼中，尋找與你想法完全一致的人**？對尊重敏感者來說，理想的對象是一個能夠「完美理解」「完全懂得」的人，與自己有著相同的想法和感受，幾乎完全同意所有事，稱為「一心一意」「一條心」（「由於我們彼此心意相通到一種程度，我們不再會有導致批評、最終拒絕的分歧」）。
- **你的親密關係是否需要完美**？尊重敏感者可能會覺得難以忍受缺陷，所以關係中即使只有些許瑕疵或裂痕，也會感覺這種關係太脆弱（「完美代表我們彼此永遠無須說抱歉」）。

安全敏感度

對親子或伴侶關係密切的人來說，安全敏感者像一個不解之謎。安全敏感者相信，與別人建立緊密連結的代價，就是失去自己。過於接近別人就要有所屈服，犧牲自己真正想要的，放棄真實的自我，最終受到操縱、控制。另一方面，不屈服、保有自我意識，則代表必須孤獨。因此，安全敏感者面對與他人連結或做自己，總感到兩難。

另一種思考安全敏感度的方式，可將之視為一種「入侵」的敏感度。安全敏感者可意識到別人如何在不知不覺中入侵他們的自我意識。他們想要也渴望親密關係，然而一旦面對真實的人際互動，又經常會感到不安，因此尋找自我滿足的方式，便成為安全敏感者的中心目標。

安全敏感者害怕暴露對他人的需求、與他人過度親近（這就代表不知不覺的入侵），因此容易**在安全圈底部遇到困難**。**艾利斯**即為一例，他不想與孩子或其他父母離得太近或太遠。

安全攝影機：對安全敏感者來說，安全指的是與人們保持距離，所以會不斷搜尋入侵、支配或操縱的跡象。表面下，他們同時也正在搜尋著自己是否對別人也有「太超過」的跡象，不想自己當一個入侵者。

- **你是否受到新關係的折磨，一下靠近、一下又遠離**？安全敏感者想要關係，也想要連結，一旦擁有又會覺得不舒服，所以人們會誤會他們「不願意承諾」。這種情形反而會出現在很想要親密關係的人身上，他們想要遠離不舒服的感覺、害怕入侵，卻仍然想要。
- **與你關係密切的人，是否責備你突然退縮或躲避**？各種情況（同理心過度、理解過度、身體接觸過度）都是一種觸發器，可使安全敏感者感受到威脅，導致退縮。

• **伴侶是否認為你冷漠、感覺遲鈍，重視誠實和真相，不重感情？**安全敏感者的生活建立在文字修辭問題上，「如果我不相信自己，還能相信誰？」他們有充足的同理心，私底下也渴望連結，但與別人分享這些，可能導致別人過度靠近。因此經常把焦點放在會令他們感到更安全的事物——堅定不移的誠實和堅持真相的意願（即使可能因此產生距離）。這種對誠實的堅持，使他們為人正直，卻習於推開別人，兩者都可使他們暫時感覺「安全」。可悲的是，這種安全感往往會導致孤獨感。

「在我與伴侶的關係中，有時會覺得想要逃離對方長時間的擁抱，但我會提醒自己，他需要斟滿杯子，而且擁抱實際上也沒什麼了不起，不過有時我還是難免覺得不安。所以我會想『這裡沒什麼真正的危險，那只是鯊魚音樂而已』。」

——艾莉森．布魯斯（Alison Bruce），澳洲西部卡拉薩

若你想知道核心敏感度如何影響你擔任安全圈雙手的能力，請參見268頁專欄。核心敏感度對個人的親密關係影響最大，還可在許多日常互動中塑造你的反應；請參見270頁專欄。

現在，關於各種關係中的核心敏感度，你已看過許多說明和描繪，對此有了基本認

識，如果願意，可參見273頁的測驗，看看對你有什麼影響。問題的含意不難懂，或可等測驗完畢後計算分數，看看結果。

專欄 核心敏感度如何影響擔任安全圈上的一雙手

雙手放在安全圈上，但產生破裂時，可能一手或雙手會離開安全圈。

分離敏感

如果你屬於分離敏感，當孩子出外冒險遠離你，你可能會經常發現自己的雙手離開安全圈頂部。孩子對此感到不安全，所以會回到你身邊，讓你鬆一口氣。安全攝影機發現鯊魚，你也找到躲避的方法。另一種情況是，當孩子需要你堅定，你很難主導，因為你分不出權威與專制，若是採取更大、更強的行動，你害怕會失去孩子的感情和親密。

尊重敏感

如果你屬於尊重敏感，當孩子需要安慰或幫助統整強烈情緒，你可能會發現自己的雙手脫離安全圈底部。或許你從小就被期望「克服一切」「把不可能變可能」，在無意識地驅動下，傳承給孩子同樣的教訓。在你該主導的時候，你卻可能責罵或羞辱（用語言或翻白眼），以批評的形式，重複你成長過程中所熟悉的羞辱。另一種情況是，你不想冒險「三心二意」，害怕站出來說清楚，乾脆讓孩子主導。事實上，你的確三心二意，但「現在是時候了，在特定議題、特定時間點上，孩子要聽從更大、更強、更聰明、更寬容的人。」

安全敏感

一般而言，安全敏感的父母會將手從安全圈底部移開，是為了讓孩子不要太接近。有時父母也會將手從頂部移開，是為了想讓孩子保持「足夠接近」，這樣就不會感到太孤獨。這樣做孩子當然會困惑，因為他們接收的訊息是：「請不要離開太遠，但也不要太靠近。」

核心敏感度的苛刻、懦弱和不同在

在每個核心敏感度的極端案例中，一些父母在成長過程中受到長期忽略、虐待，或他們的父母有心理疾病，反而希望孩子擔任照顧者。安全圈沒有雙手，使孩子失去模範。在這種情況下，無論你是屬於哪一種核心敏感度，在痛苦時你的雙手都無法觸及安全圈，儘管你非常想要伸手滿足孩子的需求，變得更大、更強、更聰明、更寬容。奇蹟般地，我們看見各種核心敏感度的父母過去雖是苛刻、懦弱，不與孩子同在的照顧者，學習安全圈之後，他們拋下了過去的傳承，即使日後遇到困難，也能盡力保持一貫。感到精疲力盡時，他們也懂得尋求專業協助，從中受益。

專欄

刺激和反應：日常交流中的核心敏感度

核心敏感度往往會在我們最不希望它們出現時探出頭來。以下舉常見對話為例，說明不同核心敏感度可能會有的內部反應。

刺激：「你不會相信發生了什麼事。我剛才又獲得晉升，這是過去半年來的第二次，我現在正式成為銀行的新任助理經理，我想他們可能正準備讓我擔任明年開設的分公司的全職經理。」

內部反應（分離）：「這種事永遠不會發生在我身上，永遠不會。我是一個失敗者！大家一想到我，就想到我是失敗者，一個永遠沒辦法做人事的人。」

內部反應（尊重）：「她也太自滿。要是不是她為了升遷每天忙著拍馬屁，她以為她是誰？又沒什麼特別的。」

內部反應（安全）：「她的熱情與我無關。我好像被她挾持。我不能離開，可我不想留下來。我不能離開。她一直說個沒完。」

刺激：「你以為你是誰？你沒權力對我說那些話！」（暴怒）

內部反應（分離）：「她說的對。我以為我是誰？我真不應該告訴她我不同意。收回我說的話，告訴她我錯了，告訴她全都是我的錯。」

內部反應（尊重）：「我完全有權力說我想要說的。這不是我第一次和同事爭執，也不會是最後一次。」或「她是我的老闆。我的工作就是要讓她覺得她很棒、很特別，她知道重要的是什麼。我們彼此瞭解。」

內部反應（安全）：「我不願意介入她的表演，我根本也不想要在旁邊陪襯她的表演。我要很清楚地再說一次，我不會配合別人的需求。」

刺激：「你為什麼不能留在這裡幾分鐘？你為什麼不能幫我？」

內部反應（分離）：「你活該。上禮拜我忙瘋的時候你躲著我，這次我想你能好好享受那種不知道該怎麼辦的感覺。」

內部反應（尊重）：「我以為我們有很多共同點，我大概想錯了。我以為你能夠掌控一切。我對悲劇主角的戲碼沒興趣。我想交的朋友必須要像我一樣。」

內部反應（安全）：「我連兩秒鐘都不想待。我知道我們是朋友，我知道你需要幫助，但我做不到。每次你看著我，我都只會再退後三步。」

刺激：（別人一邊說話，一邊瞪人／翻白眼。）

內部反應（分離）：「不要讓她更沮喪，她已經在氣你了。你給她太多壓力了，別再刺激她。」

內部反應（尊重）：「我這次沒錯。我什麼都沒做錯。你標準高又自大，省省吧！」或「她現在真的很生氣。提醒她，她很完美。告訴她，她是最棒的。讓她覺得她都是對的。完美可解決一切問題。」

內部反應（安全）：「不管她做了什麼，我都無法接受。我想，她臉上的表情讓我更清楚為何不想和她在一起。」

專欄

測試你在成人關係中的核心敏感度

成人之間的關係，說明了你的核心敏感度。

- ❑ 你擔心配偶或伴侶離開你。
- ❑ 你經常擔心親朋好友和鄰居對你（和你伴侶）的想法。
- ❑ **你對遠距離的關係感到舒適（即使伴侶並不這樣想）。**
- ❑ 依賴伴侶的照顧，會讓你覺得與伴侶較親近。
- ❑ 你與伴侶分手，是因為對方總是在批評「每一件小事」。
- ❑ **你結束一段關係，是因為對方指責你冷漠、有所隱瞞、有承諾恐懼症或根本心不在他身上。**
- ❑ **你每隔幾個月才與最好的朋友見面。**
- ❑ 你的社交生活集中在一小群朋友，彼此的想法都很相似。
- ❑ 你常依賴親密好友的建議，來幫助你做出決定。
- ❑ 當選或受任你參加運動隊伍的隊長、志工團主席或社團領導人對你很重要。
- ❑ 朋友都認為你很隨和，因為和他們聚會時，無論大家想做什麼，你都願意配合。
- ❑ **你曾因誠實而失去朋友，即使你知道誠實會傷害朋友。**
- ❑ **你認為道德和誠信比關係更重要。**
- ❑ 如果你不是工作中表現最好的人，你會覺得自己很失敗。

❑ 你的年度工作考核通常說，你是一位優秀的團隊成員，但主動性不足。

❑ 你習於從事可以依賴老闆指導的工作。

❑ **你比較喜歡在產品端工作，不喜歡與他人有許多互動的工作。**

❑ 你相信，即使你不一定是最好的，但是和最好的人在一起，可以稍微彌補這個缺憾。

評分

現在統計結果，分別算出**粗體字**、旁劃線和楷體字的數量，記錄在下面。

粗體字：＿＿＿＿

旁劃線：＿＿＿＿

楷體字：＿＿＿＿

我們稍微調整過上述問題的順序，這是為了避免作答者分析答案。在這份問卷調查中，**粗體字**表示安全敏感度，劃線表示分離敏感度，楷體字表示尊重敏感度。和前面一樣，這些「分數」並不是絕對的。這份問卷調查是為了讓你瞭解成人關係中的互動類型，從親密關係到友誼再到工作。這裡的結果與前面鯊魚音樂清單一致嗎？從以上所有不同的角度審視你的核心敏感度，可能會直接指向一個結論，也可能不會。程序記憶和隱性關係知識的運作很複雜。請見下頁說明。

熱鍋上的核心敏感度：你的童年

「看看所有與你成長過程中相關的事物，在安全圈中位於什麼位置，思考這些問題可令你眼界大開，並賦予你改變的能力。」

——蘇珊・皮諾克（Susan Pinnock），美國奧勒岡州

對許多人來說，接下來的部分很困難。核心敏感度最豐富的訊息來源之一，是你自己的童年。然而，挖掘早期的依附連結可能會不舒服。由於當時的某些需求沒得到滿足，現在提起勇氣去看你曾感受的痛苦並不容易。所以不要強迫自己，一邊試探一邊前進，如果回憶難以忍受，隨即退回。但你可嘗試容許程序記憶浮現在心智表面，讓它們告訴你對自己的理解，以及你如何成為今天的自己。

很多人發現自從認識安全圈，童年時期的依附互動記憶會突然不自主地浮現。或許你

專欄 沒那麼快……

關於核心敏感度，可寫一整本書。有些人在心理治療中花費很長時間，試著釐清自己的依附風格，通常問題較多的人，較能追溯自己原始的依附連結。本章希望以不同觀察方式審視核心敏感度，以刺激自我反省。目標放在反省，而不是獲得正確答案。如果你最後找出可能的核心敏感度，如下面兩個敘述，你便知道自己已抓住這個複雜的主題：

「我最早的記憶是父親告訴我，《聖經》說我們必須完美，而不是要嘗試完美。在我出生之前，父母就期望我是上帝特別的孩子。這是一個重責大任，所以我時時努力，永遠不能放鬆，從來沒有時間做其他事，和其他人在一起。」**這個人從照顧者身上感受到很多壓力——「要求完美」的壓力以及「遵守照顧者所設定的安全距離」的壓力。**

「變得與眾不同的感覺就像我不再與家人有連結。我只是害怕會發現自己錯了。真相是，我不再與家人連結，我不是父母以為他們教養出來的那個人，我彷彿成了外人。我不知道為何我想加入他們，只知道我很想。我覺得被孤立，很孤獨。」**這個人覺得很難做自己，也很難與家人連結，他可能是安全敏感者。這也可能是失去與家人**

同心的尊重敏感者想要尋求回歸的表現。再者，這也可能顯示她是分離敏感者，難以冒險表達自己的想法和感受。

「我覺得不對，父母拒絕我的成長。我做錯了什麼？想做點不一樣的事有什麼錯？我真的喜歡父母，至少有時候。但他們想要我成為他們的複製品。特別是我爸，他要我像他一樣思考。如果我不照做，他會開始感到怪異又緊張。」**這段話的關鍵主題是，這個人想開始與父母產生區別。三種敏感度都有可能：分離敏感者在離開重要的人時會非常緊張；認為自己與對方失去一條心的尊重敏感者，可能會失去平衡；如果這個人接著說：「我從未像父親一樣，我只是假裝」，則可能是安全敏感者。**

已體驗到這一點。有些記憶可能很美好，值得回憶，當時父母似乎確知你需要什麼，無須隻字片語，便能大量而親切地提供。有些記憶則可能會引起悲傷甚至憤怒。你可能會對此感到驚訝，因為多年來你從未想過這些事，也從未站在依附的角度思考。但當你挖掘自己不同核心敏感度，正負面情況都可能會出現。再說一次，儘量容許自己去傾聽，但不要強迫。

這些不自主的浮現，可能足以補滿你童年依附的圖畫。亦即，在成長過程中的照顧環境，你的核心敏感度是如何誕生的。如果你的父母大致屬於尊重敏感度，你可能會成為依附關係語言中的迴避型人，由於（自己、伴侶、孩子）安全圈底部的需求會引發鯊魚音樂警報，因此會逃避。如果你的照顧者屬於分離敏感度，你可能會形成焦慮的依附風格，害怕被遺棄，也會因（自己、伴侶、孩子）安全圈頂部的需求而焦慮。如果你的照顧者習於操縱或不能理解你對距離和獨立空間的需求，你可能會發展出自我保護的依附風格，保衛自己，防範別人的入侵、操縱、不可預測或苛刻。然而接下來你即將讀到，從一代到另一代，沒有一體適用的直線路徑。所有關於童年時期照顧者的訊息，都可能增添你在育兒過程中遭遇的困難。

對你來說，自然顯現的見解或許已足夠。但若有興趣進一步探索，以下有一些蒐集訊息的方法。

讓我們先從幾個簡單的問題開始：

- 你父母對安全圈的哪個部分感覺最舒服（頂部或底部）？
- 你父母對擔任安全圈的一雙手，最舒服的是（更大、更強、更聰明、更寬容）？
- 你父母比較可能屬於苛刻、虛弱或消失的哪一種？
- 這對你的核心敏感度和依附風格，提供了什麼線索？

接納全光譜的所有情緒

你的原生家庭如何處理情緒，說明你父母的核心敏感度，以及你的依附風格是如何形成。想像情緒有如彩虹的全光譜。如果你父母或其他照顧者對某些情緒感到不舒服，無法幫你整理這些經驗，基本上等於要求你過著沒有這些情緒的生活。想像一下，生活中沒有綠、紅、藍色，此時你對一切的看法會怎樣？如果你變得完全色盲又會怎樣？想像因為紅、綠色會讓你覺得討厭、不舒服，所以生活中完全沒有這些顏色。這就好比暗示你不可以接受某些情緒。具有完整的情緒能力是建立良好人際關係的關鍵。想要知道你的照顧者有什麼情緒能力（也可獲得一些關於自己的線索），請看第五章的〈同在安全圈〉。

簡單來說，如果你父母是分離敏感，你很可能是極度「好奇」或「憤怒」。如果是尊重敏感，你很可能是安全圈外的「恐懼」「悲傷」或「憤怒」。如果是安全敏感，你很可能是安全圈邊緣的「喜悅」或「悲傷」。想要知道自己位於情緒光譜的位置，請回答這些問題：

- 照顧者從前能夠充分幫助你的情緒是什麼？
- 照顧者從前能夠部分幫助你的情緒是什麼？
- 照顧者從前不能幫助你的情緒是什麼？

- 如今你已成人，這一切對你有什麼影響？
- 如果你有孩子，你認為這會影響你與孩子同在的方式嗎？
- 你的不同選擇，如何影響你與孩子的同在？

我們總是告訴父母，與孩子同在，即使只有30％的時間也「夠好」（當然，這並不是允許父母可忽視另外的70％）。這個道理也適用於你的父母。意思是讓孩子知道，每個情緒都是完全可以接受的（在同在的安全圈中）。這對孩子的安全感有著巨大影響。

上一代核心敏感度的傳承

以下關於童年的描述，是否有特別引起你注意的？

「在她眼裡，我好像完全不存在似的，她只看她想要看的、她覺得驕傲的，唯有我光宗耀祖、前程遠大，她才會看我。」

「有時我覺得我會消失在一片空曠的黑洞中，被吞噬。但是當我看向洞裡，它卻變成我母親的聲音，一種我不記得曾聽過的聲音，當我的所作所為讓她不覺得我是世界上最了不起的孩子，她眼中確實傳遞出了這樣的訊息。」

「當我不想變得優秀的時候，我是誰？當我不想追求完美的時候，我是誰？我害怕沒有人想要看我原本的樣子。」

「現在我不是工作上的『某個重要人物』，我覺得我根本就是個無名小卒。」

——尊重敏感度成人的反省

「每當我媽表現得似乎很在乎，我都會突然害怕她會拒絕我，我一直害怕『如果我讓他們知道我的恐懼，他們會處罰我』。」

「每次我一想到友誼，都會擔心有人會向我索要什麼，我怕朋友不會讓我做自己。我擔心他們會想要控制我。如果一定要有一段朋友關係，我要保有自己的想法。」

——安全敏感度成人的反省

「我看進內心，看看我是什麼，但看不見形狀，沒有真正的定義。」

「做自己代表孤獨。如果我放棄你，你也會放棄我。」

「我的煎熬一部分在於，不管到哪裡，我都被當成小孩，這令我憤憤不已。但同時我又不想放棄小孩的待遇，開始對自己的生活負責。」

——分離敏感度成人的反省

龍生龍，鳳生鳳？

並不一定。以最可能的直線路徑來說，尊重敏感的父母會因為假提示，將孩子也養育成尊重敏感的人。當你感到悲傷並需要安慰，媽媽轉身離開（無論現實中真正發生或譬喻），所以當你需要安慰，你就拿出自己繪製的圖畫或拿到A+的學校作業，因為你知道這樣做她會繞著你喝采，有她在身邊（無論是否人在心不在）你會感覺更好。所有這種種施與受的程序記憶，導致你不願去鼓勵自己的孩子，因為鯊魚音樂告訴你，你會付出受傷的代價，你不希望孩子像你一樣受傷，於是一代傳一代。

但也有其他可能性：

我們認識很多尊重敏感的父母，養育的孩子的確成為尊重敏感的人，如同前面所描述的路徑。但他們有時也會養育出另一個安全敏感的孩子，因為孩子覺得父母要求的「一心一意」太超過。

同樣地，根據我們的經驗，分離敏感的父母比較有可能養育出分離敏感的孩子，特別是女兒。但有些分離敏感的媽媽對自己的「小情人」兒子過於驕傲，不想讓他離開家，結果兒子變成尊重敏感——他會留在媽媽身邊，而且認為自己是上帝送給世界的禮物。

還有例子是分離敏感的父母，最後養育出安全敏感的孩子。因為父母太貼近孩子，反而讓孩子拚命努力讓自己變孤獨。例如，我們認識一位男孩，他不顧全家支持的是達拉斯牛仔隊，堅持自己是死硬派的綠灣包裝工足球隊粉絲。他是故意這樣做的。

安全敏感的父母擔心會干擾孩子，因此刻意與孩子保持距離，反而造成孩子變成分離敏感，時時想親近父母。若安全敏感的父母仔細觀察，可能會看見親子出現一種二元關係，彼此友善但冷淡，會在一起看書，但不做一些較具互動性的活動。

另一例是，安全敏感的父母需要與孩子保持距離，覺得照顧孩子太累，孩子最後可能會覺得自己飽受質疑和拒絕。以這個例子來說，如果其中一位父母屬於尊重敏感，為了追求完美，可能會要求孩子「一心一意」，並推動孩子達成自己的目標（在第八章中有更多關於雙親家庭中選擇安全感的說明）。

安全和不安全，過去和現在

如果你開始認識自己的核心敏感度，可能產生疑問——你和第一個照顧者的依附關係，是屬於安全或不安全？請記住，安全感存在於連續光譜中。我們的安全感程度可能會有所不同，但當關係受到壓力，較可能表現出逃避、焦慮或自我保護的傾向。幸運的是，我們還有希望。如前所述，我們見過各種父母，再缺乏安全依附的父母，都能展現獲得安全感的能力。安全圈地圖對父母來說，就像六分儀對船員的意義。發展你的反省能力，可將鯊魚變小魚，為生活帶來安全感。事實上，約翰・鮑比對健康的定義是一種「更新內部舊有運作模型」的能力。運用安全圈來訓練你的反省能力，有助人際關係健康，亦可在你的一生中與安全感充足的人產生連結。

以下是後天獲得的安全感，在三種核心敏感度中的不同情形：

- **尊重敏感**。無條件信任關係：「我可以平庸、犯錯、不同意你的想法但依然受你歡迎、關心和連結。當破裂不可避免地發生，我能表達我的脆弱（悲傷、憤怒和恐懼），要求安慰，相信你的關心。畢竟，不完美是可以接受的。」
- **分離敏感**。相信四個真理：⑴我有能力；⑵生活不容易；⑶我將必須獨自做很多繁重的工作，但有重要的人在背後支持；⑷我有自己的想法、感受和能力，且為此付出巨大的代價。我支持自己，因此可放棄那些不支持我這麼做的人際關係（「我終於可以不用去五金行買牛奶*了。我可以放棄負面的關係，一切選擇在我」）。

＊編註：去五金行買牛奶，意指去做不可能做到的事。因為五金行沒有賣牛奶。

- **安全敏感**。信任關係可以商量：「我可以自由來去、說實話、有自己的經驗、你不會想要改變或控制我。當我開始覺得太靠近（窒息、介入、控制），可以討論。最終我可以承認對安全依附的渴望，但要求不會太高。我需要你保持誠實、願意陪伴和穩定。」

幸運的是，當我們有了孩子，像擁有一個出色的「實驗室」，能為自己和下一代提供學習和安全的保障。在第八和九章中，我們將描述「完全災難型」依附關係，告訴你如何適應孩子的需求，即使你不願意也要與孩子同在，對可能引發鯊魚音樂的典型狀況要有警覺心，修復不可避免的破裂，培養和維持可以形成夢想的人際關係。

我們不是孤獨地學習迎接感情，特別是困難的感情。
我們是學習在關係中迎接感情。

第八章

測試新水域——以安全感為優先

如果你從頭開始讀這本書，或許覺得已經認識自己自童年以來形成的依附風格，認識鯊魚音樂獨特的共鳴。也許你鬆了一口氣，相信自己的孩子屬於安全依附，或一時出現恐慌，擔心孩子完全沒有安全感。

反省總有幫助，但生活永遠不是恆常不變的。本書開頭已明確指出，安全依附是相對的，沒有所謂非黑即白的情況，以為每個人不是落在光譜「完全安全感」的一端，就是落在「完全不安全感」的另一端，好像依附是一種條件或特質。**人人都有不安全感**。即便是最有安全感的人，在異常壓力下或背景的鯊魚音樂蠢蠢欲動時，都可能會失控。引導我們育兒教養等互動的，主要是核心敏感度和依附基礎的多寡、頻率和強度。

我們三位作者和其他許多科學家，之所以開始研究特定照顧者和兒童之間的依附連結，目的在幫助理論學家認識大型人口的依附模式，並非旨在「診斷」個人。安全圈關係評估也並非意在為親子的特殊依附形式貼標籤，或恐嚇沒有安全依附會怎樣，而是要幫助親子確認哪裡最可能出現問題，讓你對鯊魚音樂有所警覺，不會因為不舒服而忽略，隨時都以安全感為優先。

「對我最有幫助的是為自己和孩子使用這種語言：『我喜歡看著你出去探索和玩耍，我也會永遠在這裡迎接你回來』。」

——提娜・莫瑞（Tina Murray），澳洲

安全依附不是競賽或目標，而是持續不斷的過程，日復一日展現在我們面前。有些日子破裂多，修復少；有些日子，我們與孩子的互動可以拿來作安全依附的宣導模範；還有些日子，我們不僅把手從安全圈上移開，也遠離整個安全圈。這些都可能發生。對人類關係中的各種鯊魚音樂觸發、典型問題、發展挑戰、安全感阻礙等，收集這些有助獲得洞見。本章提供各種圖表建議，有助我們在繁忙的日常生活中，挑戰如何創造安全感。

雙親家庭：有時是混合的福氣

本書從頭到尾的主要對象都是父母之一和一個孩子，就依附這個名詞來說，這是有意

義的，因為依附是在兩個人之間所形成，而不是在個人與多數人之間。這樣說也顯示現代社會中普遍存在著單親家庭。但是兩位父母（或更多）養育孩子時，會發生什麼事？

孩子的一生中，不會有過多的人關愛他們。能有兩個成人一起養育嬰兒，在許多方面都是一種福氣，但也需要對依附問題有不同的關注。也就是說，每個人都有自己的核心敏感度和鯊魚音樂。如果孩子是由父母雙方共同扶養，認識兩人的依附型態是有意義的，依照父母不同的依附型態，可預估孩子可能會出現的假提示情形。舉例如下：

馬庫斯兩歲半，臉上帶著笑容，搭配準備好探索的好奇心。他喜歡新鮮事物——玩具、朋友、攀爬公園裡的新設備，甚至其他同齡孩子可能會害怕的事物，馬庫斯都不畏縮。當馬庫斯冒險進入這個世界，身邊有媽媽陪伴，彷彿什麼事都能讓他快樂。他迫不及待想要進行一次又一次的冒險。馬庫斯在遊樂場上發現某個東西，「你在那邊看見什麼嗎？」媽媽立刻回應他的特殊行動。馬庫斯立刻跑過去，揭開迎接他的驚喜感。

但當馬庫斯和爸爸一起去公園，看起來卻完全變成另一個孩子。尚恩（他爸爸）在社交環境中總是提心吊膽，因此也擔心馬庫斯如果冒太多險，可能會傷到自己。當他們進入遊戲區，馬庫斯不斷回頭看爸爸擔心的臉。一會兒，爸爸似乎很好，馬庫斯試著走向攀爬設施，然後他聽到「馬庫斯，小心點。」小男孩隨即放慢動作，然後停下來，轉身回到爸爸身邊（回到爸爸期望的軌道中）。爸爸趕緊從背包裡拿出一個玩具一起玩，如此一來就可以把馬庫斯留在身邊，正如爸爸所說：「很安全」。

李奇覺得自己什麼都做得到。他兩歲半，跑步、跳躍樣樣來，有時甚至想要飛看看。他爬上每張桌子、椅子和樹幹，向天空發射。當然，這表示他也經常跌倒，墜落在沒有軟墊的地上。傷口使他流出眼淚，眼淚使媽媽伸出手來尊重他的勇敢，接受他的悲傷。「摔得真重，孩子，一定很疼（她拉他入懷中，緊抱了一會兒）。也許下次你可以試著從比較低的位置跳，我確定會同樣有趣。」

李奇和爸爸則有不同的親子之舞，他們在一起的時候，李奇還是一樣對登陸月球很有興趣。但李奇不小心跌倒時卻不會哭，而是快速看爸爸一眼。也就是說，他會很快看向爸爸，得到一個熟悉的不贊成表情，傳遞的訊息是：「爬太高就會這樣。」這些話不必說出口，只需暗示，因為爸爸的表情已經說明。李奇找到一種方法來忍住痛，整個「吞下去」，如同爸爸不止一次地說過。

馬庫斯和李奇的父母都聽見不同演繹的鯊魚音樂。兩個孩子都找到了內化的方法，然後表現出父母所希望的態度，孩子當然可能將一位父母所產生的安全感，和另一位父母所產生的不安全感，一併帶入自己駕馭世界的感覺中，但卻沒有確切的一對一關聯或地圖，能得知孩子混合不同的心態會變成什麼樣。不過清楚的是，所有孩子都能找到融合父母優勢和困難的方法，形成自己獨特的個性，因此這不見得是個問題。隨著時間過去，所有孩子都會在成長期間，以某種方式理解父母的多重影響。

也就是說，當父母要求孩子融入鯊魚音樂（可能是父母單方或雙方），必定會出現問題，因為這樣顯然是在強力教導孩子，面對一個長期苛刻、虛弱或不同在的照顧者，必須要嚴正否定自己在安全圈頂部或底部的需求，或是要保持警惕（懼怕）（當然，這就是設計安全圈課程的原因，是為了讓父母瞭解自己鯊魚音樂的介入措施，並協助父母尋找較能提供孩子安全感的選擇）。

不過，壞消息是，具有高強度鯊魚音樂的父母（對孩子因此所產生的問題）如果不能反省，便可能將強度相仿的鯊魚音樂傳遞給孩子。透過我們多年與各種家庭合作的經驗，只能痛心地說結局往往如此。

好消息是，當父母得到清楚的地圖，能夠知道孩子的需求，同時也瞭解自己的鯊魚音樂對孩子需求的反應，他們的正向意圖和先天反省改變的意願，也是一種常見的結局。

挑戰：許多教養育兒書中強調親子保持團結一致的重要性。整本書都在寫如何處理合作夥伴之間的依附差異（包括一種常見的情況——孩子在父母各自的家庭中穿梭）。畢竟沒道理要父母其中一人放棄自己的防衛策略或將鯊魚音樂靜音，以屈服於另一位父母之下。相反的，挑戰是要試著努力理解自己的鯊魚音樂和困難，也為孩子和自己選擇安全感。無論你相信什麼，父母都知道彼此的困難，以及這些困難對孩子的影響，我們建議進行同理心的練習，父母還要嘗試儘量對彼此的依附需求多多同在。

丹妮爾年紀還太小，不能理解父母的爭執。無論爭執的中心是要看哪部電影，晚餐吃什麼，如何養育孩子，丹妮爾的父母大多時候都處於衝突狀態。

「你就是不聽。」

「你就是不在乎。」

「你根本沒注意。」

「你根本不關心。」

因此，四歲時，丹妮爾已學會愈來愈常待在房間裡看電視，或和想像中的朋友一起玩。丹妮爾慢慢學會不要讓自己出現在雷達上，變得和家人愈來愈陌生。

挑戰：重要的是覺察你的婚姻／伴侶關係，何時受到高度壓力、何時處於衝突期，因為這些都可能讓你把手移開安全圈。即使你想要與孩子一起留在安全圈上，壓力也會增加鯊魚音樂造成破裂的可能性。在你面對關係衝突時，是否有其他「備用」照顧者可以向你伸出援手（在安全圈上）？如果有跡象顯示，孩子與你的同在正逐漸「消失」，你是否願意尋求輔導人員協助？

處理你在安全圈中的困難

覺察到自己聽見鯊魚音樂，並認識自己的核心敏感度，能夠帶領你與孩子在安全圈中同在。但這不代表過程將一路無礙。以下是你在安全圈頂部、底部或將手放在安全圈上時，可能遇見的困難與陷阱。

「安全圈的好處是，一旦你進入安全圈，即使掉出來，還是能找到回去的路。你從哪裡回來沒關係，只需要在某處找到開口，然後直接跳回去……一切就可重新開始。」

——蒂娜・莫瑞，澳洲

安全圈底部困難的管理

在安全圈底部感到困難的父母，較傾向屬於尊重敏感和安全敏感，孩子處於安全圈頂部時會感覺比較舒服，而這會產生問題。

融合、同心、介入、過度寶貝的教養

很難想像有其他孩子對曳引機的興趣比傑弗瑞更旺盛。他眼裡所見的一切都是曳引機，或與曳引機相關的事物。無論汽車、卡車、箱子，甚至連垃圾桶，都會使傑弗瑞想到曳引機。對他的媽媽艾琳來說，這一切都沒有問題。她熱愛兒子對曳引機的興趣，也喜歡問他曳引機的事。她想的都和曳引機有關。

事實上，是艾琳過於投入曳引機，結果造成傑弗瑞沉迷於她的愛好。若沒有媽媽的全心投入，他其實根本不會得到自我體驗。媽媽的強烈興趣和熱情，實際上是她想要和孩子同心的需求，因為她不允許兒子與自己不同（通常稱為「健康的分化」），所以傑弗瑞事實上並沒有體驗到自己的熱情。取而代之的是，他總是必須將媽媽的思想和能量融入自己。可悲的是，傑弗瑞迷失在彼此的同質性中。

因為他所選擇的一切，最終都會變成媽媽的所有權，傑弗瑞漸漸失去對曳引機的熱情，甚至對其他事物的熱情也開始消退。不是孩子沒有興趣，而是他選擇不讓媽媽知道。

第五章提過，父母尋求與孩子融合或同心時就容易出現這種問題，且往往出現在尊重敏感照顧者身上。父母會將孩子的成就和才能，以及關於孩子的一切投射在自己身上，有時他們很難接受任何差異。格雷非常擅長運動，因為爸爸非常擅長運動；卡莉不能忍受某些食物，因為媽媽說：「我們不喜歡那些東西的味道。」把孩子變得和自己相似，可讓父母感到安心，但卻會限制孩子建立獨特自我體驗的機會。有些父母不僅希望孩子繼承家族的愛好，還期望孩子接受父母的教育或職業志向。這些壓力有時會特別強烈。

一位母親描述了自己覺醒的經過，她突然意識到，雖然在孩子成長過程中，她避免強迫孩子取得與她當年相同的成功，卻仍然強迫孩子以她的方式玩遊戲，選擇興趣。在本質上，她希望自己是小女兒的一部分天地，至少在這部分領域中，與女兒融為一體。她發現自己正在奪走孩子在安全圈頂部的自我決定，這個發現讓她學習退讓。她建議，如果父母能夠承認自己嘗試指導或控制孩子未來的「傾向」，特別是想要朝完美主義或與眾不同的方向去走，便能大為避免自己繼續干擾孩子。

挑戰：你能否後退一步，讓孩子在安全圈頂部，而沒有你的緊密關注？你是否可以滿足孩子的「因我而喜悅」需求，不要把它變成「因我們而喜悅」？在孩子自我主導的探索中，你能否後退一步，但不是離開？孩子在安全圈頂部需要一點空間測試自主權，但他們依然需要知道我們在附近陪伴，需要的時候我們就會出現。如果你習於無論孩子做什麼都加以讚美，試著改變方式，變成描述孩子的作為。如果你跳進去指導孩子，試著改變方式，變成「看顧孩子」——你可以點頭、微笑以鼓勵，但保持最低限度的言語表現，孩子有所需求才提供協助。一個已經形成假提示模式的孩子，他們太瞭解父母想要的是什麼，因此需要一點時間才能適應你的不參與，但請堅持到底。

讓「因我們而喜悅」變成「因我而喜悅」，會是一場挑戰。

有些尊重敏感的照顧者，他們與孩子同心的方式是另一種——「過度寶貝」。這是需要看見孩子「獨特之處」「與眾不同」或「脫穎而出」的父母，最常用的方法。這種方法當然不受其他家長歡迎，但奇怪的是，父母往往沒有意識到，無意中他們貶低了自己孩子身邊的其他孩子。因為背後的訊息其實不是「你很特殊」，而是「我們都很特殊」，換句話說就是，「你的出色表現讓我也變出色，因為我們的特殊之處已經融合」。這有時會出現在一些需要孩子有特殊天賦或聰明才智的父母身上，他們需要孩子脫穎而出。有時也會發生在有特殊需求的孩子或問題兒童身上，這些父母會開始認為孩子的特殊需求或障礙是「獨特」

「極其罕見」的，結果孩子變成「有特殊需求的特殊孩子」或「問題很大的孩子」。隱藏的需求依然是相同的——脫穎而出、與眾不同。

挑戰：你能否提醒自己，所有孩子對父母來說都是特別的？因孩子而喜悅，是給孩子最好的禮物。這份禮物沒有比較級和最高級。孩子是美好的，不需要更美好或最美好。

優秀的培養

許多已開發國家中有一種令人擔憂的趨勢——孩子被高估了。於是研究人員建立量表來評估這種態度，以及所伴隨的父母教養方式。過度高估孩子，可能會導致問題（例如自戀）的人格特質，孩子感覺優於同伴，但同時仍需要他人驗證，時時向他們證明這是事實，並且當童年時期不可避免出現羞辱或拒絕情形，由於孩子無法處理，經常會出現對他人或自己的激烈反應。

如果你發現自己為了孩子的自尊心，經常用「做得好」「你很棒」來稱讚孩子所做的每件事，便是在發展過度評估／過度讚美孩子的傾向。自尊是無數次（通常為非語言性的）的表達：「我喜歡跟你在一起，因為你是你，無論你做什麼。」而形成的結果。自尊是同在的副產物，而不是經常讚美的結果。當然，我們也有必要讓孩子知道我們以他們為榮和驕傲，但當孩子接受到我們不加掩飾的焦慮，最後他們很可能會變得和我們一樣焦慮，對自我價值的評估不確定。

自尊不是建立在讚美之上，而是建立在接受之上。

自我滿足的培養

在第六章中你讀過這個情景：

「試試看自己解決這個問題有很難嗎？」艾瑞克爸爸問道。「如果你老是找我，永遠沒辦法自己解決。」但艾瑞克只有三歲。

顯然的，有時父母需要鼓勵孩子獨立自主。但強迫來的能力，往往會導致自責和自我滿足。在這種情況下，艾瑞克爸爸的回應基調是有問題的。他沒有鼓勵兒子的能力，反而在兒子嘗試新事物時責備他需要爸爸的連結。

這就是為何尊重敏感者通常被歸類為「忽略」（dismissing）的原因，鯊魚音樂告訴他們要忽略脆弱的感情（表現「弱點」或「心軟」的跡象）等，因此規避給予安全圈底部的孩子安慰。

另一方面，艾瑞克爸爸也可能是安全敏感者。他的反應依然會被標記為「忽略」，但意義不同。他不是以某種方式貶低甚至羞辱兒子對安慰的需求，他這麼說是為了教會兒子自我滿足，不需要親近爸爸，以免讓爸爸不舒服。

回家作業：

- 如果孩子正在快樂玩耍，請讓孩子好好享受。守在一邊看看是否有需要你的參與，或是你可斟滿孩子的杯子，使他們舒服地回到原來在做的事，但除此之外，請讓孩子享受「在父母面前獨自一人」。
- 如果你發現自己一直在讚美孩子，請暫時停止。
- 瞭解更多關於「鷹架作用」（scaffolding）的概念。提供足夠的幫助，讓孩子能獲得獨立的經驗。想要鼓勵孩子自我滿足，最好是在具備鷹架作用的環境下。與孩子同在，同時給予支持，可增強孩子所需的自我滿足。如果你推動孩子具備這種能力，實際上只是傳遞訊息給孩子，要孩子照顧自己，很可能就是你的鯊魚音樂在推動這個訊息。這個訊息可能是源自尊重敏感度，也可能是安全敏感度，無論是哪一種，請注意，當訊息再次出現，是否能發現一個對你不太隱蔽的要求、安慰、連結或親近。輕輕呼吸，乾脆地提供孩子的需求。

管理安全圈頂部的困難

梅格熱愛當一名母親，唯有一些時候除外。「當一名母親是我感覺最滿足的時刻。」她經常把這句話掛在嘴邊。但通常她還會在後面接一句截然不同的話，希望兩個孩子——蓋瑞和法蘭西（七歲和三歲）能給她一些空間。「我愛死他們了，但他們從不讓我離開視線。」

身為單親媽媽，梅格感受到「一切自己來」的重擔。她怎麼可能不累？全職工作，回家以後，套用她的話說：「疲倦又孤獨。」她補充：「我只希望能有一個伴侶，可以跟我分享身為父母美妙但無休止的任務。感謝上帝，我有孩子，他們對我來說就是全世界。沒有他們，我不知道該怎麼辦。」

回家後，梅格不願讓孩子在沒有她參與的情況下，獨自玩耍或做其他事。她一定要孩子一起準備晚餐，漸漸地，準備晚餐變成每天遊戲的一部分。但是當孩子要求和鄰居孩子一起玩，她會覺得很不舒服。「怎麼？我對你們來說還不夠好嗎？」她啜泣。「來吃點冰吧，然後我們可以換另一個很酷的遊戲。」孩子總是同意，但他們也對彼此和媽媽感到沮喪，所以三個人老是意見不合甚至生氣。梅格問：「我不明白。為什麼他們不感恩？我為他們幾乎付出全部的生命。」

這個劇本經常出現在父母試圖縮減與孩子分離的不適，這個問題典型地會出現在分離敏感照顧者身上。父母很努力要為孩子提供服務，卻沒有瞭解⑴他們實際上已過度陪伴，⑵父母強烈關注孩子，但很遺憾，其實關心的是自己的需求，不是孩子的需求。

上面所討論的主題，是關於安全圈底部的問題，梅格並沒有同心，也沒有專注在孩子的自尊上。雖然她可能經常告訴孩子，他們在某些方面做得很好，實際上她並不關心孩子的表現或他們的需求。她只是不想要孩子離開她。她實際上模糊了與兩個孩子的關係界限，一方面認為孩子是她的全部，另一方面又認為自己和孩子是「最好的朋友」。雖然在做飯或上床睡覺的時候，媽媽還是老大，在與孩子一起玩的時候，卻像兄弟姊妹一樣打打鬧鬧，這並不令人覺得訝異。

保護與緊跟不放

由於梅格需要保護自己的孩子，她很快解決這個問題。「世界不再安全，孩子出門和別的孩子玩，我不放心（注意：這個家庭生活在我們認為是中產階級的社區）。愛孩子的父母應自願放棄自己部分的快樂，專注於孩子的需求。」許多分離敏感型父母會抓住這種思路不放。他們以安全為名，使孩子不要離開家和自己。雖然世界的確不像我們所希望的安全，但父母主張孩子不可遠離，限制他們的外界探索（與別的孩子玩或外界冒險），可能顯示這位照顧者實際上對「走向自主」的關係感到不舒服。

挑戰：你是否能提醒自己，自主不等於放棄？你能否覺察一種說不出來，但感覺很靠近的鯊魚音樂傳來訊息「一旦離開，可能永遠不會回來」？

不被需要，會感到不舒服；索求過度，也會不舒服

梅格還有另一個問題，對分離敏感的父母來說很常見。她表示：「我愛死他們了，但他們從不讓我離開視線。」緊接著又說：「我為他們幾乎付出全部的生命。」顯示她對需求天性的矛盾心理。很明顯，她需要「被需要」，不過顯然她對這種索求也很掙扎。

挑戰：如果你對分離很敏感，也開始意識到自己對於「容許孩子自主」有困難，能否思考你是否同樣有著親密問題（儘管不太明顯）？事實證明，每個人都有可能會缺乏安全感。當你不太擅長支持孩子（或你自己）在安全圈頂部的需求，同樣很難在底部提供補足漏洞的支持。事實上，相信你可以和一個「對體驗世界明顯有自己想法和需求的人（包括想辦法遠離你）」建立關係，是相信「核心感覺可以被體驗和分享」的肥沃土壤。我們對於自我愈具安全感，對提供孩子需求和親密度就會愈自在，且會知道孩子的自我也是獨立平等的。但分離敏感者對孩子獨立感到恐懼，會緊緊抓住（因而阻礙自主）以避免被遺棄，然而，這樣做不會形成真正的親密。俗話說的好：「如果你不讓我出門，我怎麼可能

回家？」

回家作業：

- 如果孩子正在快樂地玩耍，請讓孩子好好享受。守在一邊看看是否有需要你的參與，但要注意此時孩子對親子關係最可能的需求，正是你對他們自我探索的不斷支持。你安靜、不干涉，只是看著，看起來像在背後支持，在孩子有需要的時候可以過來，但不會過度參與孩子所做的事。
- 保持陪伴，保持興致，同時也專注於自己的興趣。分離敏感的父母必須知道，孩子也有自己的生活，所以他們要有自己的興趣，而不是以孩子為本。
- 同時，確保自己不要「忽冷忽熱」，一下子陪在孩子身邊，一下子又顯得不感興趣。分離敏感的父母容易有前後不一致的態度，造成孩子產生警覺性：「如果你一下在這裡，一下不在，我也可以決定要不要注意你，以免你又不見了。」這種焦慮是你在成長過程中同樣感覺過的，結果卻在無意中傳給孩子。
- 當你在安全圈的底部提供歡迎和支持，由於孩子有你的陪伴，你可享受孩子因而產生的歡樂回饋。你只需注意鯊魚音樂在此可能會過度放大孩子的需求，推動更多以感覺為導向的討論，超過孩子的需求。孩子都需要探索自己的感覺，但不需要泡在一大池感覺中，當然也不需要我們一起攪和。

● 重視安全圈頂部與底部。支持孩子尋找熱情的強烈渴望，帶著日益旺盛的興趣探索世界，而你時時歡迎孩子想要親近的需求，並斟滿孩子的杯子，但不溢出！

管理安全圈上一雙手的問題

索倫對自己擔任爸爸沒有信心，但自從他知道蜜西懷孕了，他的熱情日益增長。如今六年後，索倫和蜜西在教養孩子方面有不同意見。

蜜西不想看兒子祖克被寵壞，索倫則相反，索倫是由一位嚴格的父親養育長大，總是與孩子保持距離，因此如今不想重蹈覆轍，對孩子太嚴格，所以每當他要求祖克守規矩，他都會緊張。近日，到了祖克該上床睡覺或整理房間的時候，祖克都會跑來找爸爸，因為他知道爸爸會幫他。這讓蜜西對丈夫和兒子大發雷霆，把脾氣發在兒子身上。

這種模式幾乎每天重複：祖克做了一些事，觸犯媽媽設定的限制，於是跑去找爸爸緩頰。索倫認為兒子的行為「沒那麼糟」，因此介入蜜西的管教。蜜西發現自己變得更容易發怒，對兒子的批判也愈來愈多。索倫覺得自己是在盡力保護祖克，免受過去他自己在童年時期無力招架的那種嚴重傷害。索倫愈是溫和，蜜西愈是激烈。但相對的，蜜西也對自己擔任「家裡的暴君」感到羞愧。索倫覺得很困惑，不知如何是好。他擔心兒子，也愈來愈害怕蜜西。

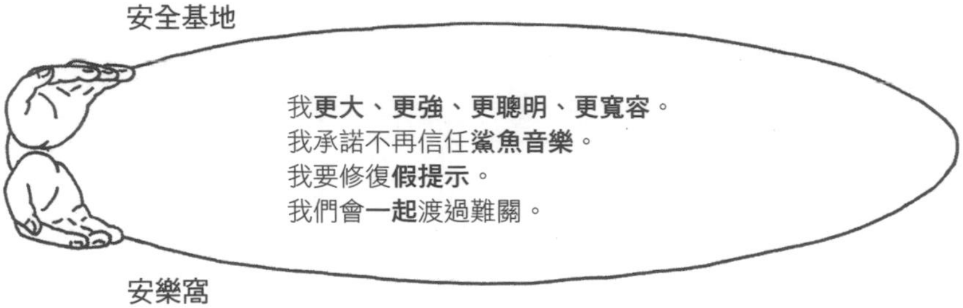
安全基地
我更大、更強、更聰明、更寬容。
我承諾不再信任鯊魚音樂。
我要修復假提示。
我們會一起渡過難關。
安樂窩

修復：維持我們的雙手在安全圈上。

在我們與各種家庭的合作中，多次看到類似的情況以不同形式表現出來。父母不認為「更大、更強、更聰明、更寬容」的典範是中心思想，兩者角色開始固定，其中一位態度較堅決，較不重視瞭解孩子；另一位則是相信理解孩子比誰來掌握更加重要。在天平上，若其中一位往一端走，另一位會往反方向走，兩者愈走愈遠，局勢愈發緊張，無法解決，最後父母會因為這種「難以處理的情況」尋求幫助。

失去平衡

當談到家庭中所遇到的安全圈雙手問題，蜜西、索倫和祖克顯然並不是特例。和我們一起合作的父母，來自各種家庭，運用「更大、更強、更聰明、更寬容」的簡短標語作為指導原則，得到許多幫助。這句話當然不是魔法棒，卻是一種簡單真實的方式，可以準確瞭解孩子的需求，同時也是一份地圖，讓你知道天平兩端的危險（當另一端被遺忘或未充分利用）。簡單複習如下：沒有寬容，更大、更強就會變得苛刻。有寬容，但沒有更大更強，就會變得衰弱。我們需要運用智慧來維持平衡，且這種平衡，從來不是在每種新情況中千篇一律、容易應用的公式。想要適當的取得強大與寬容的平衡，我們必須要有智慧。

沒有寬容，更大、更強就會變得苛刻。
有寬容，但沒有更大更強，就會變得衰弱。

在蜜西和索倫的例子中，只需要理解問題在哪裡，釐清缺乏的部分，兩個人便能開始轉變。索倫一開始注意的是自己在「苛刻」父親教養下的成長過程，接著看見自己不願承擔風險，因為害怕會變得像討厭的父親。這使他能夠看見兒子需要一位真正強大、負責又寬容的父親。他承諾要堅守這個選擇。

同樣的，蜜西掌管家中紀律，因此她怪罪索倫包庇兒子。但她指出自己其實也想支持、寬容對待兒子，只是無法面對兒子「從爸爸身上得到逃脫的藉口」。當她明白自己的埋怨，便能公開表示自己是一位想要貢獻寬容的強大母親。

理解之後，這個家庭很快邁出了非凡的步伐，以平衡的方式重新將雙手放在安全圈上。一開始，祖克對父母的明顯轉變感到困惑，但他很快放鬆，發現自己更有安全感，不必再測試父母的界限。

挑戰：你能避免與伴侶互相指責嗎？父母其實需要把目標放在瞭解自己，卻容易用手指著對方。你是否能寬容面對很久以前創造防衛策略的痛苦？任何過去曾造成重大影響的苛刻、虛弱或缺席，都會留下令人難以承受的記憶和感受。尊重這種痛苦，將能極大改變它對你家庭的影響。

誰才是父母？

有主導困難的父母尤其會出現另一個常見的問題，當他們感到有壓力、無力招架，在無意識中會轉而指派孩子為家中「更大、更強、更聰明、更寬容」的人。特別是要求孩子擔任父母職責的極端情況，若已持續一陣子，可能會導致孩子出現嚴重的情緒困擾。不過，這經常是由於家庭出現危機或父母方面暫時的悲傷或憂鬱期，無意中發生角色轉換，要求孩子成為助力。雖然也可視為這是對孩子正面的肯定和讚揚，但角色轉換總是會讓孩子感到困惑，擾亂他們的內在世界。根據依附的研究，這樣做無益於安全感。

孩子從幼年到青少年時期，一直都需要與人建立關係，這個人也必須始終保持更大、更強、更聰明、更寬容的地位。即使孩子已成年，對孩子來說，在成人初期，他們同樣需要支持、智慧和同理心。

在核心敏感度的背景下，角色轉換可以有不同的「音調」。

- 分離敏感的父母會尋找轉換角色的對象，像是找孩子「照顧」他們。傳達的訊息是：「我沒有能力，我需要你比我強大。」
- 自尊敏感的父母習於將孩子理想化，聲稱孩子有「超乎年齡的智慧」，設定孩子具有獨特性。不幸的是，這種形式的讚美會令人感覺良好，然後孩子會主動尋找方法，進一步支持陷入困境的父母，以獲得更多讚揚。
- 事實證明，對安全敏感的父母而言，角色轉換的情況並不常見。有一種會出現的情形是，父母退縮，只要求孩子負責。在各種案例中，父母不再允許孩子做孩子，在發展方面則要求孩子假裝已具有力量和智慧，其實不然。

挑戰：當孩子覺察自己被束縛，會開始尋找解脫指定角色的方法。當發生這種情況，如果你屬於分離敏感的父母，是否能避免利用內疚勒索孩子（「我的要求不多，只是需要你的幫助」）？如果你屬於自尊敏感，是否能避免利用罪惡感控制孩子（「沒關係，你只關心自己。我很好」）？

和孩子做朋友

另一個與角色轉換密切相關的常見主題，是父母想要過著與孩子同樣成熟度的生活。這種情形通常與掌控相關，害怕被拒（尊重敏感）或被拋棄（分離敏感）。「如果我反對你，你就不會喜歡我，所以我會找一種方法，確保我們是和和氣氣的好朋友。」健康教養有個簡單但重要的經驗法則——將家庭定義為民主的，永遠不會有幫助，必須要有人掌控，在家庭中有階級是一件非常好的事。

所以，若父母害怕扮演掌控的角色、迴避責任，會造成孩子無所適從。角色扭曲，尤其是以令人迷惑的「友誼」呈現時，對孩子來說會很困惑：「我最需要的人，卻不能相信，因為⑴拒絕以我所需要更大、更強、更聰明、更寬容的力量運作；⑵假裝是別人，其實我知道不是。我不需要『最好的朋友』，我需要父母。」

挑戰：你能否記住，與苛刻相反的不是「一輩子最好的朋友」？如果你的父母更大、更強壯卻不寬容，你可能會因為記憶中苛刻待遇的傷害，極力想往反方向走。可以理解你何以會想這麼做，但這麼做的結果不是避免重複你父母的錯誤，而是聽到鯊魚音樂。當你瞭解自己的鯊魚音樂，你可以做出其他選擇，智慧和寬容必須要有力量。

我需要有空間（別太需要我）

這是個常見的主題，對安全敏感的父母來說，由於感受到孩子需求的侵擾，他們會感到棘手。為與孩子保持距離，他們會保持忙碌，進入廚房、書房、電視、手機或電腦等「躲避」，責備孩子「索求過度」。或當孩子需要你同在，你卻不顧孩子的感覺，只講道理，這些都是典型的方法。諷刺的是，如此保持距離，結果只會造成孩子的需求變得更高。孩子會認為父母的缺席是一種訊號，表示親密不安全或不被容許。這些孩子已學到自己不會得到回應，因此經常會隱藏安全圈底部的需求。

挑戰：當鯊魚音樂告訴你逃走，你是否能踩剎車？提醒自己提供孩子需求，可避免需求不斷增加。

即時斟滿的杯子，可抵九個空杯。

回家作業：

- 如果你發現自己在親子關係中反過來要求孩子「照顧」你，請找到回歸更大、更強壯、更聰明、更寬容的方法。雖然對於年齡較大的青少年來說，提供父母建議或支持並無大礙，但要求孩子完全承受父母的困難或感情的重量會造成問題。經驗法則是：如果你無法理解或處理一個事件，孩子也是一樣的。**在這種情況下，尋找外部支持至關重要。朋友、支持團體、專業建議等都是有用的選擇。**

- 如果你發現自己已在要求孩子成為好伙伴或好友，請想辦法轉移焦點，回到父母的職責。孩子需要友善的父母，但兩者並非平等。親子共享愛好、運動和樂趣，都是很棒的選擇。但是，如果這種共享發生變化，朝同心和思維融合的方向（「每件事我們都有同樣的意見」「我們完全愛好同樣的事」）發展，請跳脫出來，鼓勵彼此不同的想法和經驗。尊重差異是安全感的一個重要層面。以務實的方式來說，請父母在生活中盡可能增加成人的友誼。

- 如果你發覺自己因安全敏感而經常「躲避」，請記住，問題不在你的選擇「很糟糕」，或應該為這種行為感到羞恥，重點是這樣做往往會讓孩子感覺父母經常「消失」。只要覺察孩子的正當需求，特別是安全圈底部的需求，每週多提供一些陪伴給孩子，額外幾分鐘也好。無需快速改變，慢慢來，並繼續致力尋找辨識的方法：⑴孩子需要與你同在的真正需求，甚至比目前你所能忍受的還要更親近；⑵為了孩子能回到安全圈頂部冒險，父母要理解安全圈的禮物，以及達成孩子對底部的自然需求。孩子的確需要你，也需要知道除你之外更大的世界。

關於反省的反省

德瑞克知道自己屬於自尊敏感型。首先，他發覺自己要求五歲的兒子瑞斯像他一樣思考，還要求他與自己有完全相同的運動興趣，甚至開始發覺他希望瑞斯長大以後能成為一位教練，而那恰好就是德瑞克所選擇的專業。第二個線索是，他發覺在妻子汪達批評他的教養方式時，他會暴怒且退縮。他不願接受任何形式的批評，特別是自認極為重要的教養子女。

德瑞克對身為父親感到自豪。他原生家庭的父親愛批評，總是與家人保持距離，因此德瑞克很願意將教養責任視為生活重心之一。他讀了很多相關書籍，參加過各種教養課程，可以自豪地說，如果自己小時候有他這種爸爸，那就太好了。

因此，當他認識安全圈，驚訝地注意到自己對兒子成就的熱烈喝采，其實是在施加額外壓力，此外，他連帶注意到自己微妙而持續在暗示悲傷、恐懼和憤怒的感覺不值得關注。雖然不是「一切往肚裡吞」，但德瑞克教兒子「努力再努力」「痛苦是成功必經的過程」，其實是遠離這些重要感覺的方法。

德瑞克開始覺察並指出自己尊重敏感的假提示。他開始反省，然而他並沒有意識到這種反省帶來了微妙的優越感。他的確有所不足，但卻覺得自己比不願承認不足的人更優越。他還沒注意到的是，他經常教導其他父母，談論安全圈知識如何使他非凡獨特，另外也還沒注意到自己對些微批評的反應。

尊重敏感者通常過著一種邊緣關係的生活。表面友善，背地裡的態度卻是「不要逼我，否則……」。孩子會發現這種隱藏的威脅而感到緊張。接著有一天，瑞斯衝回家，難過得大哭，卻被爸爸告誡他「過度情緒化」。汪達介入，要求先生重新思考自己的言行。德瑞克爆發：「妳以為你是誰？要妳教我怎樣管教孩子？」不到幾秒，瑞斯就跑進房間。

用德瑞克的話來說：「不到幾分鐘，我意識到汪達是對的，畢竟事情不會永遠這麼順利。我離開了安全圈，除了因為羞辱瑞斯的傷心，還在他面前對汪達發脾氣。近來我自豪於擔任偉大父親的所作所為，一切都詳細精準地顯示著，我如何掩蓋了自己痛恨不夠完美，痛恨受到批評的真相。」

德瑞克反省，自己缺乏的是反省關於如何開始發現自己在安全圈上的掙扎和困難，還有如何阻止自己繼續前進。是的，他身為一位父親，顯然做得比自己的父親更好，但他卻一直不願正視他遭受批評時的潛在反應使整個家庭處於緊張中。德瑞克允許自己進行深入的反省，他發現他對自己的成長過程愈來愈感到悲傷。與自己的脆弱新經驗幾乎成正比，他發現兒子向爸爸提出安撫的需求也變多了。瑞斯似乎變得不再那麼焦慮，與爸爸有較多愉快互動，德瑞克的急躁也明顯變得溫和。

反省能力能讓你後退一步，並辨識安全圈上的常見模式。數十年來，心理治療師發現，我們對目前的作為（正面事物），以及還沒做的（負面事物）有愈多的反省，人際關係會更健康。照顧者若對安全圈上的力量和困難有所反省，相較於沒有注意到問題的照顧者（特別是當有很大困難時），孩子未來會更加有安全感。

九個點的難題

你是否聽過九個點的難題？條件是你只能用四條直線將下面排列的九個點連結起來，而且從頭到尾，你的筆不能從紙面上移開。

絞盡腦汁的結果，人們所想出的傳統解決方法，看起來是這個樣子：

但事實證明，這個難題的解答不止一種，下面是其中一種：

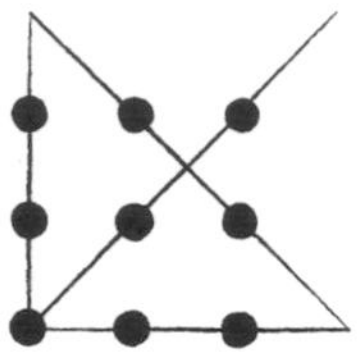

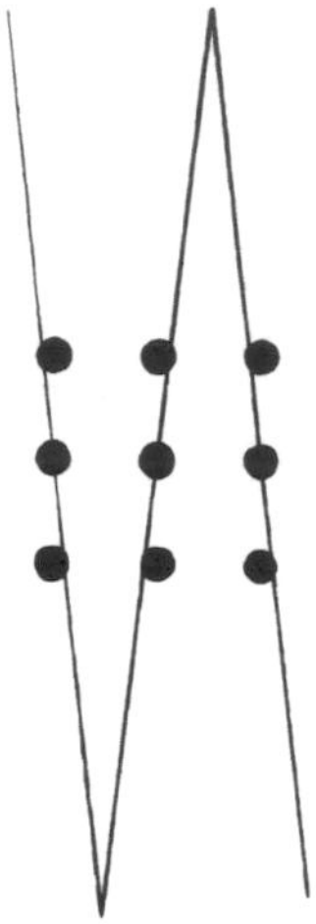

從心理學領域思考九個點的難題會發現，若是一直停留在同樣水平或框架中，就無法解決難題，我們必須「跳出框外思考」，事實上這句話便是來自這個難題。就依附來說，我們需要跳出「事情就是這樣」的模式或信念（鯊魚音樂），開始看見我們當前的一些行為，其實受到了模式和信念控制。若能看見「框架內的現實」，便可開闢新的可能性。當我們瞭解過去在框內的選擇是因生活在安全感不夠的環境中，會比較容易歡迎新選擇，為自己和他人提供更高的安全感。

教養的選擇，需要我們跳出框架、跳出鯊魚音樂思考。

身為安全圈工作者，我們認為反省一直是個健康的選擇。本書的寫作目的在於讀者能夠建立反省。到目前為止，你可能已發現各種有無安全感的模式，是你教養子女的一部分。希望這種反省沒有幫倒忙，反而讓你增加羞恥感、內疚感或恐懼感。我們希望你可以退一步，看見限制你的教養模式，改變成新的選擇，你也開始看見所有關係中真正有益的轉變。

推薦你一個反省過程中的有用步驟——請問自己「我能夠反省自己的反省嗎？」也就是說，「我知道我正在思考這些問題，但可退一步，注意那些我還不太願意理解或影響我的事嗎？」以及「我目前完全理解了安全圈哪方面的主題或核心敏感度的層面，就在表面之下，在觸手可及的位置？」

正如德瑞克、汪達和瑞斯故事中所描述的，經驗中，當父母願意反省自己的反省過程，會產生新的思慮，開啟新的大門。

反省愈深，關係愈有安全感。

共同核心敏感度／鯊魚音樂觸發物

有些事會讓我們所有人都遠離，很難與孩子同在。分心、壓力、疲倦、疾病、飢餓、憂鬱、焦慮……多得寫不完。但核心敏感度會使你容易受到某些情況或因素的影響，使關係更容易破裂。我們現在懂得更多，即使壓力和困難突然出現，也能處理得更好。下面列出各種敏感度的典型觸發因子，以及隨之出現的想法。其中一些想法可能會出現在各年齡層的親子互動中，其他則較常見於成人的互動，或者兩者兼具。當你發覺自己的弱點，可能會伴隨出現一些想法，請根據需求暫停，練習同在。

分離敏感

當你主張自己：

- 「我確定他現在對我很生氣。我最好把話收回。」
- 「老天，一切都結束了。她剛轉身走開。每當我告訴她我的想法，她總是這樣。」

● 「我真討厭鬧脾氣，現在把玩具撿起來整理，又不是什麼大不了的。」

● 「我敢打賭，如果我問的時候態度很好，她會注意我。」

若能察覺鯊魚音樂出沒，你會改變心態：

● 「他可能生我的氣，但我說的是真心話。堅持下去。他又不是都對。」

● 「還沒結束。即使她走掉，也會回來。或許不。但如果我總是不堅守，就不會有人在等了！」

● 「我真討厭鬧脾氣，最討厭是還要陪她站在這裡。但現在撿玩具整理這件事真的很重要。如果我不這樣做，她就會付出代價。好吧，我們倆都會付出代價。」

● 「我現在想放棄。我一直當『好人』，所以她失望。她需要我堅定又寬容。不能只是寬容。」

當你必須獨自去做某事或支持自己：

● 「我不能忍受沒聽見他的消息。我要再發一次簡訊。」

● 「我很可能一無所獲，我的想法沒有那麼重要。」

● 「我在想什麼？我不是能夠解決這個問題的人。我知道羅傑會有答案。他總是比我更懂孩子。」

- 「如果我老是屈服，任由他來處理孩子的事，我知道他會心軟。我會做任何事，只要有人照顧我。」

若能察覺鯊魚音樂出沒，你會改變心態：

- 「沒聽見他的消息，我真的很擔心。他是新手駕駛。但如果我一直發簡訊給他，他只會抗拒，而且也對他不安全。現在我只需要冷靜下來。」
- 「我在騙誰啊？我的想法很重要！」
- 「羅傑是個好父親，我也是個好母親。現在該是我釐清問題的時候了。」
- 「如果我屈服，我知道他會高興。但我老是屈服，那就對他不好，對我也很糟糕。我需要相信自己的觀點。」

當你感到孤獨：

- 「這太恐怖了，我不能沒有她。我要做些什麼讓她回到我身邊。我只是被逼急了。」
- 「沒人喜歡我，沒人會喜歡我，我就是礙事。」
- 「我好內疚，我真不應該告訴他真實的想法。」

- 「我確定他很安全，但我只是打個電話確認。」
- 「我好愛她像這樣依偎著我，我希望她永遠不會長大。」

若能察覺鯊魚音樂出沒，你會改變心態：

- 「每當我為自己站出來，我都會感到內疚，只好放棄。我以為這樣我就不會覺得孤單。真是瘋了，因為這樣做只是讓我的桶子上留下一個洞，無論任何人做什麼，桶子都會變空，我只會一直索求。」
- 「現在是時候該開始喜歡自己了。如果我不採取行動，就不會礙事，我甚至都不會在這裡！」
- 「我的恐懼不會幫到任何人。我愈努力想要證明，一切就變得愈糟。」
- 「我好愛她像這樣依偎著我，但我覺得這反而是我的需求，不是她的。如果每次我覺得孤獨都要拉著她，她永遠學不會安全圈頂部。」

尊重敏感

當你感到脆弱：

- 「太糟糕了。我簡直不敢相信我會在她面前哭泣。這只會讓我看起來很虛弱。虛弱怎會有人愛？」

● 「我怨恨他得到所有讚美。為什麼所有人都注意他？他只是個自大狂。所有人都在講衛斯理、衛斯理、衛斯理。」

● 「當她談到女兒，我總會覺得自己是很不好的家長，只是二流的。不，我甚至連當家長都不配。她如此特殊，這是為什麼？」

● 「她以為她是誰？我才是和孩子在一起處理困難的人。你在跟我開玩笑嗎？要說有特殊需求、需要特別關注的孩子，必定是我兒子東尼。」

若能察覺鯊魚音樂出沒，你會改變心態：

● 「這些眼淚並不是懦弱的表現，而是我的一部分，這輩子一直被我藏著。現在時候到了，不必再把它們藏起來。」

● 「現在我覺得自己微不足道，不過那仍是我。讓衛斯理不好受對我的感覺完全沒有幫助。」

● 「又來了。每次她都要說傑米最新的成就，我便開始覺得自己是二流父母。傑米是傑米，譚雅是譚雅，都是令人喜愛的孩子。童年又不是拿來選美比賽用的！」

● 「我的東尼確實有很多特殊需求，但塔莎也一樣。不過並不表示東尼的需求必須優先於所有孩子，何況我非常喜歡塔莎。我覺得是時候讓她媽媽知道。」

當你覺得自己是不完美的：

- 「我沒忘記這次會議。他總是怪我，他才是搞砸的人。一個小時前我才知道自己要參加。我會抓到他的小辮子。」
- 「她怎麼敢指責我的孩子錯了！我的寶貝安琪每件事都做得很完美，是其他孩子表現怪異，他們才應該為剛剛發生的事負責。」
- 「她被寵壞了，活該被處罰。也許以後她會決定更加努力。」
- 「一點也沒有錯，我很棒。僅因為老闆很生氣不會讓我失去完美。我要一直提醒自己有多棒，我會沒事的。」
- 「我太慚愧了，我總是搞砸，我太失敗了。想必現在每個人都在談論我，昨天我還確信自己是這裡最好的，現在很清楚，我甚至不應該加入團隊。」

若能察覺鯊魚音樂出沒，你會改變心態：

- 「受到批評讓我變得有防衛性。我討厭遭受批評，但批評並不是從此處而起的。深呼吸冷靜下來，等下說話能否顯示一些善意。」

●「糟了。她告訴我妮基在課堂上搗亂，結果我卻開始數落她的教學方法和其他孩子。現在我必須冷靜下來，聽老師對妮基行為的感受。」

●「她沒有被寵壞，她現在真的很困惑。如果我撒手不管，把她關進房間，她會繼續覺得難過，她會感到孤獨。」

●「不管我成功還是失敗，我都是人。我不再認為最好還是最差是唯一的選擇。是時候了，我該找一個朋友，無論我有什麼缺點，他都會包容我。」

當你失望：

●「我不生氣，我很失望。我只是覺得妳該更好。」

●「他看起來很糟。笑一個，笑大一點。告訴他，他很棒。讓他知道他是最好的。告訴他，全部都是我的錯。」

●「別告訴我『我們都會犯錯』，那是廢話，夫人，妳才是那個沒成功的人！我的小孩很了不起，妳的小孩失敗了。然而，妳的小孩卻得到大家特別的關注。」

若能察覺鯊魚音樂出沒，你會改變心態：

●「是的，我對她剛剛做的事感到失望。是的，我現在想要處罰她。但這就是從前老媽對我做的。她對我冷淡，逃避話題。我現在要放慢腳步，讓她談談這件事。」

- 「他對自己的感知過於敏感，沒必要羞辱他，但也沒必要羞辱自己。我可以找到方式顯示尊重，說我該說的話。」
- 「當她像這樣幫孩子找藉口，我很想大叫。但我現在應該要開始思考她所承受的壓力。我根本就不知道她家發生過什麼事，無法想像經歷過那種情況，她該怎麼教養孩子。」

安全敏感

當你覺得受侵犯：

- 「他需求過度了，總是一直哭，想要我給他一些東西。一想到就覺得很糟糕，但我只是希望他能照顧好自己。」
- 「微笑，但是退後。保持微笑，顯示有興趣。再往後退一點。我們的對話在這個距離會好很多。」
- 「她怎麼認為我會同意她的觀點？完全沒道理。她以為我們想的一樣啊！」
- 「我很幸運。蘿西很懂分寸，知道不要哭鬧，不會一直要我抱。我不知道該怎麼對待一個黏人的孩子。」

若能察覺鯊魚音樂出沒，你會改變心態：

- 「我不喜歡這種索求無度感，我嚇壞了。但他現在真的需要我，如果我推開他，他只會感覺很差，我也一樣。想想你學到的東西：『斟滿他的杯子，他會變得不過度需求』。」
- 「退一步保持距離很好。我現在沒什麼需要改變的。」
- 「我們本來就彼此不同。不需要苛刻，也不需要合作，假裝彼此是一樣的。」
- 「又來了，我以為蘿西可以自己一個人做所有事，這是我想要的，不是她真正需要的。深呼吸，讓她過來坐幾分鐘。我們倆都會感覺更好（不過只有幾分鐘）。」

當你感到被排擠（沒有歸屬感）：

- 「我該怎麼辦？我從不知道會發生什麼。我格格不入。」
- 「為什麼每個人都想要孩子很特別？真是瘋狂。每個孩子都是在做自己，『特別、特別、特別』究竟有什麼意思？」
- 「如果她又再一次告訴我，她『完全』理解我，我可能會離開。」

若能察覺鯊魚音樂出沒，你會改變心態：

- 「我覺得自己可能不屬於這個父母團體，但我想的不對。我們都很努力，我們都會犯錯。我可以接受。」
- 「她又來了，又開始談布萊恩如何出色。對於她和布萊恩來說，這顯然有點令人傷心。我或許會覺得很煩，不過希望他們兩個都好。」
- 「我不需要她的完全認同，我根本不想要。我可以想辦法把討論從自己身上轉移到比較中性的話題上。」

當你感到受控制：

- 「為什麼我的孩子老是嚇到，根本不讓我去上廁所？難怪我總是推開他！」
- 「為什麼家長會總是由擔心孩子自尊心的人控制？根本像宗教。」
- 「我愛孩子，但我也愛自己。有時我覺得自己有點怪，因為我從來沒有聽其他家長說過和我同樣的感覺：『我和我的孩子一樣重要。』」

若能察覺鯊魚音樂出沒，你會改變心態：

- 「傑西現在真的需要我。說真的，我想躲起來，但這不能解決問題。現在，為了傑西，我要去抱他，最少抱個一分鐘。希望這樣能有用，如果沒用，我會休息一下，然後再做一次。」

- 「這只是一個家長會而已。我來參加是因為我愛女兒，我沒有義務贊同會議上說的所有事。我的孩子會很好。」
- 「我剛開始對他不滿，因為我以為孩子是唯一有需求的人。我不贊同任何告訴我應該以孩子為中心的崇拜式教養法。太傻了。我很重要，孩子也很重要，既然兩者皆為真，我可以更專注於孩子。」

學會辨識鯊魚音樂，你可能會產生不同的想法，這就是反省，這有助於提高你與孩子同在的能力（還有其他在你生活中很重要的人）。與孩子同在是一種持續（永無止境）的承諾，你必須做好準備，面對孩子成長過程的挑戰，迎接他們在安全圈中所有可能出現的需求。打開心胸面對自我反省，無論孩子年齡為何，第九章的內容都將能幫助你為孩子選擇安全的保障。

第九章

堅持給孩子安全感

孩子從出生到成年的發展大多有跡可循，明白這一點會很有幫助。許多父母都具有共同的核心敏感度，都為相同類型的鯊魚音樂而奮戰，有各種方法能讓我們為孩子確保安全感，知道這一點能為我們指引方向。與孩子同在，建立安全的依附，指的是與孩子連結，並認識自己獨特的心態。永遠銘記，最瞭解孩子的是你，如果你願意陪伴孩子，在所有試驗和成長的苦難中與孩子同在，你將會愈加懂得你的孩子。

嬰幼兒

本書的大部分內容都是關於嬰幼兒，這是我們在安全圈中最常合作的年齡群組，也是初次形成依附連結的時候。本章將致力於呈現確保孩子成長過程的安全感，以及最初幾年與孩子同在的意義。但首先，關於與嬰幼兒同在，別錯過330頁專欄中的洞見，關於與同在相關的一個陳年問題：怎樣讓嬰兒睡覺。

- **眼見為憑**。嬰幼兒總是時時仰望父母。但當寶寶看向別處，並不代表有什麼問題，或你該強迫親子有眼神接觸。當寶寶過度興奮，經常會暫時迴避視線。這個行為很重要，因為這是一種早期的自我調節機制。如果你和四個月大的寶寶一起玩，寶寶卻看向其他地方，請陪伴孩子，聽孩子輕聲喃喃自語，這是他們在讓自己平靜下來。不久他們會回神，再度歡迎與你眼神接觸。這就是寶寶開始學習共同調節情緒的方式。你唯一的任務是跟隨孩子的需求。
- **變化在瞬息間**：嬰幼兒情緒狀態的變化，比我們想像得更快。他們一下覺得很好，一下覺得不好，一下又覺得還好，變化都在幾分鐘內。這就是身為父母的我們不要將嬰幼兒貼上標籤，標記「好孩子」「壞孩子」的原因。嬰兒的世界在瞬息間，再提醒一次，你的任務很簡單，就是與寶寶同在，無論寶寶當下正在體驗什麼情緒。每當寶寶不安，你要做的不是試著讓寶寶重新快樂起來，而是表現關注，一起體驗孩子正在體驗的，與孩子同在。用你的臉、呼吸模式、說話和溫柔的語調，反映你分享了一些孩子的體驗。當然，這並不是指孩子哭不停時你只要參與孩子的情緒狀態就好而不用做別的事（調整孩子的姿勢、抱起來、餵奶等）。但有時寶寶需要機會與我們一起學習調節情緒，無論是正面或負面情緒，而不是只強調其中之一（比如只重視幸福快樂的情緒）。

● 嬰兒不會被寵壞。父母擔心會寵壞寶寶，但在生命的第一年，根本不可能。事實上，根據目前的研究顯示，孩子出生第一年的愉快是安全依附的核心。研究顯示，當孩子長大一點，父母無法拒絕他們或設定限制，才有寵壞小孩的問題，但嬰兒對限制是一無所知的，自然不知道要破壞限制，讓你能有機會「寵壞」他們。生命的第一年，你盡力與孩子同在，對孩子的安全圈需求產生反應，所以他們學到，「我有需求的時候，常常會得到滿足，不必懷疑也不必擔心。我的安全感在於相信我所需要的良善就在這裡，與我一起」。

● 說話，不停地說話。寶寶在大約六個月時，對你以外的世界會表現出愈來愈多的興趣，探索安全圈頂部的樂趣也會增加。當寶寶探索，會希望你能說說這些事。不要猶豫，即使你覺得描述寶寶的行動（「你要抓你的小腳趾嗎？」）或寶寶看見的東西（「是的，這真是一個很大的玩具熊！」）有些愚蠢。你說的話會讓寶寶踏上學習語言的道路。當寶寶在安全圈底部，你述說寶寶情緒的語調，將幫助寶寶理解所有的感受都是安全的，並且無論如何，你會接受一切。如此一來，寶寶也能夠接受自己的每一種情緒。

專欄 寶寶不想睡，當我們同在一起*

嬰兒是否要在父母希望的時間睡覺是長久以來的問題，也是人們經常爭論的主題。我們究竟該讓嬰兒想睡才睡？還是每天在固定時間睡，睡足一定的時間？是否該讓嬰兒哭到睡著？還是要加以安撫，等嬰兒平靜再入睡？嬰兒該自己睡？還是睡在大人房間，甚至大人的床上？

當前的社會重視嬰兒的睡眠，但嬰兒經常會自然醒過來，父母會急著想要訓練嬰兒長時間睡眠，但嬰兒不見得已經準備好，他們可能需要小小的溫和指導。無論你喜歡什麼方法，請記住，嬰兒無時無刻都在體驗世界，因此父母在尋求特定結果的過程中，必須考慮嬰兒的感受。

以下是可供參考的建議：

1. 育兒時期所謂的正常化調整，往往造成我們對睡眠感到焦慮。嬰兒天生會接收父母的感受，所以關於安排嬰兒睡眠這個主題，往往與我們的心態有關，而非實際作為。請記得，如果嬰兒覺得身邊有人關心，較能平復自己的傷心，也較能夠平復父母的傷心。

2.試著讓自己只與寶寶同在，不要「嘗試」使寶寶入睡。在睡前注意看著寶寶，使寶寶平靜，除了陪伴，其他什麼事都不需要做。讓寶寶在睡覺前和你一起度過一段平和、安靜、享受的時光。

3.寶寶睡覺的最佳時間是疲倦的時候，當察覺寶寶有疲倦的跡象，你便可與他們的身體同步。請以這種方式照顧寶寶。

4.若寶寶睡不著，請盡可能使寶寶平靜。平靜狀態容易進入睡眠。

5.如果你想要嘗試幫助寶寶睡覺的新方法，務必注意兩件事：第一，你內心的感受如何？如果覺得心裡不舒服，表示這個方法對家人和自己都不好。第二，注意寶寶的反應。如果寶寶特別傷心，請先安撫寶寶，然後下次再試。

6.別急著「造就」寶寶的睡眠。孩子還很小的時候，不會自然形成睡眠模式，但令人安慰的是，睡眠能力會隨著孩子的發展成熟。

7.如果寶寶的睡眠模式困擾你，可聽取其他人的建議，但注意要帶著「更大、更強、更聰明、更寬容」的過濾器，由你來決定什麼是適合的，因為父母才是最懂自己孩子的人。請彰顯你的智慧，幫助你決定什麼是最好的。

---

*感謝海倫·史蒂文斯（Helen Stevens）。

現在讓我們來看看，根據不同的核心敏感度，你該如何回應孩子不同年齡的發展典型狀況，以及如果你希望孩子有安全感，該如何回應「你目前的鯊魚風暴」。

三歲的孩子

謝爾比三歲了。她覺得自己擁有整個世界，有自己的主張，很難接受「不」這個答案。整個社區都知道她的壞脾氣。但最使謝爾比大小姐生氣的，是要她和朋友分享玩具。

尊重敏感

「謝爾比，妳已經長大了，是個乖小孩。如果妳不分享玩具，我要拿走它，送給另一個知道分享的小女孩。如果讓我再說一次，妳就自己去房間關禁閉。」

有時尊重敏感的鯊魚音樂，會讓我們去羞辱孩子，因為孩子沒有達到我們的期望，使我們難堪，而處罰他們。

「親愛的，妳不分享是不對的。我們家喜歡分享。我知道妳想要像媽媽一樣對凱莉好。她是客人，她也想玩。別胡鬧，妳只是讓自己難堪。妳想變成大女孩，不是嗎？」

有時尊重敏感的鯊魚音樂，會引發我們的恐懼，害怕掌控會打破融合。所以我們會努力，抱持最好的希望，但這些時刻我們卻已放棄變得更大、更強、更聰明、更寬容。

分離敏感

「謝爾比，我已經不知道該怎麼辦。每次我讓妳分享都做不到。妳有自己的想法，我也用盡所有辦法。現在，如果妳不理我，等妳爸回家我會告訴他。他不會喜歡知道妳又一次在玩這個把戲，他不會喜歡。」

「我完全放棄，謝爾比，我不知道該拿妳怎麼辦。我沒辦法跟妳溝通。如果妳不聽我的話，以後我們就不要再和任何人一起玩吧。我該拿妳怎麼辦？我沒轍了。」

分離敏感的鯊魚音樂，會讓我們感到孤獨，沒辦法支持自己，也沒能力照顧別人。由於無助感，我們會訴諸威脅，並傳遞無助的訊息。

安全敏感

「我不會忍讓，謝爾比，妳不是這裡的老大。我要求妳和凱莉好好分享，她是個好朋友，我一直要妳親切一點，說得我自己都煩了。不給她玩具，妳就去房間。」

由於安全敏感的鯊魚音樂，我們擔心受到拘束，失去力量，因而引發憤怒。在這樣的時刻，我們會與正向關係的感覺失去連結。

給孩子安全感的說法

「謝爾比，我知道妳記得我們今天早上說的。妳有新玩具時，妳真的不喜歡分享。我知道這個娃娃是妳最喜歡的。過來我身邊，和凱莉一起玩，然後告訴凱莉妳為什麼這麼喜歡妳的新娃娃。我們一起弄清楚這件事。」（語氣堅定並充滿關懷，以一種孩子明確知道父母完全掌管的程度。）

「謝爾比，我知道這個娃娃是妳最喜歡的，想要分享最特別的玩具非常困難。讓我們來解決這個問題。妳要不要問凱莉想不想玩妳其他的玩具？妳能找其他娃娃給她嗎？」

接受孩子的感受，並提供協助，與孩子共同處理這個需求。三歲的孩子才剛開始學習和其他孩子一起玩，對他們來說，一開始很難協商同伴的關係。

安全感的回應，從真正接受孩子的經驗開始，這點值得我們共同關注。唯有如此，才能解決問題，提供改變新的選擇。

「現在，當我三歲兒子生氣，我會待在他身邊，大聲說話，整理他的感覺：『你對媽媽生氣，因為她要你停止打弟弟，你覺得不公平，因為弟弟也打你』。我的底限是打人就是不行，但現在我會陪伴支持三歲的兒子，讓他能夠暸解自己的憤怒和沮喪情緒，並以更有益的方式去表達。我發現三歲的兒子變得更愛我，他在沙發上選擇坐在我身邊，上床睡覺時要我幫他抓抓背，想想之前他還是『獨立先生』，不太喜歡我做這些事。」

——雪柔．羅威（Cheryl Lowe），南澳阿得萊德

五歲的孩子

卡摩不太能適應幼兒園，離家一整天，對他來說已經夠煎熬了，這種情形逐漸在家裡顯現出來，當父母要求他做一些事，他愈來愈愛頂撞。最近上學的時候，因為催促他趕快上車，他便發脾氣說出「我恨你」，連說不只五次（在不到兩分鐘內），這是他最喜歡說的新句子，還有第二喜歡的句子：「你很惡劣」。他連說了兩次。

尊重敏感

「小朋友，你永遠不許和爸爸這樣說話。你該學會準時了！這種情形也發生太多次

了！現在上車！如果我聽見你多說一個字，一個月不准玩遊戲！」

當我們是尊重敏感，親子關係之間經常會訴諸教訓作為媒介，特別是在情緒高漲之際。這位爸爸失望和憤怒的教訓語調，無法掩飾他的侮辱。在這種情況下，孩子通常會感到慚愧，因此封閉任何學習新事物的感覺。

「卡摩，我沒時間等你，要遲到了。如果你現在上車，我會讓你在整個上學路上玩我手機的遊戲。現在我們需要同心協力。」

在這個例子中，卡摩爸爸聽到鯊魚音樂，使他想起自己父親是如何憤怒地管教他，並要求孩子同心，那些方法每次都有效，所以如今他面對自己沮喪的孩子，也想要達成同樣目標。這位爸爸以賄賂為策略，同時也要求孩子「成為一個團隊」。

分離敏感

「卡摩，我們說好你再也不許對我說那些難聽話。恨媽媽是不對的，會傷害我的感情。你是我的小伙伴，我需要你聽話，幫助我準時上班。我之前告訴過你，我工作上有困難。請你瞭解。」

這位媽媽的分離敏感鯊魚音樂告訴她，如果她採取太強硬的立場會使兒子遠離，所以她利用內疚和無助作為強迫兒子合作的方式。

安全敏感

「我不允許你這樣對我說話。現在我很確定，小朋友，我已經受夠了你的態度。門在那裡，車在外面。現在，你立刻出門上車！」

安全敏感的鯊魚音樂讓父母沒有專注於親子關係，也不注意如何與孩子合作，只訴諸於「讓自己舒服」，實行嚴格而清楚的限制。

「我希望你不要用這種態度。我不太確定你想要我做什麼。如果你上車，到學校一路上你都可以玩平板。」

這位媽媽迷失，不知道自己可以成為調節孩子的資源而訴諸外在事物。

給孩子安全感的說法

「卡摩，你知道，我也知道，上週真的對你很困難。我們也知道，你說那些話沒有任何效果。我知道你很難過，也知道你現在不想去上學，但我必須去上班。所以，不管你想不想，都要上車。我們今晚絕對要對這一切進行重要的討論。我保證會找到一種方法，讓你感覺比現在更好。」

在這例子中，父母示範自己是更大、更強、更聰明、更寬容的，守住底限也維持寬容，承諾與孩子一起解除沮喪。請注意，父母沒有不切實際，嘗試解決整個情況或教訓，對「恨」也沒有過度反應，因為孩子需要知道他們可以度過這樣的時刻，我們不會因此恐慌或過度反應。

七歲的孩子

莎曼珊對學校規定的家庭作業覺得壓力很大。她的行程滿滿，舞蹈課、音樂課、足球課，卻總擔心自己落後。由於擔心，她晚上一直睡不著。

尊重敏感

「莎曼珊，妳知道，妳是班上最聰明的孩子。大家都知道。沒什麼好擔心的。妳顯然表現傑出，妳的擔心讓我很驚訝。現在停止妳的小崩潰，完成作業，然後可以吃妳晚餐想要的那碗冰淇淋。」

尊重敏感可使孩子認為優秀是一種負擔。這位媽媽試著以賄賂方式，讓女兒維持自己以成就為導向的課題，同時也貶低了女兒的擔憂。

「珊珊，親愛的，我保證會好的。從前我和妳一模一樣，結果事情很完美。我在學校表現很好，妳也會一樣。絕對沒有什麼可擔心的。妳有一些特別的東西，其他大多孩子都沒有。妳的擔心實際上有點荒謬。」

除了解除孩子的沮喪，這位媽媽的鯊魚音樂也是以親子同心去安慰，認為「完全相同」的感覺是在支持女兒。她沒有傾聽女兒的感受，而是以讚賞和羞恥參半的方式，在女兒通過安全圈底部時，試著遠離必要的弱區。

分離敏感

「珊珊，上學很辛苦，功課很多。也許妳的班級不適合，也許我們應該和老師溝通，減少妳的作業。我想，這對妳來說太多了，我很抱歉，親愛的。我想是否應該讓妳每週一天請假在家，這樣妳可以休息。妳覺得這樣會有幫助嗎？」

分離敏感的鯊魚音樂所觸發的防衛，都是與受到孤立有關。因此，這位媽媽不知不覺中試著限制孩子的競爭力，想要增加孩子的無助感，使孩子能靠近媽媽。同樣的，這位媽媽過度認同女兒的焦慮，而不僅是與她同在。

分離敏感的鯊魚音樂警告我們要捍衛自己，不被孤立。

安全敏感

「莎曼珊，妳覺得壓力很大，但妳想得很對，在生活中凡是妳想要什麼，都必須學會努力才能實現。教育會讓妳變得不一樣。所以我希望妳回房間再努力一下。」

安全敏感的鯊魚音樂發出警告，需求會導致親密關係過度。因此這位家長的指導方向是，避免在安全圈底部產生更多的同情感和連結感。

給孩子安全感的說法

「珊珊，妳的壓力過大，我們必須想想需要改變什麼。今晚妳睡覺時需要我陪妳嗎？妳爸爸和我等一下會討論這件事，然後明天我們再和妳一起討論，釐清需要什麼轉變。我想要妳知道，妳的經歷我感同身受，我想要妳知道，我們會一起解決這個問題。我們會找出一個解決辦法。」

能給孩子安全感的父母會表現同理心，但也以身作則，分擔責任，焦點明確，有信心找到新方法。

九歲的孩子

琦拉總是感覺受傷。哥哥總是戲弄她。最好的朋友麗莎也突然從朋友變敵人。「從前她喜歡我，現在她整天都在和朱蒂傳訊息。我恨她們。沒人關心我嗎？」

尊重敏感

「琦拉，事情沒那麼糟。妳只是小題大作。我受夠了！這個世界不是繞著妳轉的。我不知道妳有沒有注意到，但妳太過自滿。為什麼不改變一下，開始為別人想想？」

對尊重敏感的父母來說，往往認為常識和實際的想法是一種羞恥。羞恥已知會激發行為的改變，但不會使態度改變。在這種例子中，結果只激起憤怒和悲傷感繼續發展，脫離了可幫助孩子消除痛苦的親子關係。

「琦拉，我甚至不知道妳為什麼這麼在乎妳的朋友們！我們都知道，她們不像妳那麼成熟冷靜。忘記她們吧。明天我們兩個出去走走好嗎？」

尊重敏感的父母經常訴諸鼓勵，以融合作為解決負面情緒的方法。與「更大」的人聯手，看起來很有幫助。但是，當「更大」的人不願意與孩子的感受同在，孩子會在心中學到，消除安全圈底部的感覺是唯一的解決辦法。

分離敏感

「如果妳不停止抱怨，我會瘋掉。每件小事妳都念不停，我已經厭倦了。妳難道不知道我每次都為妳著想，但妳關心的卻只是朋友？我昨天還幫妳收衣服、做家事（流淚）。妳有跟我道謝嗎？」

為了想要讓孩子在身邊，這位媽媽利用責備和內疚，這是一種讓女兒專注在媽媽身上的方式，勒索孩子承受父母的課題，結果孩子還是沒辦法釐清自己的感受。

安全敏感

（走向房間門，離開琦拉。）「我不知道該說什麼。我看見妳很沮喪，但這個年齡每個女孩都一樣。妳想過出門騎自行車嗎？妳知道以前這樣做都很有用。」

這位安全敏感的家長，並沒有安慰女兒的沮喪，而是給予她一個實用的放鬆方法，這個方法不但使女兒和父母間產生距離，也鼓勵女兒要自給自足。

給孩子安全感的說法

「琦拉，我不會假裝完全知道妳心裡在想什麼，但這幾天妳顯然感覺自己是局外人。一起來談談其中一些問題吧。也許和我大聲說話，可以幫妳想到一些新想法。我們現在就可以開始，等一下也可以。兩種都行。」

這位家長同時鼓勵感覺的共同調節，以及女兒的自立能力。

如果你覺得聽起來太容易，請記住，前述令孩子有安全的回應，從孩子還小的時候就開始會更有效。當安全互動的模式變得根深蒂固，父母不用過於費力即可以安全感回應孩子，孩子也更容易產生信任的回應。

「在我參加安全圈課程前，很不喜歡孩子的負面情緒。特別是女兒經常發脾氣，讓我覺得很焦慮，因為我認為孩子太情緒化，不可理喻。我一般的策略是推開孩子，有時送她回房間，有時試著說服她認錯，不過往往都是在眼淚和吼叫中結束。

在課程中，我學到要與孩子『同在』，也試著去實行這些策略。然而剛開始前幾次的嘗試令我感到尷尬，似乎沒有特別成效。最後，上課後大約一年，我終於有些領悟。女兒有次罕見地衝回房間大喊著：『每個人都討厭我！沒有人瞭解我！』她倒在床上哭泣，不斷揮舞手臂。我跟在她後面，揉揉她的背說：『妳覺得沒有人瞭解妳。妳覺得每個人都討厭妳。』我好像找到『不再發脾氣』開關一樣。女兒的眼淚幾乎立刻停止，她給我一個大大的擁抱。事後她向我先生說：『我真的瘋了，然後媽媽來了，好像她用神奇咒語讓我一下感覺變好了！』神奇咒語！身為父母，我的感覺變好，女兒對她自己的感覺也變好。這是一場重大的勝利，希望也是一種全新的親子融合的開始。謝謝你，安全圈。」

——莎拉．桑德森（Sarah Sanderson），華盛頓史波坎

「與孩子同調，並不是指父母屈服或給予過多『物質』，也不是讓孩子作主或得到所想要的一切。但當孩子在物質或情緒上想要某些東西，我們卻不想給予，不管是基於什麼原因，都會使孩子覺得自己做錯、做得不好。也許這是因為我們使孩子失望，所以要轉移自己的內疚，或是為了要規避我們內心深處的失望感，因為小時候我們沒有得到自己需要的。因此，我們無法控制自己，平靜沉著地面對孩子：『對不起，寶貝，你很失望，我知道你很想要那個東西。但是不行』。取而代之的是，我們以防衛和判斷來回應：『我不敢相信你的要求，你一直想要更多東西！別開完笑了好嗎？你沒有

滿足的時候』。這樣說，孩子會學到什麼？我們（父母）是在利用羞恥來誤導孩子，教導他們表現出不想要某些東西的樣子，以免我們不舒服」。

——朱蒂·費蒙特（Judy Fiermonte），加州聖羅莎

十一歲的孩子

艾蜜莉「全心愛著」自己最好的朋友珍珍。她們就像許多十一歲女孩一樣，晚上幾乎都在手機上發簡訊、聊天，營造她們獨有的世界，其他人都進不來，直到最近。

這種難分難捨的情形開始生變。

珍珍有一個男朋友，他不希望珍珍花太多時間在艾蜜莉身上。「艾蜜莉，我還是妳最好的朋友，但我不能讓布萊恩離開我，我愛他。為什麼妳不能瞭解？」

艾蜜莉的世界崩潰了，兩週以來她晚餐時總是悶悶不樂，一個人待在房間裡，她說這叫「生命的盡頭」，卻不願意談談。當她開口說話，總是以各種方式傳遞人生無趣的感覺，「一個徹底失敗的人」，沒人會喜歡。「我是怪胎，沒人在乎我。我有病嗎？一定是變肥了。」

尊重敏感

「妳只是在小題大作。我不覺得珍珍值得妳為她變成這樣。妳跟她比，妳事事都比她高好幾級，無論長相、聰明才智。相信我，朋友多得是，不只她一個。」

安全圈底部的貶損需求，這種策略經常會壓制孩子做進一步表達。這位爸爸開頭便解除了孩子的需求，然後以為讚美會讓女兒感覺變好。接著他又用朋友的可替代性，貶低孩子的人際關係。

「親愛的，妳很漂亮。妳是班上最美的女孩。妳怎能說沒人愛妳？打從妳出生那天起，我就知道妳是這個星球上最完美的孩子。」

許多尊重敏感父母的基本設定是，讚美可勝過情緒的痛苦。在這個例子中，爸爸褒揚女兒，聲稱愛和完美（基於比較班上其他沒那麼漂亮的女孩）是相互連結的。對孩子來說，這樣說可能會造成孩子覺得必須完美，否則會失去關愛。

尊重敏感的鯊魚音樂告訴我們，讚美可勝過情緒的痛苦。

「我知道妳的感受。我在妳的年紀，發生過完全相同的事。我們簡直可以說是同一個人。看看我。對妳來說，一切最後都會很完美，就像我一樣。」

這位媽媽轉而尋求融合的同心感，作為阻擋女兒（和自己）感到弱勢的方式。

分離敏感

「珍珍這樣對待妳是不公平的。最好的朋友不該拿妳和別人比較。我希望妳知道我一直願意成為妳最好的朋友。」

這位媽媽放掉了自己的家庭序位，建議女兒自己會提供她「最好的友誼」，並責備他人，藉此方式保證親子關係持續緊密。

「親愛的，妳說妳很胖，我聽著很擔心。妳不胖。我希望妳不要讓我變成緊張兮兮的瘋子，擔心妳為了迎合朋友自己挨餓。」

為了封閉孩子的痛苦，這位媽媽試著「證明」女兒很好，告訴女兒如果她的問題持續下去，媽媽保證會先崩潰。媽媽的前提是，用內疚來控制情緒困擾。

分離敏感的鯊魚音樂告訴我們，內疚可以控制情緒困擾。

安全敏感

「如果我是妳，我不會擔心這種事。又不是世界末日。日子還很長，妳會有更多朋友。現在為何不把注意力放在學習上？剛好正是開始為大學做準備的時候。上大學以後妳會交到很多朋友。」

安全敏感的父母經常有一個「事前準備好的」計畫，包括以自我滿足作為結束情緒困難的方式。藉由拉開與情緒的距離，專注於心智或身體（運動）是一種常見的主題。

安全敏感的鯊魚音樂告訴我們，自我滿足可解決情緒困難。

「這種事一直都在發生。說實話，我擔心妳和珍珍花太多時間。她是個好女孩，但妳要把注意力放在學校。我寧願看見妳在做作業，而不是總在為好朋友煩惱。」

這位安全敏感的家長無所遮掩的訊息傳遞出的是，人際關係可能不如孩子以為的那麼重要。並且暗示一個目標，在學校表現良好，不僅是必要的，也是一種處理朋友需求的方式。

給孩子安全感的說法

「艾蜜莉，我很抱歉。我不確定珍珍怎麼了，但我知道這真的很傷心，妳們是這麼久的好朋友了。

我也知道，這會讓我們覺得，好像自己一文不值，沒人喜歡我們，甚至也沒人會再喜歡我們了。我很清楚，因為我也有過這種經驗，從頭到尾都讓我很痛苦。

目前，我沒有任何答案。但我知道的是，一個人獨自處理這麼大的感受絕不是一件好事。所以，現在或明天或很快，我們一起花點時間，想想妳的感受，想想發生的事。我只是要讓妳知道，妳有需要的時候我就在這裡。」

這位家長將重點放在孩子自己的經驗上，傳達的訊息是：無論孩子的感受是什麼，都願意與孩子同在。沒有壓力，沒有解決方案，沒有教訓，只是簡單的同在。

十三歲的孩子

直到最近，尼基都沒有與什麼人往來。但在過去的幾個月中，他開始(1)注意女孩，(2)和一群新認識的男生一起出去玩。他最喜歡的新消遣是，早晚都和新朋友一起發簡訊談論女孩。

晚餐時，尼基有五六則訊息，這並不少見，睡前還會進來三打，而且他還說這是晚上「閉關」的結果。即使半夜兩三點聽見「叮」也不奇怪。

尊重敏感

「我沒給你買那部手機，所以你一直對所有人抱怨。你對家人負有責任。我們不是在這裡為你的新愛好擔任觀眾。現在在吃晚餐，把那該死的東西拿走。我不會再說一遍。」

尊重敏感的父母在生氣時，經常會以傳遞貶意和羞辱的方式發言。這是出於一個錯誤而悲哀的假設——以為滅火的最佳方式，是評斷點火者的價值觀。

「尼基，我的父母也不會允許我做你現在做的事，你有這些新朋友的確很棒。我記得自己交到新朋友時的感覺，那種感覺真是再好也不過。你可以再發一則簡訊，然後請放好手機，吃完晚餐再說。」

這位尊重敏感的家長似乎因為擔心會破壞自己以為的家庭團結融合，而不願意設定限制。他希望藉由讚美和同心協力，來否定家庭的序位。但這是沒用的。

分離敏感

「尼基，你怎麼了？你以前是屬於家庭的一分子，現在你滿腦子想的都是別人。為什麼你不再是從前那個有禮貌、隨和、總是陪在我們身邊的男孩？這些年來我為你做了這麼多，如今我對你就像一粒塵埃。我該怎麼做才能讓你回到我們身邊？」

分離敏感的父母有時會害怕孩子獨立離開，為了強留孩子在身邊，用讓孩子內疚的方法（包括懇求或賄賂等），向孩子傳遞無助的訊息。

安全敏感

「你白天有充份的時間與那些傢伙傳簡訊。我很高興你有新朋友，但看在老天爺份上，拜託晚餐時間放下手機行嗎？這個地方已經夠吵了，不需要那東西一直響。」

安全敏感的父母通常不願意談論情緒，但在生氣時，他們可以保持舒適的距離，也可保持一定的控制感。

給孩子安全感的說法

「尼基，我們要認真談談。有些事錯得很離譜，我們要開始找一種方法來解決所有的事。首先，我規定每天晚上九點以後不准用手機。吃完早餐才能打電話、傳簡訊。第二，我們是一個家庭，用餐時間是神聖的。晚餐時不可以傳簡訊。這不是說你不能花很多時間和朋友在一起，我對這件事完全沒意見。但家庭時間是屬於全家的，睡眠時間就該睡覺。不過一如往常，任何我剛剛說的事都可以開放討論。只要你能清楚我剛才說的限制，並遵守規則，我很願意聽你的意見，但是不開放討價還價。」

家有青少年，擔任他們安全圈的一雙手

二〇一五年六月，心理學家舒梅瑟（Gretchen Schmelzer）*虛擬一位青少年，寫了一封信給父母，這封信如病毒傳播般在社交媒體中被瘋狂分享。這封虛擬信件寫出青少年心裡的話，明顯引發父母內心的共鳴，這些父母難以理解家裡的青少年，也缺乏連結，使得青少年很可能會變得目中無人或退縮，發怒或悶悶不樂，變得神祕或激進，甚至以上皆是。信中描述了青少年當時多麼需要與父母進行爭執，不過卻無法表達自己的感受或想法。信中強調，重點不在爭執的主題，而是「我必須要為一件事與

你發生爭執」，他們需要父母堅定面對的態度。最後信中主角發自內心的懇求，深深打動了讀這封信的父母：「我迫切需要你抓住繩子的另一端，當我在另一端猛烈震盪，當我在新世界中發現攀爬的立足點，請你務必緊抓不放。」而且「無論我的感受多麼糟或多麼大，我都需要看見這不會摧毀你我。甚至在我最糟糕的情況下，即使我看起來不愛你，我都需要你愛我。現在我需要你，為我們兩個人一起去愛你我。」

在最困難的時候，我們發現自己與孩子同在，特別是在孩子度過青春期歷程的磨難中，請告訴自己：「我的孩子在這個令人生畏、崩潰，幾乎難以忍受的時刻，仍具有天生的智慧。在所有發生事情的表面下，即使我完全無法理解孩子的行為，孩子仍等著我回到最好的版本——更大、更強、更聰明、更寬容的父母。謝天謝地，我承諾必定會找到回安全圈的方式，並清楚告訴孩子，我們必定能夠一起跨越任何破碎的裂痕。我將成為你所需要的一雙手。」

---

* 這封令人感動的虛擬信，原名 *The Letter Your Teenager Can't Write You*（你家青少年孩子寫不出的一封信），二〇一五年六月二十三日。

十五歲的孩子

瑪妮十五歲，近來發現手機上 Snapchat 各種令人興奮的功能。她交了個新男友，他們一起想出如何規避父母規定「房間門要打開」的方法。一晚，瑪妮的媽媽碰巧偷偷進她房間打算說晚安，卻逮到瑪妮不僅打破了不能在床上用手機的規矩，還把自己的性感照片傳給男友。

尊重敏感

「瑪妮！妳在想什麼啊？我以為我培養的女兒會為自己著想。這就是那些沒有自尊的傻女孩會做的事。現在手機給我，我對妳很失望。這幾個月妳都不准用手機。睡覺。」

這位尊重敏感的媽媽選擇了立刻發怒，長久干預。她除了羞辱自己的孩子，同時也做出處罰，反而忽略了與女兒討論這件事的危險性。在這種情況下，憤怒和羞恥壓垮了任何可能的選擇，可能導致日後女兒無法健康的自我調節。

「瑪妮？親愛的，我記得初戀的悸動，他的確很可愛。我父母對我太嚴格了，我在妳的年齡從來沒有約會過。現在告訴他晚安。而且，我會相信妳再也不會再傳那些照片給他。如果女孩太隨便，男孩就不會重視女孩。」

這位媽媽擔心失去與女兒的融合，所以她對家族序位妥協，過於認同孩子的夢幻生活。這樣明顯會將孩子置於自生自滅的危險中。

分離敏感

「現在放下手機。我一開始就不該讓妳有手機，也不該讓妳交男友。好像妳全忘光了妳有個關心妳的家庭，有個讓妳耍酷的媽媽。我對妳很好，妳卻只是不斷拿走，一點感激之情都沒有，至少要聽聽我的規矩，這些都是為妳好。」

這位母親要求女兒停止危險行為，把注意力放在父母的需求。短期內女兒可能會遵守（或反抗），但無論如何她都學到了危險的一課：她得不到保護。即使成功激發女兒的內疚，但代價是無法建立健康的自我意識和界限。

安全敏感

「瑪妮，我懂，妳只是想要像其他青少年一樣融入團體，但這種行為不可以在我家發生。我對妳用手機和約會有很明確的規定，我花了一輩子在監督妳有沒有遵守這些規定，但妳卻一再犯規，我累了，把手機給我。」

這位母親雖維持了家庭的序位，卻放棄了一個機會，可以與即將成人的女兒建立深入的關係。她把重點放在父母對女兒的約束，卻沒注意女兒需要學習人際關係的新技能。

給孩子安全感的說法

「瑪妮，妳犯規了，嚴重犯規！這非常危險。現在把妳的手機給我！我不知道妳在想什麼，但我會願意聽。我對妳用手機和約會有規定，理由很充足，但是現在規定已經變得更嚴格了。我們之後會好好談談。現在因為我嚇壞了，明天我們再談，一起把這件事說清楚。」

這位家長誠實（不過度情緒化）說出自己的怒氣，表達簡單明確的界限，真正關心女兒，同時承諾幫助她瞭解剛剛發生的事。母親不責備、不羞辱、不罵人、不使女兒內疚，同時也尊重女兒需要建立顯然還不具有的新技能。她暗指親子的約定是要一起找到建立這些技能的方法。父母知道，孩子長大，「控制」他們的日子結束了（愈是努力控制，反抗和隨之而來的混亂愈大），相對的也認識到自己主要的選擇和天賦正持續產生影響。當父母站在更大、更強、更聰明、更寬容的位置，不威脅、賄賂、貶損或使孩子內疚，就可支持青少年進入成人期時，持續增加他們健康決策的能力。

檢視我們對孩子的反應，是否經深思熟慮的選擇，這件事並不容易。孩子年年都在變化，就好像一直在換新的遊樂場。當父母發生疑惑，請記住：

請與孩子同在。

做得到這一點，速度會放慢，事情會變好。

有時很快，有時比較慢。

全心同在，安全感自然會發生。

當鯊魚音樂使你造成破裂，你後悔移開了自己在安全圈上更大、更強、更聰明、更寬容的一雙手。請記住，每次的破裂都是修復的機會，每次的修復都能加強孩子的安全感。還要記住，選擇安全感，親子關係將會隨著時間過去而變得輕鬆。

「我有四個孩子，因此我總想著，我有很多機會讀取孩子的訊息，發現有什麼事情即將發生或『變糟』。有一天晚上，我和孩子們一起參加學校的聖誕音樂會。當時九歲大的兒子正在玩耍，我卻看見他臉上的表情變了，一場災難即將來臨。我知道在學校、在他所有朋友和家長面前發作，會比在車子裡或家裡更加尷尬。

我很快集合所有孩子，沒有引起騷動。我知道當下必須冷靜，才能度過難關。當我們準備離開學校，兒子愈來愈生氣和激動。等到我們離開學校建築，他才真的發作。等到大家都上了車，兒子開始哭嚎，對我吼叫，他氣我帶他離開學校。若我沒有認識依附和安全圈的知識，我的第一個反應會是非常氣兒子發這麼大的脾氣，也太不尊重我。當時他對我說了一些我從來沒聽過的可怕的話！不過我沒有回應，只是深吸一口氣，意識到現在是一個很好的機會，可以練習與孩子同在。接下來的三十分鐘，他在車裡大鬧，過程中我一直陪伴他。當我們終於回到家，我告訴他，他會生氣不安，但我們會一直陪著他，直到他感覺好些……不過他的「脾氣」還持續了二十分鐘左右。他哭鬧著，我陪著他，傾聽，表示同理心。最後他的憤怒像氣球一樣洩光，變得平靜下來，我們依然坐在一起。然後他再度開始哭泣。我問他這次哭是為什麼，他說是因為他覺得對我說的話很糟糕。我給他喝了一杯牛奶，和他一起坐在沙發上談話和擁抱。當然，我原諒他所說的話。他不是想要變得苛刻或不尊重，他只是生氣，刺激過度，不知道該如何處理。我覺得，我不但做了正確的事，兒子也學到，當自己不高興或發生不好的事，媽媽不會生氣，也不會拋下他。他知道自己能夠度過如此艱難的時刻，需要時也可以修復親子關係。我知道如果依照我慣用的公式，他就會帶著怒氣上床睡覺，滿腹委屈。相反的，當晚兒子上床時，明白媽媽是愛他的。

有一天，我會同時有四個青少年，我知道像這樣的時刻還有很多。我也知道安全圈將幫助我們度過這些時刻，並使親子關係更加強固。」

——艾琳・汪達爾（Erin Vandale），加拿大溫尼伯

快速測驗：如果家裡的青少年被退學怎麼辦？

亞莉十四歲，正進入「月球黑暗面」階段，許多青少年會持續這階段好幾個月，甚至幾年。一年前她還很健談又愛玩，如今對於任何問題，不是以聳肩回應，就是只擠出一兩個字：「是的」「也許」「不確定」「我猜」。雖然不是沒禮貌，卻是遊走在疏遠和不尊重的兩條線之間。

與此同時，亞莉可能是有需求的。吃完晚餐後她不願意多留四秒鐘，經過兩個小時，她又回到廚房，想知道自己究竟是否真的像別人認為的那樣是個醜八怪。所以她才開始張口說話。

根據你的核心敏感度，你認為自己會說什麼？請先寫下你的答案，然後繼續閱讀我們的範例。

分離敏感

尊重敏感

安全敏感

給孩子安全感的說法

現在請比較你的答案和我們的範例：

分離敏感

「亞莉，親愛的，妳真的很難過，不是嗎？妳已經好久沒告訴我妳難過了。還記得從前我們那麼親密嗎？妳知道我就在這裡陪妳。或許現在是時候讓我們再度變成朋友。談一談吧！」

自尊敏感

「亞莉，我完全懂得妳現在的經驗。相信我，我也發生過類似的事。當我和妳一樣大，也有和妳完全一樣的感覺。妳需要知道的是，這一切都將過去，完全消失。像妳這樣美麗的女孩，很快就會忘記這一切。」

安全敏感

「我想我知道到底發生了什麼事，但我不覺得有什麼好擔心的。我想要妳好好想一想，因為妳覺得自己很醜，這並不正確。我覺得妳很好看。我知道妳爸和我都很高興妳在學校表現良好。我想這件事會過去。」

給孩子安全感的說法

「嗯，有道理。感覺自己不糟糕、有吸引力非常重要。以前我也有過這種情形。我希望妳知道的是，有時妳有這種感覺，可能會想談談，有時同樣的感覺卻會讓妳想要逃走，根本不想提。我最大的希望是，當妳想談，妳知道我也願意。如果現在妳就想談，我就在這裡。」

通往安全感的道路

這是我們美好的希望：你的孩子，曾經微小又脆弱，卻改變了你帶著愛心所創造的安全依附（從頭到尾少不了努力），轉化為生命的經驗，成為一個值得信任、有愛心、有自信的成人。想一想，這是我們最想傳承給世代兒孫的。

本書所談的就是這種傳承的關鍵成分，幸運的是，它並不複雜：

1. 我們需要獲得一份簡單的地圖。
2. 我們需要相信內心深處願意盡最大的努力。
3. 我們需要覺察過程中容易迷失的位置。
4. 我們需要允許自己犯錯，並回頭找到需求。
5. 我們需要相信，共享良善既是方法，也是我們所希望分享的結果。

隨著傳承的延續，能夠期待孩子變得有能力，具有自信和復原力。因為正如我們所知，生命對孩子處處是機運，有些機運我們不願選擇，卻發生在我們親自照顧孩子的時候，有些則是在孩子遠離我們影響，脫離軌道之後才發生的。無論是哪一種，在內心最深處，我們都希望孩子在面對這些機運時，能夠具有勇氣，又能獲得恩典：面對困難，有能力站穩腳跟，並且在需要的時候，基於信任，願意提出需求，或提供支持。事實證明，孩子有我們的陪伴，從我們身上學到的是如何建立未來最需要的能力。

人人都有愛。

人人也都有掙扎。

「同在」永遠隱藏在平凡中。

國家圖書館出版品預行編目(CIP)資料

安全圈教養：培養孩子的情緒復原力,安全感是一切的答案 / 肯特.霍夫曼(Kent Hoffman), 葛倫.庫珀(Glen Cooper), 伯特.鮑威爾(Bert Powell)著；鹿憶之譯. -- 初版. -- 新北市：世茂, 2020.1
面； 公分. -- (學習館；9) 譯自：Raising a secure child
ISBN 978-986-5408-09-1(平裝)
1.親職教育 2.親子關係 3.兒童心理學

528.2 108016841

學習館9

安全圈教養

培養孩子的情緒復原力，安全感是一切的答案

作　者	肯特・霍夫曼（Kent Hoffman）、葛倫・庫珀（Glen Cooper）、伯特・鮑威爾（Bert Powell）
撰稿者	克莉絲汀・班頓（Christine M. Benton）
譯　者	鹿憶之
主　編	楊鈺儀
責任編輯	李芸
封面設計	林芷伊
出版者	世茂出版有限公司
地　址	（231）新北市新店區民生路19號5樓
電　話	（02）2218-3277
傳　真	（02）2218-3239（訂書專線）（02）2218-7539
劃撥帳號	19911841
戶　名	世茂出版有限公司　單次郵購總金額未滿500元（含），請加80元掛號費
世茂網站	www.coolbooks.com.tw
排版製版	辰皓國際出版製作有限公司
印　刷	世和彩色印刷股份有限公司
初版一刷	2020年1月
二刷	2022年1月
ISBN	978-986-5408-09-1
定　價	420元